本书由浙江工商大学资产管理研究所资助出版

资管论丛·第一辑
ESSAYS ON ASSET MANAGEMENT

金融风险与逆周期调节

Financial Risk and Counter-Cyclical Adjustment

主　编　孙建华

副主编　李传全　方　霞

复旦大学出版社

编委会

主　编
孙建华

副主编
李传全　方　霞

专家指导委员会主任
李秀清

专家指导委员会
金雪军　于　明　王　沛　杜　涛
刘庆富　冯　毅　段宏磊

执行主编
王永巧　刘　丁

卷 首 语

改革开放的历史不仅是中国经济发展史,更是中国资产管理发展史。当前对于资产管理的研究,是对过去粗放式发展的总结,也是对未来集约型增长的展望。随着中国经济发展进入新常态,资产增值管理产业脉络逐渐明晰,行业监管对于系统性风险防范的重要性愈加不容忽视。眼下,资产管理领域研究不说汗牛充栋,但绝谈不上寥若晨星。百家之言虽各有千秋,却大多聚焦于现实问题的解决,在法学、管理学、经济学等各学科交叉的全景式研究中留白过多,不免令人扼腕。不良资产管理是一个实践性、综合性、学科交叉性等特色突出的金融领域,只有实务或学术观点不足以弥补这一缺憾。本系列研究期冀于在一定程度上填补这一空白,不仅打破研究人员身份限制,更突破传统研究领域藩篱,力图呈现一部系统性、集成性的专著,以期构建中国资产管理的自主知识体系。这不仅能满足广大读者的学习需求,也是对行业进行一次系统的理论演绎和实务总结,对行业发展抑或资产管理专业学科建设都具有重大意义。

当我们迈向新发展时代,对资产管理与监管这一课题进行创新探索和深刻研究时,不可回避的问题是:我们为什么需要资产管理?资产管理中衍生的金融风险如何管理和调节?近年来的发展,不仅打碎了传统资产增值管理定式,也将我们带到一个新的资产管理时代。

一方面,资产管理关系各类民事主体权利的实现。不论是个人、非国有企业、社团,还是政府与国有企业,都需要面对自身资产管理、增值、破产的问题。如何更好地将自身资源进行量化,而后投入市场充分竞争,以期实现利益最大化?如何在竞争失利下最大限度地平衡债权与当事人权益?这些议题都是资产管理行业与监管部门需要直面的。面临这样一个资产网络,传统"父债子偿""无限信用"等观念显得无所适从。我们不能要求个人、非国有企业、社团,乃至政府与国有企业承担绝对的无限责任,因为这也意味着无限的权利。这时需要对相应权利重新划分,并完成利益分配和责任构造,以维护各方在新时代下的需求。

另一方面,资产管理行业与系统性金融风险息息相关。资产管理关乎我们的过去、现在和未来,而相关金融风险如影随形。可以说,资管行业的风险可以瞬时转化成金融风险,资管行业的监管是金融监管的重要组成部分。在总体国家安全观下,金融安全是国家安全的重要支柱,防范化解金融风险,尤其是系统性金融风险,是金融工作的根本性任务和永恒主题。然而,随着需求收缩、供给冲击、预期转弱三重压力的到来,由资产管理行业传导至金融行业的各类挑战仍不可忽视。此时,诸如地方债务、个人信贷与养老资产等领域,必然要从债务治理、破产免责等领域入手,以回应当前面临的各种挑战。

基于此,本书主要由六个部分构成,分别是资管行业与金融监管、地方债化解与治理、企业国有资产监管、资产管理公司发展与治理、个人破产制度阐释与构建、域外比较与国际视野。

在资管行业与金融监管板块,曲阜师范大学法学院教授管金平从金融风险管控角度出发,探讨房屋预售环节存在的风险分担不合理问题,并尝试构建制度层面的应对策略;湖北经济法律研究院研究员贝泽盛聚焦时间银行这一新兴领域,探析其法律关系及基金管理的性质,为该领域的规范发展提供理论支撑;西南政法大学郝志斌和尚慧琴围绕金融稳定法展开,致力于完善相关制度框架与配套机制,为金融市场的稳定运行筑牢法律根基。

在地方债化解与治理部分,华中师范大学教师沈斌和硕士研究生胡超祥从央地分权视角切入,探究地方债务治理的有效路径;中国政法大学博士研究生宋嘉豪则聚焦预算法治,寻求规范地方政府债务管理的法治之道,旨在提升地方政府债务治理的法治化水平。

在企业国有资产监管领域,湖北经济法律研究院执行院长、腾龙学者段宏磊及北京德和衡(武汉)律所主任邱启雄针对国有企业"两非两资"(非主业、非优势业务和低效、无效资产)处置问题,探讨如何通过制度控制保障公平竞争,推动国有企业资源优化配置;中南财经政法大学法学院教授、博士生导师、经济法学科带头人刘大洪与其博士研究生高严对企业国有资产法的核心范畴展开深入研究,并就配套监管体系展开讨论,以期提升国有资产监管效能。

在资产管理公司发展与治理方面,广西大学工商管理学院教授梁世昌极具前瞻性,探讨资产管理公司如何在"双碳"目标下发挥作用,通过金融手段助力绿色发展;浙商资产管理股份有限公司总法律顾问陆秋君和法务吕佩云专注于地方资产管理公司合规管理问题的研究,致力于明确其边界并构建规则,保障公司稳健运营。

在个人破产制度阐释与构建板块,深圳大学法学院教授曾晶从法教义学角度深入剖析个人破产法律制度,为制度完善提供理论指引;武汉工程大学马克思主义学院院长、教授、博士生导师曹胜亮和湖北经济学院新闻与传播学院教师邱隽思聚焦消费信贷场景下的个人破产免责问题,深入探讨免责边界与规则,为实践操作提供理论依据。

在域外比较与国际视野部分,华东政法大学国际法学院院长、教授、博士生导师杜涛针对跨境资产交易中的非对称管辖条款,分析法律冲突问题,并提出切实可行的解决路径;曲阜师范大学法学院教授王明文通过对不同国家金融宏观审慎监管体制的比较研究,为中国相关体制的完善提供国际经验借鉴;浙江金汇信托股份有限公司副总经济师钱烈全面梳理不良资产领域的研究成果,为后续研究和实践提供参考与指引。

本书汇聚了法学、经济学及管理学等领域资深学者的研究成果,从不同角度对资管与监管领域的前沿问题进行了深入探究。无论是理论研究的深度,还是实践指导的价值,都具有重要意义。希望本书能为学界和业界提供有益的参考,推动相关领域的理论发展与实践创新。

孙建华
2025 年 6 月

资管论丛·第一辑

目 录

资管行业与金融监管

房屋预售的风险分担失衡及其制度应对 ……………… 管金平　3
时间银行法律关系结构及其基金管理定性研究 ………… 贝泽盛　21
金融稳定法的制度框架、体系优化与配套机制构建
　……………………………………………… 郝志斌　尚慧琴　39

地方债化解与治理

央地分权视域下的地方债务治理研究 ………… 沈　斌　胡超祥　55
预算法治视域下的地方政府债务治理研究 ……………… 宋嘉豪　73

企业国有资产监管

公平竞争视野下国有企业"两非两资"处置过程中的制度控制
　……………………………………………… 段宏磊　邱启雄　95
企业国有资产法的基本范畴与配套监管体系优化
　………………………………………………… 刘大洪　高严　109

资产管理公司发展与治理

资产管理公司助力"双碳"目标路径探索 ……………… 梁世昌　131

地方资产管理公司的合规管理研究——边界控制与规则构建
.... 陆秋君　吕佩云　149

个人破产制度阐释与构建

论中国个人破产法律制度的构造与完善——从法教义学的立场出发
.... 曾　晶　173
消费信贷中的个人破产免责边界与规则展开 …… 曹胜亮　邱隽思　192

域外比较与国际视野

论跨境资产交易中的非对称管辖条款——法律冲突与解决之道
.... 杜　涛　215
金融宏观审慎监管体制的国际比较 ………………… 王明文　231
不良资产研究综述 …………………………………… 钱　烈　244

资管行业与金融监管

房屋预售的风险分担失衡及其制度应对

管金平*

一、问题的提出

房屋预售制度允许房地产开发商在商品房尚未完成建设但已满足预售条件时与购房者签订合约。根据这一制度,购房者提前支付购房款,并在项目建成后获得房屋所有权。近几年,随着经济增长速度的减缓以及国家对房地产政策的调整,购房者停止按揭付款导致开发商解除商品房预售合同的情况增多。自2021年起,融创、恒大等多家大型房地产企业相继陷入债务危机,全国范围内房地产项目停工的情况频发。为应对这一挑战,中央政府多次发表声明,要求地方政府确保房地产企业能够完成楼盘交付。中央经济工作会议也多次强调,必须确保房地产市场的稳定发展,严格执行"保交楼、保民生和保稳定"的政策措施。然而,根据国家统计局的数据,2022年中国商品房销售面积显著下降至135 837万平方米,较前一年减少24.3%,反映出房地产市场的整体低迷态势。[①] 2024年全国"两会"期间,部分全国人大代表指出,房屋预售制度导致买卖双方风险分配严重不平衡,促使房企采用高杠杆、高风险的开发模式,也正因此,有代表建议逐步废除房屋预售制度。[②]

习近平总书记指出:城市不仅要有高度,更要有温度;要践行人民城市理念,不断满足人民群众对住房的多样化、多元化需求,确保外来人口进得

---

* 管金平,曲阜师范大学法学院教授、博士生导师。
[①] 许倩:《13万亿元!2022年房地产销售规模退回5年前》(2023年1月17日),中国房地产网,http://www.creb.com.cn/sylb/186703.jhtml,最后访问:2024年5月1日。
[②] 王国明:《全国人大代表建议取消商品房预售》,《中国市场监管报》2024年3月8日,第3版。

来、留得下、住得安、能成业。① 在房屋预售制度下,消费者实际购买的是尚未完成的商品房。在这种情况下,消费者得到的仅是房地产开发商提供的预售合同承诺,而非实际交付的房屋。因此,对消费者而言,存在房屋可能无法按预定的时间、质量或要求交付的风险。在商品房交易中,风险不公平地偏向买方的情况尤为明显,这引发了对现行房屋预售制度中风险分配机制的关注和必要的分析。基于此,有必要对商品房预售制度进行深入研究和完善,通过明确的法律和规章来规范开发商在预售期内的行为,确保其业务遵循规范,同时保护消费者的权益不受侵害。

二、购房断供视角下中国房屋预售制度面临的风险失衡挑战

根据诺思的制度变迁理论,"为什么高效率的制度会被创造出来?为什么不那么理想的制度会继续存在?"②,问题的核心可能不仅仅在于制度如何影响经济表现,更在于如何理解制度变化本身。在房地产行业中,主要风险往往集中在房地产开发企业,尤其是在商品房预售制度下,最大的风险是开发商项目的"搁浅"或"烂尾"。

(一)商品房法律属性辨析:投资抑或居住

在中国,住房始终是城镇居民关注的焦点之一。住房具有双重特性:一是作为资产,房产作为一种固定投资,无论是购买房产增加的资产总额,还是房价上涨带来的资产增值,都能显著增强个人的主观幸福感;二是其居住功能,自有住房为城市居民提供了稳定的生活和工作环境,这直接提升了居民的福祉,显著增强他们的主观幸福感。③

---

① 《习言道|再论人民城市,习近平关心"一张床、一间房、一套房"》(2023年12月6日),光明网,https://politics.gmw.cn/2023-12/06/content_37012068.htm,最后访问:2024年5月1日。
② John Groenewegen, "North's Theory of Institutional Change", in Phillip O'hara ed., *Encyclopedia of Political Economy Vol. 2*, Routledge, 1999, pp.810-812.
③ 张翔、李伦一、柴程森等:《住房增加幸福:是投资属性还是居住属性?》,《金融研究》2015年第10期。

对商品房法律属性的分析需要深入思考其作为居住品和投资品的双重属性。居住属性是住房的最基本功能,体现了人们对安全、舒适生活环境的需求。法律上,保障公民的居住权是社会稳定的重要基础。相关法律法规明确规定了公民享有适当居住条件的权利,并要求政府采取措施确保居民能够获得可负担的住房。这种法律保障体现了住房的社会功能和人道主义价值。在这一属性下,住房不仅是一个物理空间,更是一个安全、稳定的生活场所。为此,政府通常会采取多种手段,如提供保障性住房、实施房价控制和租金调控等,以确保住房的居住属性得到充分实现。

住房的投资属性也不可忽视。房产作为一种重要的资产类别,能够为投资者带来丰厚的回报。许多人购买房产不仅是为了居住,更是为了获得租金收入和房价升值的利益。例如,房地产交易、抵押贷款和租赁合同等方面的法律规定,都是为了保障投资者和相关利益方的合法权益。这种投资行为在市场经济中是合法且受法律保护的。然而,过度强调住房的投资属性,可能导致市场投机行为增加、房价飙升,最终使得普通居民难以负担高房价,造成社会不公和经济不稳定。因此,如何在保护投资者权益和防范市场风险之间找到平衡,是法律和政策制定者面临的重大挑战。从法律和政策的角度来看,当前的风险分担机制存在失衡问题。如果将住房主要视为居住品,就需要通过调整政策,减少市场投机行为,强化政府对住房市场的调控,确保住房的可及性和可负担性。只有这样,才能真正实现住房的居住属性,保护普通居民的基本居住权。

尽管住房具有投资属性,但其居住属性应当被优先考虑。2023年全国住房城乡建设工作会议提出,要坚持房子是用来住的、不是用来炒的定位,适应房地产市场供求关系发生重大变化的新形势。① 居住属性对于社会稳定和公共利益至关重要。高房价和住房短缺不仅影响个体的生活质量,还会加剧社会不平等,导致社会紧张和不安定。通过保障居住属性,政府可以减少社会矛盾,促进社会和谐。从经济角度看,过度投机导致的房价泡沫一

---

① 《全国住建工作会议:坚持房住不炒定位,适应房地产市场新形势》(2023年12月22日),中国青年网,http://news.youth.cn/gn/202312/t20231222_14980978.htm,最后访问:2024年5月2日。

旦破裂,可能引发严重的经济危机,影响整个金融系统的稳定。因此,强化住房的居住属性,通过政策和法律手段限制投机行为,有助于防范系统性金融风险,维护经济稳定。为了实现社会的长治久安,保障公民的基本居住权,法律和政策需要更多地关注住房的居住功能,减少市场投机行为,合理分担风险。这样,住房市场才能在满足居民基本需求的同时,实现健康、稳定的发展。

(二)商品房预售制度面临内在的利益冲突

在中国,商品房预售主要涉及期房交易。在整个预售过程中,任何一个环节的履约失败都可能阻碍预售目标的实现。例如,如果银行未按规定向开发商放款,且开发商使用这些资金投资非房地产项目,这可能引起工程延迟、承包商停工,甚至项目烂尾,进而导致开发商无法按期交付房屋。在这样的法律关系框架中,涉及开发商、购房者、建筑商、放贷银行等多个主体。在面对商品房预售目标未达成的情况时,尤其需要关注开发商、购房者与贷款银行之间的利益冲突,并对这些冲突进行细致的分析和处理。

首先,预购人往往处于相对弱势的地位。虽然法律上规定预购人和预售人具有平等地位,实际情况却常常显示出两者之间存在差异。市场的供需不平衡、信息不对称等因素,均加剧了预购人面临的风险。[①] 在合同关系中,预购方一般负责支付定金或购房款,预售方则有责任按计划完成建设并交付房屋。通常情况下,预购方履行支付义务相对简单,但预售方的交付责任常常充满不确定性。这导致购房人面临较高的购房风险,尤其是当房屋项目未能如期完成时,许多开发企业可能已经离场。对于已经支付首付款并持续偿还月供的购房人来说,这种情况无疑会引发严重的利益冲突。

其次,预购人与贷款银行之间存在明显冲突。预购人在购房过程中不仅需要与预售人签订房屋买卖预售合同,还需要与贷款银行签订购房借款

---

① 董鹏斌:《保交楼背景下我国商品房预售制度的现实挑战与续造路径》,《西南金融》2023年第11期。

合同和抵押合同。当房屋项目未能顺利完成时,预购人可能会考虑停止偿还贷款或停止按揭付款,这会显著增加银行的信贷风险。按照合同法的原则,未经借款人同意单方面停止还款,会被视为违约行为。然而,在实际司法操作中,即使预购人知悉房屋无法按期交付,一旦他们停止还款,贷款银行仍可向法院提起诉讼,要求继续履行合同。这种情况下,法院通常会支持贷款银行的诉求,要求预购人继续履行还款义务。这在法理上似乎存在矛盾,因为预购人的还款基于最终能接收到房屋这一前提。当这一基本前提未能实现时,强制要求预购人继续还款,显失合理与公平。

最后,预售人为预购人的按揭贷款提供担保,通常需要承担相应的连带保证责任。这种情况下,预售人为了加快资金回流,常会在商品房预售的同时,将建设工程抵押给银行,从而在同一资产上设置了双重抵押。① 因此,如果房屋建造的夭折导致预购人无法按时偿还银行的按揭款,这可能会引发抵押权的冲突,并使贷款银行难以从抵押物中获得应得的全部赔偿。这种抵押权的设置不仅塑造了各方参与者的行为,还对资源配置产生了深远影响。因此,如何正确地理解和处理商品房预售制度中的利益冲突,便是改革和完善该制度的逻辑起点。

(三) 商品房预售制度中的监管机制未能有效地发挥作用

房屋预售制度的主要目标是保持房地产市场的交易稳定,促使开发商按时、保质地交付房屋,并保障购房者的合法权益。然而,根据《商品房销售管理办法》规定的预售条件和许可要求,商品房预售监管和法律规范似乎未能充分有效地发挥其作用,也未能充分地保障购房者的权利。同时,在房地产市场中,作为"理性经济人"的预售人主要追求最大化销售利润,这种追求可能导致他们在业务操作中忽视社会责任。根据《2024年房地产展望报告》,"保交楼"专项借款或将继续促进竣工面积增长,2024年竣工面积预计同比增长10.6%。② 这表明预售人履行按期交房的责任将面临更大的

---

① 邓明辉:《担保措施的法律风险控制与实务》,中国政法大学出版社2021年版,第86—87页。
② 连平、马泓:《房地产市场有望边际改善——2024年房地产展望报告》(2024年3月30日),中国房地产网,http://www.creb.com.cn/scyj/201555.jhtml,最后访问:2024年5月1日。

压力和期望。

在制度建设方面,为了应对"烂尾楼"和"强制停贷"等房地产预售的实际问题,最高人民法院在2020年12月发布了《最高人民法院关于审理商品房买卖合同纠纷案件适用法律若干问题的解释》(法释〔2020〕17号)。从社会发展的角度来看,"烂尾楼"问题往往由预售人不当使用借款引起,导致项目后续资金不足。在这种情况下,明确银行的监管责任是一个重要的措施,这符合市场风险与收益相匹配的原则。在商品房预售这一重要的商业交易中,涉及的主体都从中获益:预售人通过销售尚未完工的房屋赚取利润;银行则从提供的贷款中赚取利息。① 然而,如果银行的义务仅限于提供资金给预购人,在这种交易设置下,银行的收益与承担的风险将变得不成比例。在房地产市场由卖方主导的情况下,预售人获取预售许可后便可启动楼花销售,从而为房地产项目筹集资金。然而,当市场条件逆转,商品房销售不再如预期般顺利,预售人依靠销售楼花获得融资的计划就会遭遇重大的不确定性。随着许多楼盘销售周期的不断延长,预售人的资金流转压力加剧,这也导致"烂尾楼"的问题日益增多。

虽然最高人民法院对"烂尾楼"问题的司法解释修订,以及实际操作中对强制停贷等问题的处理,都着眼于房屋预售制度,但更核心的问题在于加强房屋买卖合同签订后的监管,进而避免履约和交付过程中的纠纷。② 解决商品房预售中的弊端的有效策略之一是通过政府的"有形之手",即加强监管和实施惩罚措施,以确保预售人按期交房。这种方法在实践中往往被忽视,但它是确保房屋预售制度健康运行的关键措施。

(四)商品房预售制度过度强化预购人的风险

房屋预售制度在解决开发商早期资金筹集问题及增加社会房屋供应方面发挥了重要作用。然而,其也增加了房屋销售过程中的风险。在中国,房

---

① 高波:《现代房地产金融学》,南京大学出版社2019年第2版,第109页。
② 王博:《断供风波下商业银行个人住房按揭贷款风险控制措施》,《中国产经》2023年第4期。

地产行业的融资渠道相对单一,预售人主要依靠银行贷款。而房屋建设周期较长,一旦项目"烂尾",不仅损害预购人的利益,还可能使放贷银行面临债权无法回收的风险。

房屋预售的风险分担机制设计是为了通过内置的风险管理体系、有效的管理结构来降低预售过程中可能出现的风险。首先,在构建房屋预售制度的过程中,可能存在对风险分担机制理解的误差。这可能导致风险的不公平分配,使某些方面受到过多的风险压力。其次,房屋预售合同在双方签订并生效后,如果出现了"烂尾楼"或预售人破产等情况,预购人在实现债权方面会遇到极大的困难,其购房目标也因此受挫。在这种情形下,预购人往往处于较弱的保护位置。最后,如果与商品房预售相关的银行放贷行为存在违规操作(如贷款未被安全地存放于专门的监管账户中),预购人支付的首付款和贷款资金恐将面临风险,并增加预购人的经济负担和不安全感。实际上,由于监管不力,预购人往往承担了相应的风险。在房地产高周转的开发模式下,购房款未能妥善地进入监管账户或被挪用已在行业内形成了一种"潜规则"。① 工程总承包方可能借建设进度之名,从监管账户中提取超出需求的资金,并转移给房地产开发商。这些资金随后在不同的房地产项目之间流动,用于购地、偿还债务和楼盘建设等。这一系列操作使得资金链的风险和项目潜在的停滞风险被转嫁给了预购人。

明显地,当前房屋预售制度中的风险分担机制显示出不平衡,将未能按期交房、项目停工等重大风险过度地转嫁给了预购人,迫使他们承担了大部分风险。这种风险分配方式违背了民法中的诚实信用原则,也影响了房屋预售市场制度的稳定性。在构建商品房预售风险分担机制时,应聚焦于合理分担预售风险,并完善履约补救措施,以保护所有相关方的权益并促进市场的健康发展。以"保证质量、确保交付"为目标的风险分担机制将更有效地保护各方利益。因此,迫切需要科学地重构商品房预售的风险分担机制,确保风险在各方之间得到合理分配。

---

① 梁冬梅、于平:《完善我国房地产销售制度的思考》,《经济纵横》2011 年第 2 期。

三、房屋预售合同结构下风险分担失衡的成因

(一)预售合同和担保贷款合同联立造成法律关系失衡

在民法理论中,合同联立指的是两个或多个合同既具有各自独立的法律地位,又存在一定的相互依赖性。每个合同都可以单独建立、修改或终止相应的民事权利与义务,同时,如果一个合同无法成立,被判定为无效、撤销或解除,另一个合同的法律效力也可能受到影响。[1] 这一理论也构成了《最高人民法院关于审理商品房买卖合同纠纷案件适用法律若干问题的解释》中第二十条的理论基础。据此,如果商品房买卖合同被认定为无效、被撤销或解除,与之相关的担保贷款合同就可能随之被解除。[2] 这种解释实质上是对合同相对性原则的一种突破。在房屋预售合同中,预购人通常作为担保贷款合同的借款人,预售人则承担这份贷款合同的阶段性连带责任保证。尽管从法律角度看,商品房预售合同与担保贷款合同并不直接构成主从关系,但实际上,两者之间存在相互依赖性。这种联系主要体现在财务安排和责任分配上,使得这两种合同在实际操作中密不可分。这种联系表明,一个合同的法律状态变动(如无效、撤销或解除)将直接影响到另一个合同的效力。

在分析房屋预售合同和担保贷款合同的内容时不难看出,尽管商品房预售合同通常先于担保贷款合同签订,两者的法律关系却各自独立。商品房预售合同涉及的主要参与方是预售人和预购人,而担保贷款合同则涉及预购人和放贷银行。虽然商品房预售合同和担保贷款合同在合同主体、权利义务和目的上有一定的交集,但是它们并不完全相同。担保贷款合同一旦确立,它就与商品房买卖的法律关系保持相对的独立性。这意味着,尽管

---

[1] 潘重阳:《论联立合同的效力关联——以商品房买卖与借款合同联立为例》,《政治与法律》2021年第11期。

[2] 《最高人民法院关于审理商品房买卖合同纠纷案件适用法律若干问题的解释》第二十条规定:"因商品房买卖合同被确认无效或者被撤销、解除,致使商品房担保贷款合同的目的无法实现,当事人请求解除商品房担保贷款合同的,应予支持。"

两者相互关联,担保贷款合同的效力和继续执行不完全依赖于商品房预售合同的状态。[1] 虽然两个合同在法律上相互独立,但它们之间的依存性也是显而易见的。预购人签订担保贷款合同的主要目的通常是为了补足购房资金的不足。这通常发生在商品房预售合同正式成立并生效之后,此时,预购人会与银行签约,确保通过贷款来满足房屋购买的资金需求。这么做的目的是确保贷款款项直接支付给预售人用作购房款,同时避免资金被挪用。此外,预购人在选择放贷银行时,往往会根据预售人的建议选择与预售人有合作关系的银行,以提高贷款审批的速度和效率。在放贷过程中,银行会评估预购人的还款能力。为确保预购人能够按时还款,在房屋预售过程中,银行通常要求将购买的房屋作为抵押,并要求预售人对预购人的还款提供阶段性的连带保证责任。这表明担保贷款合同中的抵押物与预售合同中的交易对象实际上是同一房产。因此,预售人收到的房款带有相应的权利负担,以确保资金的安全性和目的的专一性。商品房买卖合同是担保贷款合同成立的基础和前提条件。在没有商品房买卖合同的情况下,担保贷款合同无法成立,因为后者的存在依赖于前者的有效性和法律承认。[2]

预购人在商品房预售合同和担保贷款合同中承担重要义务,并且面临房屋可能无法交付的风险,这让他们在合同关系中处于劣势。德国的《消费信贷法》通过引入关联合同理论,旨在缓解这种不利影响,并保护消费者免受额外风险。根据这一理论,消费者可以在解除购买合同的同时,也解除相关的贷款合同,尤其是在消费信贷的背景下。如果坚持合同相对性理论,将商品房预售合同和担保贷款合同视为完全独立的法律关系,这将不可避免地导致预售人和预购人之间的利益严重失衡,致使预购人遭受巨大的经济损失。[3] 在处理商品房预售合同和担保贷款合同的法律关系时,应考虑合同联立理论,不应仅考虑合同的相对性,而应认真考虑两种合同之间的依赖性,以保护预购人的权益并维护市场公平。

---

[1] 李建华、彭诚信:《论合同相对性原则在处理商品房买卖合同纠纷中的司法适用——基于最高人民法院相关司法解释及其判决的评判和反思》,《法律科学(西北政法大学学报)》2012年第5期。
[2] 唐烈英:《房地产法律问题研究》,华中科技大学出版社2014年版,第103页。
[3] 刘承韪:《论按揭模式下关联合同的解除》,《法律科学(西北政法大学学报)》2023年第6期。

(二)长期卖方市场使得交易双方力量对比悬殊

从市场交易的视角分析,长期占据主导地位的卖方市场显著增强了预售人的市场优势。在这种市场环境中,多卖方的存在通常有助于提升买方的议价能力;多买方的情况则相反,会增强卖方的市场地位。从宏观经济环境来看,若经济形势对预购人有利,他们可能预期房价会持续上升,这将推动房产估值的进一步增长。此外,具有吸引力的房产项目通常会吸引更多买家,根据供需法则,这会导致房价溢价增加。这种趋势在过去几年内导致中国房地产市场长期由卖方主导。尽管最近因经济环境变化和政策调整使得市场趋于平稳,但是之前形成的卖方市场优势仍可能持续一段时间。

在由卖方主导的市场环境中,房屋预售合同通常包含标准化或近似的条款,这些条款被反复用于与广泛的潜在买家签订合同。对于起草合同的一方来说,使用这些格式条款极大地简化了操作流程,只需向交易方展示即可使其成为合同的一部分。[①] 这类做法特别常见于合同起草方实力较强、拥有制定合同条款的权力而交易对方相对较弱的情况,正如在房屋预售合同中所见。格式条款的初衷是为了降低成本和提高交易效率,而不是为了利用强势地位或逃避法律责任。[②] 然而当前的情况是,预售人在房屋预售合同中采用的多项强势条款,导致预购人承担了过多的市场风险。受现实环境的影响,这种做法加剧了预售人和预购人之间力量的不平衡,使得房屋预售协议变成购房者单方面承担风险的情形。

第一,对于购房者来说,商品房交易具有更高的使用价值。尽管房屋预售合同的签订能够为双方带来各自的利益,但并不意味着这种交易对双方具有相等的重要性。交易的重要性对一方越大,其在合同谈判过程中的影响力往往也越弱。特别是对于预购人而言,购买的住房往往关系到其未来的生活质量,通常是用其大部分甚至全部积蓄来交换的,因此,实现交易目标对他们来说至关重要。在房地产市场趋于冷静的背景下,投资型买家通

[①] [德]海因·克茨:《合同法中的风险分配》,沈小军译,《法治研究》2020年第3期。
[②] 苏号鹏:《格式合同条款研究》,中国人民大学出版社2004年版,第81—82页。

常拥有更强的议价能力。相比之下,刚需型买家由于其对资金的筹措能力和风险承受能力较弱,以及在合同谈判中的限制性选择较多,通常在交易中处于较弱的地位。这种情况下,刚需型买家在合同的签订和执行中面临的挑战更大。

第二,在房屋预售交易中,信息获取能力的不对称性较为明显。房屋预售人凭借对房地产市场的深入了解、丰富的信息渠道和行业经验,相较于普通的预购人处于显著的优势地位。在房屋预售协议中,涉及房屋买卖和风险分担的重要条款通常采用标准化的格式条款。这意味着预购人在签订过程中几乎无法质疑这些条款的公平性,也无法在合同中引入对自己有利的条件。实际上,预购人通常面临的选择只有接受或拒绝,这进一步限制了他们的决策自由。① 此外,商品房预售本质上是一种期货交易,其特点在于交易的标的物具有非实体性,并且交易的履行存在延迟性。在协议谈判期间,有关房屋的基本特征,如位置、面积、朝向和结构等,通常只能在书面合同中规定。这意味着预购人在相当长的时间内无法实际使用这些房产。这种情况下,预购人支付购房款给开发商的那一刻,标志着双方在权利和义务上的不平衡开始显现。这意味着即使预购人遭受欺诈,也难以在交易的早期阶段及时发现问题。

(三)针对房地产开发企业的守约激励不足

从法经济学的理论来看,人们选择法律或放弃法律、遵守法律或违反法律的根本原因并不在于法律是否存在。守法成本、违法成本、违法收益等是法治建设不可忽视的重要因素。违法行为的法定成本与必然成本之和无疑应大于违法行为的收益,否则,行为主体便可能"铤而走险"。② 在房屋预售交易中,虽然合同通常会对风险分担作出明确的规定,但合同中常常存在各种漏洞。这些不完整的合同可能源于起草者的知识限制或思维惯性,更多情况下,编纂一个无漏洞的完整合同通常伴随高昂的成本。从成本效益的

---

① 张瑞:《格式条款内容控制法律后果研究》,《荆楚法学》2023年第4期。
② 靳文辉:《论公共规制的有效实现——以市场主体行为作为中心的分析》,《法商研究》2014年第3期。

角度分析,只有当合同带来的预期收益足以覆盖这些开销时,当事人才有充分的动机去制定一个较为完整的合同。① 然而,现实中的情况往往是,房屋预售人面临的法律违反成本较低,而他们在房屋预售过程中的收益通常足以补偿这些总体成本,这减少了他们充分履行合同的经济激励。

根据法律要求,商品房预售项目必须在指定的监管银行开设一个专用账户,购房者支付的预售款项需要存入该账户。此账户由政府管理机构、监管银行和房地产企业三方共同监督。然而在实际执行过程中,预售资金的监管面临一定的问题:首先,部分预售款项未按规定存入监管账户;其次,即使资金被存入监管账户,由于监管不严,资金留存比例常低于规定的标准。房地产企业可能通过提前提取资金或虚报工程进度等手段挪用预售款项。这种违约行为涉及大量购房者和巨额的预售资金,严重损害购房者的合法权益,并对放贷银行的运营稳定构成威胁。它可能增加银行的不良资产比例,降低市场流动性。②

在房屋预售制度中,由于预售人与预购人之间存在显著的地位不对等,在《关于规范商品房预售资金监管的意见》发布之前,中国的商品房预售资金监管常常处于无序状态,使得预购人难以有效地利用法律手段来对抗开发商可能利用其经济优势侵害预购人权益的行为。在这一时期,商品房预售资金监管中出现了一系列问题,如预售资金未按规定存入监管账户、开发商虚报工程进度、挪用预售资金以及银行与开发商勾结违规发放预售资金等,这些行为严重侵犯了预购人的合法权益。当预购人支付房款后,根据货币所有权原则,开发商便拥有了预售资金的所有权。尽管《城市房地产管理法》第四十五条明确要求,商品房预售资金必须专用于相关的工程建设,以确保资金的适当使用,但这种规定在确认了开发商对款项的所有权后,仅对其使用方式设定了限制,这通常不足以作为追究开发商后续滥用行为的民事或刑事责任的有效依据。此外,商品房预售制度的顺利运行需要政府各部门全面监管预售流程,并要求严格执行规定。与现房销售相比,商品房预

---

① 崔雪炜:《合同类型复合的本质表现与规范适用》,《法制与社会发展》2024年第2期。
② 林慰曾:《商品房交易模式:预售制与现售制的比较和改进》,《南方金融》2023年第5期。

售对政府的行政和协调能力提出了更高的要求,也增加了监管的成本。

四、中国商品房预售制度风险共担的续造路径

尽管直接废除商品房预售制度在当前阶段不现实,但持续保留存在缺陷的制度同样不合时宜。现有制度中关于预售条件和程序的规定提供了改革的有效起点,后续重点应该放在围绕风险分担和权益保障等核心领域进行改革,以解决预售制度在实际运作中的不足。这样的改革措施有助于逐步解决中国商品房市场中存在的问题。党的二十届三中全会通过的《中共中央关于进一步全面深化改革、推进中国式现代化的决定》中提出,改革房地产开发融资方式和商品房预售制度。这为商品房预售制度的完善指明了方向。

(一)实现商品房预售中风险共担的制度理念转变

实现各方利益平衡是商品房预售制度改革的基本要求。关键在于解决预购人、预售人和放贷银行之间利益的不平衡问题。从微观角度看,当前的法律体系对房屋预售人的约束力度不足,这限制了预购人通过法律手段有效地与预售人进行相互制约的能力。在正常的合同关系中,预购人和预售人应通过相互制约维护各自的利益。然而,在房屋预售的情况下,预购人通过"首付+按揭贷款"的形式支付购房款,这导致预购人在对预售人的约束上主要依赖于债权请求权,而缺少更直接的控制手段。[①] 从宏观角度观察,虽然银行在房屋预售过程中表面上处于有利位置,实际上它们的操作主要是基于预购人与预售人之间的协议,将贷款全额支付给预售人。这种做法使得银行对预购人主要持有名义上的抵押权。这样一来,当房屋项目烂尾时,银行面临的风险极大地增加,因为其实际能够执行的权利非常有限。一

---

① 罗亚文:《商品房买卖合同与借款合同的效力关联——以最高人民法院"王忠诚案"为例》,《财经法学》2023年第1期。

旦房屋烂尾，这种抵押权几乎无法实现。故从整体的风险分担来看，预售人处于相对有利的位置，承担的风险最小；预购人和银行则处于较为不利的地位，尤其是预购人，其地位最为脆弱。在这种情况下，实现利益平衡变得至关重要，它不仅是维护各方权益的基础，也是解决房屋预售制度运行中潜在冲突的关键。

平衡各方利益是解决利益冲突的核心目标，但完全满足所有参与方的需求往往不太现实。因此，调整房屋预售中的利益冲突，使其与整体社会利益保持一致，成为一种实用的解决策略。① 房屋预售制度中各方主体间的利益冲突凸显了对一个平衡利益的续造体系的迫切需要。强化对预购人利益的保护，同时不损害其他参与方的合法权益，是该制度需要考虑的重要方面。因此，在制定相关预售政策时，立法机构和房地产管理部门应从平衡各方利益的视角出发，考虑所有参与者的权益。政策制定者需避免偏袒任一方，而应致力于构建一个各方利益能够均衡共享的制度框架。在保护各方总体利益的同时，有必要特别强调预购人利益的优先保护。虽然预售人和放贷银行的利益保护也是重要的，但必须认识到它们参与房屋预售主要是出于商业利益的追求。相比之下，预购人的主要目标通常是获得居住权，这关系到基本生活需求。虽然市场上存在炒房现象，但是大多数预购人的目的还是为了居住。② 因此，房屋预售制度应明确规定，购房人的住房权益应优先于预售人的经济利益，确保预购人的基本居住需求得到优先考虑和保护。

（二）建立预售人、预购人和银行的三方风险共担机制

在房地产预售过程中，开发商通常采取以下操作模式：预售人会先从银行获取贷款以购买土地使用权，然后把土地使用权抵押给银行，以此获得建设预售房屋所需的启动资金，或要求工程承包方预先垫付施工资金。此外，开发商有时可能会违规使用预购人的购房款来购置新的土地使用权。③ 通

---

① 陈振明、黄子玉：《利益嵌入与制度效能：提升制度执行力的行动主义路向》，《河南师范大学学报（哲学社会科学版）》2024年第2期。
② 李慧娟：《论不动产物权期待权转让的效力——兼论不动产物权期待权的强制执行》，《河南财经政法大学学报》2021年第1期。
③ 陈思静：《在建工程抵押权实现中权利冲突及解决探析》，《天津法学》2015年第2期。

过不断重复这一过程,开发商能够在不扩张资本的情况下继续运作,但这种模式最终可能导致资金链断裂。基于当前的情况,调整预购人与预售人之间的风险共担机制显得尤为重要。一是在房屋预售协议中,应该引入公平合理的风险共担条款,以降低房屋预售方的欺诈风险。这应包括重新构建和规范格式条款,确保协议中关于房屋的交易金额、规划、位置、朝向、质量、面积、装修及配套设施等基本信息的条款没有矛盾或可更改的内容,并强调保护预购人利益的条款的固定性和不可变更性。此外,任何不合理地免除或减轻预售人责任、加重预购人责任、限制或排除预购人主要权利的条款都应受到限制或被禁止。二是应增设购房者无过错解除贷款合同的条款。预购人普遍因房屋预售人的违约而面临"烂尾"风险,因此,需要明确规定购房者在预售人违约的情况下可以解除购房合同,且解除合同不应影响其按揭贷款的免责权利。三是应提升房屋预售人的偿债能力,以保障预购人的合法权益。除了实施预售款使用的保证金、违约责任保险以及限制预售商品房的抵押权等措施之外,为了防止预售款被挪用,还可以考虑引入惩罚性赔偿条款。① 这些措施将提供额外的保障,确保预售款用途的透明性和正当性,以及在违规情况下强化责任追究的力度。

除此之外,在房屋预售模式中,预售人、预购人和银行三方当事人的利益与风险分配极不均衡。对于房屋预售人而言,在房屋尚未完成交付时已能收到全部房款,使得其承担的交易风险大幅降低;对于预购人而言,其不仅需要应对未来的月供债务,还需面对房屋交付可能的不确定性。② 对放贷银行来说,虽然有预售人的担保保证,但预售人资金不足的现实使得保证体系名存实亡。若预购人因经济状况恶化而无法继续偿还贷款,银行将面临预售人破产和预购人断供的双重风险。这种情况下,原本应三方共担的风险趋向于由两方承担。为了改善这一状况,一种可行的方案是在三方当事人中增设银行与预售人之间的担保条款,加强银行的监督职责,将购房者的还贷意愿与开发商的履约能力紧密绑定,确保银行加强对预售资金的监管,

---

① 胡玲丽、张继恒:《商品房预售制度法律问题研究——一个合同法视角的观察》,《企业经济》2011年第12期。
② 孟祥沛:《论中国式按揭》,《政治与法律》2013年第5期。

实现专款专用。银行还可以签订承诺书,承诺在房企资金链断裂时出资担保房屋交付,从而增强制度的安全性和可靠性。还可以借鉴英美法系国家的按揭制度:银行为购房者提供住房贷款,购房者在购买期房或现房后将房屋产权转移给银行,但仍保留居住权;待还清住房贷款后,房屋产权自动赎回转到购房者名下。按此交易模式,一旦银行收回期房所有权,双方的合同义务即视为已履行完毕。这样,即使预购人后续选择停止偿还贷款,也能在法律上有效地保护自己。

(三)夯实房屋预购人权益保障制度

在房屋预售交易中,预购人通常在支付购房款后,仅依赖预售人的合同承诺而预告登记,尽管在一定程度上增强了合同的法律效力,但其并不能完全确保在预售人开发建设失败时,预购人的合法权益得到充分保护。房屋预售涉及的较长时间跨度增加了交易的风险性,在漫长的建设期间,许多不可预见的因素可能导致项目失败或延误。实际操作中,预售制度往往更加注重推动市场运转和扩大交易规模,但在保护预购人权益方面却显得不足,尤其是在房屋烂尾的情况下,现有制度缺乏有效的措施来保障预购人的合法权益。对此可以从以下两个方面夯实预购人合法权益的保障。

一是在预告登记中应明确预购人的优先受偿权。根据中国《民法典》第二百二十一条的规定,购房交易中的预告登记权是预购人的权利。[1] 预告登记通过给予债权以物权的效力,为债权提供了排他性和保全性,特别地在法律上加强了预购人债权的保护。该登记机制的核心目的是通过公示的方式,限制或取消后续通过买卖合同或抵押合同获得的债权或物权的处置能力。此举主要是为了防止预售人在房地产开发过程中对同一在建工程进行重复的抵押或预售,从而降低交易风险,确保所有权益方的利益得到合理保护。[2] 然而,目前的司法实践显示,依靠预告登记的限制性效力并不能完全

---

[1] 《中华人民共和国民法典》第二百二十一条:"当事人签订买卖房屋的协议或者签订其他不动产物权的协议,为保障将来实现物权,按照约定可以向登记机构申请预告登记。预告登记后,未经预告登记的权利人同意,处分该不动产的,不发生物权效力。"

[2] 万挺:《预购商品房预告登记制度的实施保障》,《中国应用法学》2021年第6期。

保障预购人的权益。在预售人面临破产的情形下,预告登记赋予预购人的债权请求权以物权的效力,使得预购人可以在不动产所有权人破产时,与其他债权人竞争并优先实现自己的债权。确立预告登记在"烂尾楼"拍卖中的优先受偿权,并实施预告登记的数字化管理,是保护预购人权益的关键举措。通过这些措施,可以有效地确保在"烂尾楼"事件发生时,预购人的投资受到优先保护,从而减少他们的财务损失。

二是应当强化地方政府在保障预购人权益方面的角色。预购人在预售合同中通常处于较不利的地位,而缺乏地方政府的有效介入使他们难以独力实现与其他主体间的利益平衡。此外,在"烂尾楼"事件中,即便预购人可能免除偿还按揭贷款,他们之前承受的损失如何得到补偿依然是一个待解的问题。因此,在处理"烂尾楼"事件时,地方政府应积极承担责任并主动介入,不仅需要坚持"房住不炒"的政策导向,确保地方房地产市场的健康稳定发展,还应根据地区实际情况采取适当措施,制定激励性方案,吸引有实力和意愿的优质房地产企业投资或接手项目。例如,福建省的"中国贵谷"房地产项目就在地方政府的有力推动和保障下,成功地解决了"烂尾楼"问题,为其他地区提供了宝贵的经验。① 未来,地方政府可以考虑牵头建立风险担保基金,这将有助于更有效地管理所在区域内的预售项目风险,并加大力度挽救"烂尾楼"项目,在增强市场稳定性的同时提高购房者对房地产市场的信心。

五、结语

习近平总书记提出,要准确把握住房的居住属性,以满足新市民的住房需求为主要出发点,以建立购租并举的住房制度为主要方向,以市场为主满

---

① 福建省连江县贵安温泉旅游度假区的"中国贵谷"项目,2014年因资金链断裂,楼盘停工烂尾,负债约30亿元人民币。为了盘活该项目、保护预购人的权益,当地政府通过数字化招商平台,引入意向投资人资金4亿多元,为该项目的"起死回生"夯实基础。截至2021年7月,该项目一期485套、二期683套商品房和52栋别墅已顺利竣工交房,总交房率高于95%。参见《府院联动助推纾困重整"中国贵谷"一期商品房竣工交房》(2021年1月21日),中国新闻网,http://www.fj.chinanews.com.cn/news/2021/2021-01-21/479461.html,最后访问:2024年5月4日。

足多层次需求,以政府为主提供基本保障,让全体人民住有所居。① 法律是利益的调节器,在房地产卖方市场的环境下,商品房预售制度通常能有效地运作。当房地产市场的供需关系发生重大变化时,预售制度中的缺陷可能会被市场放大,这种放大效应可能会破坏原本在预售人、预购人和银行之间存在的平衡关系。虽然商品房预售制度在推动房地产市场发展方面发挥了重要作用,但在保障预购人的生存权和住房权方面存在不足。因此,完善商品房预售制度中的风险预测和风险分配机制显得尤为重要。为了消除制度的弊端并提高期房交易的安全性,必须将改革措施与社会承受能力有效地结合,从而最大限度地保护预购人的利益。从根本上出发,应及时对房屋预售模式中的风险分担失衡进行改进,确立一个公平合理的风险共担机制,在改革进程中考虑到各方面的实际情况,确保改革既深入又适度,防止因改革过急而带来社会不稳定。通过这样的方法逐步优化预售制度,使其更加公平、透明,确保购房者权益得到实质性的保护。

---

① 参见《习近平:让全体人民住有所居》(2016 年 12 月 27 日),央广网,http://m.cnr.cn/news/20161227/t20161227_523398842.html,最后访问:2024 年 7 月 31 日。

时间银行法律关系结构及其基金管理定性研究

贝泽盛[*]

一、问题的提出

在20世纪80年代,为了解决当时社会分配失灵使底层民众无法获得与之匹配的日常服务的问题,美国社区提出了时间银行的模式,开始尝试社群互助的新模式,即通过利用闲置时间为他人提供服务获取积分,从而在自身有需求之时获得相应的服务。这一模式后来被运用到养老领域,上海原提篮桥街道①于1998年首次进行了相应的尝试。

当前,中国的少子化现象愈加显著,加之经济发展带来的医疗条件改善使得中国的人均寿命显著提高,多种因素叠加加速了中国步入老龄化社会的进程。根据国家卫生健康委的估算,中国在"十四五"期间将进入中度老龄化阶段,在2035年将进入重度老龄化阶段。随着社会老龄化程度的逐渐加深,中国的养老需求与养老供给出现了明显脱节。作为新兴养老模式,时间银行利用社会力量,提倡社群互助,进行社会化养老。这一模式不仅可以完善中国养老体系,对推动中国第三次分配具有重要作用,也为中国信用体系的完善提供了新路径。但由于时间银行的基础在于社区的可持续预期,这对公法和私法带来了诸多挑战,而对时间银行的定性影响着后续公法的监督及私法的法律适用。同时,时间银行这一跨越周期的服务提供模式存在较为明显的金融属性。

时间银行界定的争议主要来源于货币价值与劳动跨周期支付两个方

---

[*] 贝泽盛,湖北经济法律研究院助理研究员。
① 2018年更名为北外滩街道。

面:第一,时间银行基于社会公众的信心对养老服务进行跨周期给付,其中牵涉货币的价值源泉,可能会对一国的货币主权带来冲击;第二,不同时期的养老劳动价值不同,时间银行通过在一定时期后等价兑换志愿服务劳动,形成对劳动的保值,具有明显的金融特征。这些因素导致时间银行可能会演化出公私属性、物债之争、法律效果和权利变动等问题。按照《中共中央、国务院关于加强新时代老龄工作的意见》[1]《国务院办公厅关于推进养老服务发展的意见》[2]的设计目标,时间银行一方面需要推进养老服务多样化和社群联动,另一方面需要保护参与者的合法权益。

综上所述,本文拟从时间银行法律关系的分歧入手,通过整合及提出适当的属性学说假设,阐明时间银行模式争论的焦点及困境,从时间银行的定性论、变动论入手,探讨时间银行这一特殊劳动资产形成的基金管理的法律结构阐释。

二、时间银行法律关系的分歧与定性

在时间银行模式的研究中,不同的研究者对时间银行的属性有不同的看法。当前,国内主要以劳务合同与劳动合同两种观点展开争论。两种观点围绕着时间银行的组织方、服务提供方、服务获取方、监管方的法律关系进行分析,但缺乏对时间银行可能存在的金融属性和货币属性提出相应的假设进行分析。

(一) 合同说及其困局

1. 劳务合同说与劳动合同说

劳务合同说认为,时间银行服务体系是由时间银行的组织方、服务提供方、服务获取方构成的双重劳务合同[3]。其是从劳务合同主体的广泛性、平

---

[1] 《中共中央、国务院关于加强新时代老龄工作的意见》,中发〔2021〕42号,2021年11月24日发布。
[2] 《国务院办公厅关于推进养老服务发展的意见》,国办发〔2019〕5号,2019年3月29日发布。
[3] 侯丽琴:《"时间银行"模式下互助养老服务合同法律关系研究》,天津商业大学2014年硕士学位论文。

等性、标的特殊性和双方合意约定出发,认为时间银行组织方、服务提供方、服务获取方三方的法律地位平等,且服务是在三方两两在平等自愿的基础之上达成合意展开,合意主体不拘泥于单一类别。在劳务合同中通过时间银行组织方的匹配,撮合了服务提供方、服务获取方的劳动与需求匹配,从而形成了对应的给付报酬行为和获取报酬行为,相关合意具有有偿性,属于一种平等的民事法律关系。在此类法律关系中,劳务提供方提供了特殊的劳务,属于合同关系中的特殊标的,但无须接受组织方的具体指令,在履行服务合同的过程中与接受服务的过程中,双方的平等主体地位并未改变。在相关合意的财产性上,重视"当事人的利益是关注的焦点"①,认为三方合意构建了"全部或者部分劳务为债务内容"②的双重服务合同。

劳动合同说在部分观点上与劳务合同说相似,认为时间银行的服务体系是一个双重合同。二者的区别在于,劳动合同说认为根据中国《劳动法》及《劳动合同法》的规定,时间银行的组织方、服务提供方和服务获取方是通过与特定主体构建相应的从属关系,从而在内容上实现权利与义务的统一。该学说对于劳务合同说也有从劳动力使用权转移和主体地位不平等的角度出发,认为时间银行劳务合同说片面混淆了劳动合同与劳务合同的共有属性③,忽视了在时间银行体系之下服务的多样化与专业性,对组织方的责任进行了一定程度的免除,使得服务提供方和服务获取方暴露在能力困境和道德风险中,三方的地位出现不对等。劳动合同说较之劳务合同说,更多地可以对时间银行的组织方、服务提供方、服务获取方三方进行约束。虽然在一定程度上打破了服务提供方与服务获取方之间的意思自治,但是在服务保障和法律救济上更能保障各方的权利。

2. 劳务合同说与劳动合同说的困境

首先,当下时间银行模式下能跨周期通兑的劳动服务与法定货币相比仍区别显著。法定货币的价值来源于国家主权及信用的背书,而时间银行

---

① 谢增毅:《民法典编纂与雇佣(劳动)合同规则》,《中国法学》2016年第4期。
② 周江洪:《服务合同在我国民法典中的定位及其制度构建》,《法学》2008年第1期。
③ 王笑寒:《社会法视域下"时间银行"互助养老机制中服务合同性质定位分析》,《法学论坛》2020年第9期。

模式下能跨周期通兑的价值来源包含服务提供者的劳动价值和三方主体基于未来预期、意思自治产生的市场信心。时间银行模式下劳动的跨周期通兑表明，劳动形成了有别于法定货币的职能，法定货币基于国家信用背书，劳动无相应背书却仍承担着交易价值尺度的职能。通过时间银行模式中给付的劳动并不必然获取经济价值，因为这一过程并未完成"商品惊险的跳跃"，服务提供者仍需在未来完成相应劳动的承兑。由此可知，当下的时间银行模式缺乏跨周期的信用担保和法律背书。

其次，劳务合同说与劳动合同说忽视了时间银行模式下互助劳动可能出现的流通媒介功能。西美尔认为，在现代社会中，货币演化为纯粹的交换功能载体[1]，单纯地将互助劳动视为时间银行模式下实现价值尺度的工具，会造成时间银行公私二元属性在公法领域管理上的不足。在时间银行模式得到发展后，互助劳动可能会呈现一定程度的流通性，这种流通性可能是基于两个自然人之间意思自治之下的流转，凸显了时间银行可能引发的私法与公法上的冲突。

（二）金融产品假设及其困局

1. 金融产品假设

从金融产品的视角审视时间银行模式不难发现，时间银行模式下的劳动有着十分明显的金融属性，即服务提供者通过给付劳动，完成当期劳动储存，一定期限后再兑换成自身所需的劳动。其中不仅涉及劳动价值跨周期存在的价值波动，还涉及时间银行模式如何应对跨周期风险。时间银行的上述特征使这一模式不仅是一种养老机制，还成为社会信用生产与消费的体系。但时间银行模式下的劳动应当是何种金融产品？时间银行模式中的各方在其中扮演何种角色？若将时间银行组织方视为商业银行，时间银行模式下的互助劳动项目作为一种信用服务项目，则以互助劳动为基准进行或获取的服务可以视为一种将劳动价值波动作为利息的存贷款业务。在这种业务中，三方形成的是一种民事法律关系。服务提供方通过时间银行的

---

[1] ［德］西美尔：《货币哲学》，陈戎女等译，华夏出版社 2002 年版，第 129 页。

组织者向服务获得方提供相应的劳动即在账户中存入相应的劳动时间。从内容表现形式看,服务提供方与时间银行的组织方构成了请求权利和支付义务。服务提供方的请求权在此种情况下可视为一种存单,服务(劳动)请求权和义务的灭失通过服务提供方经时间银行的组织方获得对应服务或有条件地放弃权利来实现。

2. 金融产品假设的困境

金融产品假设的基石是时间银行模式通过社会信用的生产与再生产机制,跨周期通兑劳动,而对应劳动则是这一模式下的信用凭证。但在这种模式下,无法律担保的机构破产和解散会导致社会信用破产,缺乏相应的兜底机制。从服务内容上看,商业银行一般提供的是标准化服务,服务获得者若想定制服务则需要付出更为高昂的成本,忽视了社会公益性。

(三)货币说及其困局

1. 绝对货币说与补充货币说

绝对货币说是从萨维尼货币功能的观点出发,认为货币的功能可以区分为抽象的财产功能[1]和绝对的价值衡量标准[2]两种,在时间银行模式中,时间银行的组织方、服务提供方、服务获取方三方可以构成一个基于时间银行的一般性的、自愿交易的体系。这一体系基于社群互助信用,在通过自身劳动和对他人劳动的认可的前提下,使劳动具备了绝对的价值衡量属性。这种抽象功能自人类社会诞生起即存在,不依赖于特定的货币和特定的信用模式,脱离创制主权行为及其规制[3]。时间银行模式下的劳动绝对价值衡量标准体现在其存在自然稀缺性(natural scarcity)。相较于虚拟货币、法定货币,时间银行模式下的劳动稀缺性并非被人为拟制的(be contrived),而是由于人的精力有限,使得人的劳动存在稀缺性。这种稀缺性反映到表现形式上,就是时间银行模式中提供的劳动的自然稀缺性。如何界定时间银行

---

[1] Vgl. von Savigny, Das Obligationenrecht als Theil des heutigen Römischen Rechts, Band I, 1851, S. 406.
[2] Vgl. von Savigny, Das Obligationenrecht als Theil des heutigen Römischen Rechts, Band I, 1851, S. 405.
[3] Vgl. Sebastian Omlor, in Staudinger BGB, 2016, vor § 244ff. Rn. A66.

模式下的劳动已经从劳动市场中分离并形成了一种货币?马克思认为,"指明这种货币形式的起源,就是说,探讨商品价值关系中包含的价值表现,怎样从最简单的最不显眼的样子一直发展到炫目的货币形式。这样,货币的谜就会随着消失"①。

补充货币说从吕特格的货币职能衍化观点出发②,认为货币功能会随着时间的流逝变得多样化。在时间银行模式的运用中,劳动所执行的货币职能不只是价值尺度和流通媒介,还包括价值贮藏。在服务提供方通过时间银行的组织方向服务获取方提供劳动时,即使服务提供者给付的劳动退出流通市场,进入价值贮藏的状态。待到服务提供方需要时,则通过向时间银行的组织者请求获得相应的劳动,从而使自身贮藏的劳动请求权进入流通市场。这一模式不囿于通过时间银行模式实现跨周期劳动兑付,使老龄群体重新在商业经济社会中实现价值,也能使得时间银行模式下的劳动作为一种辅助货币具有了道德和经济的双重属性,激发了货币的社会经济功能。③ 时间银行模式下的劳动双重属性在日本的相关实践中可以总结为:行动者在提供和获取相应服务时,相对更在意的是精神慰藉而非劳动的等额回报。④ 在这种情况下,服务提供者提供的劳动服务、精神慰藉和服务获得者获得的劳动服务和精神陪伴无法用单一的传统货币进行体现,唯有通过相似的劳动服务传承才能够实现,这之间的价值表达媒介即时间银行模式下对应的劳动。此时,时间银行模式提供的价值才能够完整体现,时间银行模式下的劳动作为承载价值表达的载体则成为一种补充货币。

两种货币说均认为,时间银行模式之所以产生、衡量和流通对应性劳动,是建立在参与者对彼此劳动价值认可之上,是基于意思自治达成合意并给予确认的动态过程。他们拥有"占有即所有"这一货币的明显特征原则,在这一特征之下货币的占有和使用不可分离。在时间银行模式中,劳动作为价值的衡量标准,在获得服务时只需要在前期付出一定对应时间的劳动,

---

① 《马克思恩格斯选集》(第二卷),人民出版社 2012 年版,第 107 页。
② Vgl. Friedrich Lütge, Einführung in die Lehre vom Gelde, 1948, S. 39.
③ 陶士贵、张瑛:《"时间银行"互助养老的机理与路径:基于时间货币视角》,《新视野》2022 年第 2 期。
④ 陈功等:《日本时间银行发展历程及对中国的启示》,《调研世界》2021 年第 11 期。

不需要向对方提供等额的服务。

2. 货币假设的困境

首先,时间银行模式在当前并不承载着国家契约。虽然货币的发行可以不依靠主权创制,但是货币创制信用的源泉会影响创制合意的履行,若创制主体因法定原因宣告破产、解散,则在时间银行模式中贮藏的劳动会失去效用。故而,时间银行模式下的劳动流转在当前受制于各行动主体的地域辐射范围、预期寿命等客观因素,使得不同的行动主体面对不同程度的信用风险。

其次,超越主权的货币形式不仅可能带来金融混乱、洗钱等风险,还会对国家货币主权带来极大的挑战,危及国家经济治理体系,削弱政府治理能力。时间银行模式下的劳动在发展到一定程度时,可能会呈现一定的流通性,这种流通性可能是基于两个自然人之间意思自治之下的流转。

最后,时间银行模式下的劳动在当下存在如何区别定价、继承转让和跨区域、跨时间流通承兑功能的缺失等问题。由于中国老龄化进程迅猛,劳动可能将会出现"通货紧缩"。时间银行模式下的劳动如何跨越劳动供给周期,使得服务提供者能够享有相应的服务,不至于使时间银行模式下的劳动失去实际效用,是当下中国推广时间银行模式的重点,也将是一个难点。

三、基金管理的法律结构阐释

时间银行这一新兴事物既涉及监管等公法问题,也涉及私法适用。当前,中国时间银行这一养老互助模式多点开花产生了不同类型的实践。但是,与时间银行的有关研究囿于时间银行的政策性研究,对现实问题的回应与基于物权、债权和公私二元属性的研究不足。[①] 通过对上述观点进行批判吸收,结合中国高速老龄化的特点,本文尝试提出将时间银行模式下的互助劳动作为国家养老基金的补充货币。这一观点将时间银行模式下的劳动视

---

① 张巍:《物权法定的效率问题再研究》,《中研院法学期刊》2013 年第 13 期。

为附着在个人社保账户上的债权,不仅可以明晰时间银行模式下的劳动的物债属性和公私二元属性,为这一模式下的基金管理定性审思提供基础,还能够有效地缓解当前国家养老和家庭养老支付能力和意愿不足的问题①。

(一) 中国时间银行的发展模式

《中国时间银行发展研究报告》蓝皮书中提到,中国时间银行在发展上可以分为政府主导型、基金会主导型和社区组织型三种②,不同形态下的主导发展力量存在差异。从总体来看,政府主导型发展最为迅猛,基金会主导型和社区组织型由于信用背书的主体差异,发展程度明显逊色于前者。

1. 政府主导型

中国以政府主导发展时间银行最为典型的是南京市时间银行。南京市时间银行由市民政局牵头,其他政府部门从信息互通平台搭建、信用记录、志愿业务指导及培训等方面提供辅助。对于时间银行的信用问题,南京市政府要求各区政府为辖区内时间银行设立专用担保账户,由区政府统一负责担保事项。在这一模式下,时间银行呈现出多层级运作、多方主体参与的态势。这一模式的优势在于,南京市政府以政府公信力为时间银行提供信用背书,使得时间银行模式下的劳动无形中具有一种跨周期的保障。这一政府主导模式不仅为时间银行在南京市域内跨区流动提供了相应的保障,更是打破了时间银行存在的先天信用不足的困境,以政府为主导汇聚了更多的养老资源。政府主导型时间银行使得零散的、非专业化的养老资源被专业机构统一整合运作,防止劳动期权因信用风险到期无法交割。

与最初的时间银行不同的是,南京模式通过政府信用介入,使劳动某种程度上成为准社会保障协议双向凭证。在政府信用背书下,时间银行相关机构不对特定资产进行变现,而是将权益直接分配给参与者。通过这一模式解决了劳动跨周期兑换中的信用担心问题,这与国家法定货币的信用来

---

① 伍海霞:《城市第一代独生子女父母的养老研究》,《人口研究》2018年第9期。
② 陈功等主编:《中国时间银行发展研究报告》,华东理工大学出版社2024年版,第37—60页。

源一致,国家法定货币也是通过政府信用介入在交易中拥有合法地位。传统的时间银行将劳动作为锚定物与流通物,使得没有合适信用背书的时间银行模式在运作过程中存在极大的不确定性。在南京模式下的时间银行的运作过程中,南京市政府作为政府机构为时间银行注入的不仅是政府信用,还包括启动和维护资金,这使得南京模式中的时间银行机构不仅在初始阶段拥有财政支撑,更重要的是这一模式将时间银行模式中产生的劳动视为一种独立的养老资产进行运作维护,也符合社会保障基金的部分特征。

2. 其他类型

其他类型中包含基金会主导型和社区组织型两类。这两类模式与政府主导型的区别在于,政府主导型下时间银行模式是政府依托公信力和财政资金,委托第三方形成的补充社会保障体系,其他类型则是一种依托于民间信用、商业信誉和劳动价值,将三者混合而成的民间养老互助社团。这主要体现在这一模式下的时间银行管理机构财产独立、参与人需要对参与养老互助劳动承担对应的风险,机构需要通过收取管理费用维护成本。

这两种类型与政府主导型的差异在于,这两种类型下作为媒介和交易需求物的劳动与法定货币存在着先天差异。央行发行数字货币是国家在准备了对应的数字准备金后通过技术手段生成对应的数额,这两种类型的时间银行则是把人的劳动对应到数据中心生成数据记录,这种产物的锚定物是人的劳动而非准备金。在提供和获取服务过程中因完成相应义务使得原有的权利关系消灭,产生了新的权利关系,又或者因为"劳动通货紧缩"或其他风险因素使得权利关系消灭。

从中国当前不同地区的实践可知,时间银行模式下的劳动定性不确定,导致时间银行管理的法律结构存在差异。如何破解差异,使时间银行模式下的互助劳动可以成为国家养老基金的补充货币,这需要从对时间银行模式下的劳动定性入手。

(二)定性:物权、债权还是物上债权?

对时间银行模式下的劳动的定性影响其权利的实现。与虚拟货币相比,时间银行模式下的劳动的稀缺性并非人为拟制,而是由人的时间有限产生的。个人养老账户是载体,不能因不具有"法律意义上的物,仅为有体之标的"①观点,而笼统地认为其不能构成一个物上之债。若认为时间银行模式中各主体给付与承载的劳动是一种债权,则忽视了其中对应的劳动存在的独立性,不符合债权对于债的定义。时间银行模式中各行动方给付或承载的劳动作为一种附着于个人养老账户上的债,可以参考电子票据构建中的物之拟制逻辑②。通过将个人养老账户拟制成为物权客体的物,将劳动作为附着于物上之债,更有利于将时间银行模式中的劳动通过国家社保基金完成信用背书和跨周期调控。在这一物上的劳动作为人在经济活动中的直接体现,其本身存在着自然稀缺性而非人为拟制。在设计时可以通过技术手段,利用分布式技术和量子加密技术,实现对时间银行模式中产生的跨周期劳动的记录与控制,这一过程中劳动是独立且可控的。利用分布式记账模式,加之以特殊的序列号、时限等信息,构成独特的兑换机制,使得持有人通过个人养老账户对互助劳动的使用实现了对世性,形成排除了其他一切人的权利。在持有人通过数字账户实现服务获取时,实现了时间银行模式的初衷,即对预存的劳动实现跨周期支配。这一模式确保了所有权人对财产的支配性,保障了电子养老账户中的跨周期劳动能够被独立处分。这决定了电子养老账户可以作为物的客体,而时间银行模式中流通的劳动成为附着于电子养老账户之上的债权。

在传统的民法领域,物债二分是将财产进行了有效分割。但随着经济的发展,部分兼具物权属性和债的属性的事物无法归类,物上债权较好地将二者融为一体。由于时间银行模式中流通的劳动存在价值差异,并非国家法定货币,所以只能作为国家养老基金的劳动形式的非实体补充货币。在这种模式下,将时间银行模式中的劳动纳入国家社会保障基金,使其产生相应的效力必须依赖于义务人的积极配合,而非消极尊重。这种从属于物的作为义务属于债的一种。这一债权债务关系可以以电子养老账户这种

---

① 德国《民法典》第九十条。
② Vgl. Sebastian Omlor/Aurelia Birne, Digitales Zentralbankgeld im Euroraum, RDi 1(2020), S.6.

物为媒介,使得物权人同时成为债的主体,形成一种物上之债①。在这一模式下若想互助劳动发挥效力则需要交易双方积极作为,此时需要依赖于参与时间银行模式的各方行动者,从而确保时间银行模式对参与体系的特定人具有约束力。从这点来看,将时间银行模式下的劳动视作一种附着于电子养老账户上的债权并未体现出物权的绝对性,符合对于物上之债的定义。

(三) 基金管理定性审思

时间银行作为新兴养老模式引发了相应的争论,如果从单一观点去阐释,既无法满足时间银行的发展需求,也无法有效地缓解中国高速老龄化的困境。通过时间银行模式,将互助劳动作为国家养老基金劳动形式的补充货币,可以有效地推动时间银行模式的发展,有效地缓解中国高速老龄化的困境。在国家养老基金中嵌入互助劳动,无法绕开的议题是时间银行模式下各方的法律关系。时间银行模式法律关系的构建思路,最终会影响时间银行模式中的权利实现与中国养老基金对高速老龄化社会的应对之策。

1. 法律关系的主体

当前,中国时间银行的三种发展形态因不同主导力量使得发展程度各有差异。若将时间银行模式纳入中国养老基金体系中,则可以将对应的法律关系主体提炼为四个,即全国社会保障基金会、时间银行的组织方、时间银行的服务提供方、时间银行的服务获取方。通过全国社会保障基金会下设的养老基金,统一全国时间银行的管理、标准和平台。在养老基金的框架下,建立政府主导、通存通兑、内部均衡的时间银行劳动体系。这一体系下,全国社会保障基金会及其委托的地方职能机构负责统筹调配行政区划内的志愿劳动资源、账户劳动时长发放与监管等。时间银行的组织方在相关机构的指导下进行志愿服务的组织与培训、养老项目日常运营等,通过统筹分配的会员费用与上级机构下发的志愿补贴进行运作。服务提供方和服务获

---

① 常鹏翱:《物上之债的构造、价值和借鉴》,《环球法律评论》2016年第1期。

取方作为时间银行机制的末端,完成了志愿养老劳动的转移,在这一过程中消耗或获得了相应的服务。

2. 法律关系的客体

在国家养老基金劳动形式的补充货币模式下,时间银行体系形成的是一种物上之债,其并非传统单一物权或债权,这一债权随身份转化进而消灭和产生新债权。将时间银行模式纳入国家养老基金时,客体是产生债务的行为,使得行为人与国家养老基金存在对应的债权债务关系。服务提供者或服务获取者对国家养老基金而言,一方可以通过请求权请求另一方为或者不为对应的行为,行为的产生使得债务得到清偿。服务提供者和服务获取者的身份转化,使得债权债务关系同时发生变化,进而导致债权的消灭。当服务提供者转变为服务获取者时,意味着完成了债务人向债权人的转变,而国家养老基金则由行使请求劳动给付请求权变为被请求的一方,由债权人成为新的债务人。为了应对相关债务关系,国家养老基金应当通过对时间银行机构给予专用担保、初始支持,使时间银行机构能够为服务提供者和获取者提供相应保障以维护双方的权利,同时,对行为人的对应行为进行确认与监督,保障对应劳动记录的信度。

3. 法律关系的权利义务

法律关系的内容是法律关系主体与客体之间享有的权利义务关系,由于时间银行模式将互助劳动作为国家养老基金劳动形式的补充货币,所以,其中蕴含的权利义务关系并非单一法律关系,而是多重法律关系(如图1所示)。

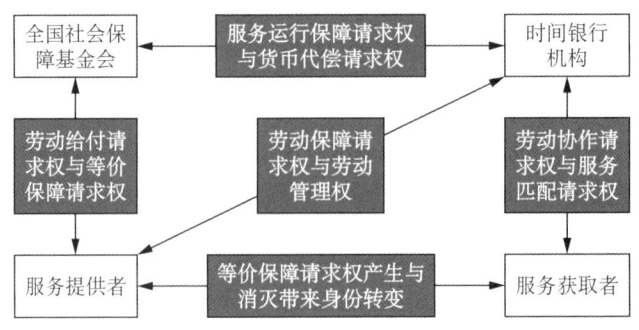

图1 时间银行模式中各主体间的请求关系

全国社会保障基金会(国家养老基金)的请求权可以分为三个部分,分别为针对服务提供者请求劳动给付、针对时间银行机构请求为服务提供者提供安全保障和针对服务获取者在获得服务后劳动请求权的消灭处理。

针对服务提供者的劳动给付请求权是一种特殊债权,应当区别于财产债权。这是由于劳动给付请求权的基础是社会保险法且权利具有人身性,使得权利无法被转让。当服务提供者履行义务后,全国社会保障基金会向服务提供者的养老账户上计入一定数额的劳动时长并具有在服务提供者需要时给付相应劳动的义务。在劳动资源匮乏区域,当通过向全体服务提供者请求劳动给付满足服务获取者的需求不能达成时,国家养老基金可以通过将所需服务对应的劳动与法定货币换算后,利用基金购买劳动实现劳动给付,以回应当事人获得对应劳动服务的请求权。针对时间银行机构的安全保障的请求权,则来自国家养老基金与时间银行机构达成的相应协议。由于时间银行机构通过协助获得全国社会保障基金会相应的资助,故需履行协议中关于时间银行机构第三方的相应义务,包括向服务提供者提供相应的劳动保障、培训,向服务获取者提供相应的协助等。与劳动给付请求权相对的是服务获取者在获得服务后劳动请求权的消灭处理,这是因为在提供服务的这一过程中全国社会保障基金会并非劳动的直接享有人,而是基于服务获得者拥有的请求权向服务提供者请求劳动给付,在这一过程中获得了一个对服务获取者的债权,通过这一债权可以请求服务获取者在获得服务后消灭对应数额的劳动的请求权。

时间银行机构作为这一体系重要的组织机构,是相应服务开展的载体。在时间银行机制中承载的最重要义务是协助服务,协助服务包括对服务提供者进行专业培训、劳动保障。这一义务的产生是为了保障服务提供者在提供服务的过程中人身财产的安全,也包括对服务获取者提供满足服务要求的帮助行为。这一义务的产生是基于时间银行机构与全国社会保障基金会达成的相关协议,旨在实现服务目的,保障服务有效进行。这些义务的产生使得时间银行机构拥有向社会保障基金会索取完成这些服务所需资金的权利,对所需资金的范畴除了包括完成服务所需额外付出的物,还包括时间银行机构开展活动所承担的必要成本。

服务提供者的义务在于提供相应的劳动服务，但这一义务的对象是全国社会保障基金会而非服务获得者。在这一过程中，服务提供者和服务获得者并不存在直接的劳动关系，双方的活动关联是基于各自与全国社会保障基金会形成的特定债权债务关系导致的间接关系。在这一过程中，服务提供者向全国社会保障基金会提供劳动服务时天然地获得劳动保障和请求获得同等劳动的权利，这一权利的表现形式为在提供服务前获得时间银行组织方的专业培训、劳动保障和社会保障基金会在养老账户上计入一定数额的劳动时长。

服务获得者有获得与养老账户上等额劳动时长服务的请求权。这一权利的本质是服务获得者作为服务提供者时，与全国社会保障基金会构建服务关系而产生的债权，是针对基本国家养老基金的给付请求权。在获得服务的过程中，服务获得者应当承担的义务可以分为先前已经完成的劳动义务和本期需要提供的协助服务义务，这些义务包括：配合服务提供者完成服务；向时间银行机构提供准确的基本信息与服务要求；通过养老保险账户向时间银行机构支付完成这些服务所需的法定货币。

（四）流转物公私二元属性界定

时间银行模式下的劳动存在自然稀缺性，并非人为拟制，这是人类精力的有限性导致的。通过将时间银行模式作为一种国家养老模式的补充，劳动将成为养老基金的有效补充，这可以形成多元化、社会参与的养老模式。这种模式有效地利用资源的稀缺性，通过国家保障基金的运作思路进行公法上的管制，保证了国家货币主权的稳定，减小了社会信用风险。这是因为将时间银行这一养老模式纳入国家养老社会保障中，使得互助劳动养老的信用来源除社群共识外，还加入了国家主权进行背书，形成国家与公民的契约行为，而国家契约行为使得国家承担了主权信用担保和币值稳定的双重任务。[①] 国家在履行主权信用担保的过程中必然会强化信用体系构建，加强公法在其中的管制作用。

---

① Thomas W. Merrill, "Property and the Right to Exclude", *Nebraska Law Review*, 1998, Vol. 77, No. 730.

这一过程有着国家主权信用参与,使时间银行模式下各方的定位更加清晰,让各方获得对应的经济价值。个人则通过平等主体间的意思自治进行流转交易,彰显了这一模式下劳动这一流转物的私权属性。

四、流转物权利变动探讨

将时间银行模式下的劳动纳入国家养老基金作为补充货币的方案,可以通过流通物权利的变动与法定货币的延伸形态进行比较,明晰时间银行模式下劳动权利变动的本质与差异。

(一)时间银行的权利发生

养老基金模式下时间银行模式中产生的劳动和中国人民银行发行的数字货币存在着先天的差异。后者是通过准备金获得相应价值,前者则是锚定人的劳动而非准备金。这种差异使得时间银行模式下各方在提供和获取服务的过程中因完成相应义务,时间货币上原有的权利关系消灭,产生了新的权利关系。

(二)时间银行的权利变更

养老基金模式下时间银行模式中产生的劳动带来的权利变更与传统货币的权利变更均基于法律行为或非法律行为产生。这种变更意味着所有权发生转移,但二者在变更形式与生效要件上存在不同。

在权利变更形式上,数字货币作为个人资产可以充分行使处分权,所有者可以自主地转让、赠与或身死后交由法定或意定继承人进行继承。养老基金模式下时间银行模式中产生的劳动与之相反,由于债权具有人身性与专属性,通过转让[①]、赠与或继承的方式变更权利主体会破坏这一人身性与

[①] 王笑寒、郑尚元:《"时间银行"公益互助养老服务机制之法律关系界定与构造》,《山东大学学报(哲学社会科学版)》2020年第6期。

专属性,养老基金模式下时间银行模式中产生的劳动只能通过劳动给付请求权和完成服务后消灭劳动的请求权实现。首先,人身权利具有极强的人身性,一般只属于当事人,不能通过转让、赠与的方式实现权利变更。其次,时间银行模式下的劳动代表的服务均有显著的个体特征。为特定人提供特定服务是时间银行体系的价值基础,通过变更服务主体的方式进行时间银行的转让、赠与会带来时间银行体系服务价值的扭曲。最后,养老基金模式下时间银行模式中产生的劳动继承会带来"通货膨胀"的问题。此时,会出现劳动数额与锚定的劳动价值不匹配的情况,从而导致时间银行模式整体膨胀,带动养老社会保障基金的整体崩溃。养老基金模式下的时间银行模式应当是基于国家信用背书和社会合意的产物,体现的是主权而非一般意义上的个人财产,"主权不能自己转让自己"①,如果认为这一模式下的劳动可以通过先占获得,则是承认他人有权剥夺权利人的专属权利。综上,养老基金模式下时间银行模式中产生的劳动的权利变更形式较法定货币更为狭窄。

在权利变更生效要件上,法定货币所有权的转移并不需要进行公示,但在时间银行模式中,所有权的变更牵涉社会信用安全和特有属性。传统货币作为一种具有完整物权的典型动产,无须通过公示确定变更。养老基金模式下时间银行模式中产生的劳动作为一种物上债权,其债的权利寄存于物上,并非单一物权,属性上的差异使得二者在生效要件上存在区别。目前,关于权利变更登记存在登记生效和登记对抗两种观点。从国家养老基金体系构建的角度看,由于物上债权的属性,其不仅有债的相对性,更有作为物权客体的绝对性,在国家养老基金提供和获取服务时,产生转移的除了债权外还有劳动本身,故需通过对劳动的转移进行登记,相应的所有权才能发生转移。这种模式最大限度地减少了第三人善意取得的可能性,较好地限制了养老基金中劳动的流通性。

---

① [法]卢梭:《社会契约论》,杨风帆译,天津人民出版社2016年版,第22—23页。

(三) 时间银行的权利消灭

在一般性问题上,数字货币与养老基金中的劳动服务请求权权利消灭事由不尽相同。在遗失、混合等情况下,数字货币通过可追踪性保证了数字货币的个体性[①],而养老基金中的劳动服务请求权并不会被消灭。这是因为这一模式下的劳动服务请求权拥有的特定锚定物和唯一指向性特征(如数字编号),使得这一权利不会丧失个体性,因而在遗失、混合等情况下可以通过补办等形式恢复权利。

国家养老基金中的劳动服务请求权并非不会被消灭,通常情况下,导致时间货币权利消灭的情况有权利的行使导致权利消灭和失去唯一性两种。在时间银行体系运作中,当服务提供者和服务获取者之间的身份互换时,代表了相应的债权得到行使,权利被消灭。在出现失去特定锚定物或唯一指向性特征的情况时,则表明劳动服务请求权失去唯一性,这时候,权利自动消灭,最具代表性的是,当服务提供者在未获取服务但身故时,劳动服务请求权丧失唯一性,使得其权利自动消灭,他人无法继承。

五、结语

随着中国老龄化社会的进程逐渐加快,时间银行体系的构建和相应服务的铺开会成为一种必然,在这种趋势下如何构建时间银行体系则是一个重要工作。作为时间银行的重要媒介,当前对于这一模式下劳动的权属研究显得尤为重要,合理地构建时间银行体系和对劳动这一特殊资产进行定性,必然能极大地缓解中国养老事业的压力。

当前,国内主要围绕时间银行法律关系是劳务合同还是劳动合同展开争论,围绕时间银行的组织方、服务提供方、服务获取方、监管方的法律关系进行分析,但对于涉及的金融属性和货币属性没有深入研究。本文通过对

---

① 冯洁语:《论私法中数字货币的规范体系》,《政治与法律》2021 年第 7 期。

以上内容进行整合研究,构建了相应的物权定性。通过将时间银行模式下产生的劳动纳入国家社会保障基金,时间银行体系能够较好地纳入当前社会保障基金框架中,从而有效地应对当前国家养老和家庭养老支付能力和意愿不足的问题。

金融稳定法的制度框架、体系优化与配套机制构建

郝志斌　尚慧琴[*]

一、引言

国际金融形势不确定性的不断增大,以及数字金融、数字货币等金融新模式、新技术、新业务的不断衍生迭代,使得中国维护金融稳定这一"战略性、根本性的大事"不断面临新的风险和挑战,现行金融稳定法制体系亟待纵深改革。美国硅谷银行(Silicon Valley Bank)、签名银行(Signature Bank)的破产,以及国内"三期叠加"背景下金融脆弱性(financial fragility)风险的不断加剧,进一步凸显了中国金融稳定立法体系构建的必要性、重要性和紧迫性。2022年4月,中国人民银行发布《金融稳定法(草案征求意见稿)》;2022年12月,十三届全国人大常委会第三十八次会议对金融稳定法草案进行首次审议,并向社会公众征求意见。根据立法工作计划,2024年继续审议金融稳定法、增值税法等。2024年5月,中国人民银行发布2024年第一季度中国货币政策执行报告,指出要强化金融稳定保障体系,健全权责一致、激励约束相容的风险处置责任机制,建立科学合理的金融风险处置成本分担机制,继续完善金融稳定法律制度体系。目前,金融稳定法的整体设计和跨行业、跨部门的统筹安排仍不完备,有关规定过于原则,需要进一步加强对金融稳定立法的统筹安排。

---

[*] 郝志斌,西南政法大学博士后流动站研究人员、法学博士;尚慧琴,新疆科技学院助教。

二、制定金融稳定法的基本原则

制定金融稳定法需要坚持金融和实体经济是相辅相成的,金融发展需要以实体经济需要为先,无论是从理论研究基础还是从实践发展基础看,都并非无本之木,而是同步于时代的发展,经过不断摸索、修正,最终水到渠成而提炼概括得出的结论。① 需要将其融入金融稳定立法之中,通过完善金融稳定法律规范,最终防范金融危机的发生。

(一)金融稳定的概念辨析

金融稳定概念的肇端与金融危机密切相关。② 中国人民银行发布的《中国金融稳定报告(2005)》提出:"金融稳定是指金融体系处于能够有效发挥其关键功能的状态。"对于金融稳定的具体内涵,西方的理论学说大致可以归结为抵御冲击说、要素描述说、金融功能说、管理系统风险说、金融不稳定说等不同学说。③ 整体而言,对金融稳定概念的强调意味着其主要应对的是整体金融领域的系统性风险,而非单个金融机构或个别金融市场的风险。

与金融稳定密切相关的一个概念是金融安全。所谓金融安全,是指在一国经济独立发展的道路上,金融运行的动态稳定状况。金融安全是特定意义上的金融稳定。金融安全是一种动态均衡状态,而这种状态往往表现为金融稳定发展。金融稳定侧重金融的稳定发展,不发生较大的金融动荡,它强调静态的概念。金融安全侧重强调一种动态的金融发展态势,包括对大的经济体制、结构调整变化的动态适应。④ 如今,国际金融制裁成为遏制被制裁对象的重要工具之一,对被制裁国家金融资源和金融活动的获取能

---

① 陈俊:《依法立法的理念与制度设计》,《政治与法律》2018年第12期。
② 孙清、李东:《从经济危机到金融稳定相关理论发展综述》,《经济学动态》2008年第10期。
③ 肖京:《金融危机历史镜鉴下的中国金融稳定立法》,《山东大学学报(哲学社会科学版)》2023年第6期。
④ 刘沛、卢文刚:《金融安全的概念及金融安全网的建立》,《国际金融研究》2001年第11期。

力产生重大的不利影响。保障金融运行的动态稳定状况,有效地应对金融制裁对金融体系和实体经济造成的重大冲击具有重要意义。

(二)制定金融稳定法的原则

1. 金融服务实体经济原则

金融源于实体经济,绝不能与实体经济分离。实体经济效益的起伏决定了金融的微观基础,即虚拟资本价格的变动。在实体经济发展过程中,受信用能力、运行能力和技术创新能力变化以及外部市场环境的影响,实体企业面临着不可预知的威胁。这一系列难以确定的威胁将通过实体经济迅速蔓延到金融领域,导致金融中虚拟资本价格剧烈波动,给金融稳定带来巨大风险。就此而言,法治是最好的解决方式。中国应当对金融稳定采取多种办法综合施治,不仅要控制风险,更要促进其发展,[1]从而满足不同区域、不同主体的发展需求。制定金融稳定法需要适时调整有关规范,同时要坚持金融科学立法。[2] 科学立法原则指导下金融法律制度的构造应以特定时期资源禀赋的比较优势为依据,制定符合现实需要的金融稳定法律规范,内容应涵盖金融风险防范等一系列内容,同时需要充分考察中国的实际状况。制定金融稳定法要重视法治协调,既要将现有的金融法律法规进行分类、修改、完善和废止,完善现有立法的科学性、有效性和适应性,也要加强财税法和竞争法规范的应用,以此促进金融法治协调的实现。金融稳定法治化可以看作金融监管者从被动接受风险到积极应对风险的一种意识提升,无疑会有助于降低金融风险,但金融风险来源于宏观经济政策的影响、实体经济的运行状况以及国内外经济环境不确定等,而且近期来看金融风险与诸多因素的关系会愈加紧密。这种多因素、多环节、多主体相互嵌套的发展趋势,使得金融从长远来看面临巨大的风险,但如果金融稳定法治化能够使金融按照安全、有效的目标发展,就必然会减少更大的风险损失。要实现中国金融稳定法治协调,就需要完善现有的金融法律法规及其配套制度。

---

[1] 邢会强:《相对安全理念下规范互联网金融的法律模式与路径》,《法学》2017 年第 12 期。
[2] 裴洪辉:《合规律性与合目的性:科学立法原则的法理基础》,《政治与法律》2018 年第 10 期。

2. 金融稳定法制发展原则

制定金融稳定法应当具有发展性,要能够解决金融创新可能带来的问题,不能出现无法可依的局面。关于立法的导向大体有两种,即规则导向型和原则导向型。① 当下,需逐步加强对金融稳定法制发展性的思考,鼓励金融主体纵深探索,推进金融产品创新,降低金融创新风险,实现金融和实体经济的系统性协调及可持续发展。因此,在金融稳定立法导向选择上,需要思考具有前瞻性的金融立法是采取规则导向型抑或原则导向型,这是立法中需要重视的问题。两种不同的导向会形成两种不同的立法模式,进而对金融前瞻性立法产生重大的影响。金融稳定法发展性的实现,需要考虑建构一种原则导向型的综合性立法进路,同时积极参与金融领域的国际法治建设,以便实现金融稳定法制的发展性目标。

三、金融稳定法制度框架的反思

(一) 立法的体系协调不足

中国金融稳定法制度框架的体系性有待进一步深化。为完善中国金融稳定法律体系,制定金融稳定法,以此作为金融稳定基本法具有十分重要的理论和实践意义。由于金融风险的高度关联与复杂性,以《中国人民银行法》《商业银行法》《保险法》《宏观审慎政策指引(试行)》等为法律基础和监管依据的金融稳定立法存在不足之处,金融稳定法的制定旨在加快完善金融稳定监管主体、权责划分、协调机制等体制机制。第一,金融稳定法在基本理论和核心制度等层面仍存在进一步可深化之处,如金融风险、金融稳定等概念的解释和梳理不够准确和清晰,有关规定原则化可能造成监管机构的行为面临不确定性,有损于法律的稳定性和权威性。第二,金融稳定法是立足金融体系整体、实施金融风险防范的制度体系。但是,《中国人民银行

---

① 王美舒:《精细化时代下金融法立法进路之抉择——基于二维框架的展开》,《经济法研究》2017年第2期。

法》《商业银行法》中也包括金融风险防范、化解和处置的制度安排。比如，关于行业保障基金如何与《商业银行法》实现衔接等问题。金融稳定法规定了金融管理部门的风险处置措施，《中国人民银行法》（修订征求意见稿）同样规定了处置金融风险的相关措施，这就需要对相关主体、处置措施进行进一步厘清。

（二）金融消费者保护欠缺

目前，非法金融活动时有发生，不断扰乱金融秩序，损害金融消费者的合法权益。如何通过金融稳定法制安排使金融消费者突破各种"算法陷阱"和"信息茧房"，是金融稳定法律规制的重中之重。中国的金融稳定法并没有规定国家金融监督管理总局如何推动金融消费者权益保障制度重构，如数字资产证券消费者权益何以保障，如何实现与国家数据局（金融数据安全）的有力协同。就金融消费者保护的立法体系而言，应系统修订《中国人民银行法》《银行业监督管理法》《商业银行法》《保险法》《数据安全法》《个人信息保护法》等相关条文，为金融消费者保护提供法律指引和行为指南。

（三）数字风险应对效力不彰

近年来，金融创新不断迭代，形成了金融与科技公司、金融业态与非金融业态嵌套的超级混合架构，金融混业的实时性、互动性和无界性给金融稳定带来了重大挑战。需要加快监管主体、金融业务、交易架构、监管对象等方面的制度供给，提升金融稳定制度构建的科学性、及时性和精准性。在数字经济时代，如何根据金融数字风险作出有针对性的金融稳定制度安排，对有效地满足金融稳定发展需求具有重要意义。例如，数字金融中的一些金融服务和产品的运营是去中心化或分散化的，形成了分布式运营模式与集中式机构监管体系的制度不匹配。[1] 同时，机器智慧及数字宰制使得金融稳定制度越来越依赖科技，毋庸置疑，监管科技仍存在不足之处，可能引发金

---

[1] 郝志斌：《数字金融的功能监管及其精准化实施》，《行政法学研究》2023年第5期。

融稳定的制度失灵。

(四)金融制裁应对制度缺位

金融制裁等"没有硝烟的战争"频频发生,充分彰显了构建数字时代中国金融稳定法治保障体系的重要性与紧迫性。金融制裁日益成为政治博弈的重要工具,对被制裁国家的金融稳定产生巨大冲击,包括实体经济经营受阻后对一国金融体系的风险传染。制定金融稳定法时应当将金融制裁可能对中国金融市场、金融体系和金融活动带来的风险纳入规制范畴,结合《反外国制裁法》等立法,就应对处置和反制措施作出相应的制度安排,尤其是针对金融制裁可能引发的系统性金融风险,甚至是金融危机。同时,系统重要性金融机构关涉巨量金融消费者群体,一旦它们遭受制裁,将导致业务停摆,或将严重影响金融稳定和社会稳定。要统筹国内法治与涉外法治视角,通过对数字时代中国金融稳定法律制度的考察与分析,直面数字时代中国金融市场开放的新需求,为中国打造具有国际竞争力的金融稳定法治体系。

四、制定金融稳定法的体系优化

(一)内部体系优化:明确综合性立法的定位

金融稳定法应是一部综合性法律,还是聚焦于金融风险处置的专门性法律?社会各界对这个关键性问题仍然存在一定程度的认识不同。[①] 对金融稳定法立法定位的不同理解,在很大程度上影响金融稳定法的具体法律制度的设计。一般认为,把金融稳定法定位为综合性立法具有合理性。[②] 金融稳定法的制定应以防范化解金融风险,特别是防止发生系统性金融风险为根本任务。从风险特征来看,系统性金融风险具有隐蔽性、复杂性、突发

[①] 刘少军:《关于制定〈金融稳定法〉的思考与完善建议》,《法学杂志》2023年第4期。
[②] 岳彩申:《金融活动全部纳入监管的立法路径》,《北京大学学报(哲学社会科学版)》2024年第2期。

性、传染性、危害性等特点,非系统性金融风险也存在外在隐蔽性、内在关联性、层次共振性和整体动态性。① 目前,金融稳定法明确规定了机构准入、股东准入等内容,但仅从总体上要求建立覆盖主要金融机构、金融市场、金融基础设施和金融活动的宏观审慎监管框架、治理机制和基本制度,微观准入制度设计和行为规范需要通过金融监管立法及《商业银行法》等法律加以规定。② 通过此种方式方能凝聚立法合力,统一建立金融风险防范处置机制,完善金融稳定法律规范体系宏观规划。③ 金融稳定只有实现法治化,方能达到有利于社会稳定、有利于社会发展的目的。从金融稳定法律体系化的角度来讲,需要充分认识法律与政策之间的互动融合关系,并根据拟定的应对目标,协同利用法律、政策、指南、合同等多元规制工具,建构一个立体的、层层递进的、相互补充的金融稳定应对体系。需要政府与市场主体等多主体共同发布鼓励、规范、引导金融业发展的规范性文件,通过发现问题—本土分析—域外借鉴—解决问题的步骤开展金融立法。首先,要建立经济危机救助法律机制。在危机发生之前确立一个科学透明的应对机制,对于控制杠杆率和减少系统性风险非常重要。一旦危机真的不幸发生,这样的备用机制可以通过可预测性的优势来稳定市场参与者的信心。并且,危机救助机制必须在法律体系中提前确立才具有强制执行力,将危机救助机制透明化、法治化,依法规定救助机制的启动条件,救助对象的要求等。④ 其次,建立经济危机监管法律机制。经济危机监管法律机制的构建毋庸置疑是全流程的,需要覆盖经济危机萌芽、生长、应对等各环节,需对经济危机应对措施进行资金用途监管、风险分配监管和项目实施监管等。

(二)外部体系优化:基于风险的立法体系化

金融稳定法立法需要解决法律制度存在的相关条款分散、规定过于原

---

① 王朝阳、王文汇:《中国系统性金融风险表现与防范:一个文献综述的视角》,《金融评论》2018 年第 5 期。
② 岳彩申:《金融活动全部纳入监管的立法路径》,《北京大学学报(哲学社会科学版)》2024 年第 2 期。
③ 邓建鹏、李铖瑜:《我国金融稳定法治建设的困境与改进之策》,《陕西师范大学学报(哲学社会科学版)》2024 年第 2 期。
④ 张晓晨:《我国金融监管的立法选择:以英国危机应对为鉴》,《浙江工商大学学报》2015 年第 4 期。

则等问题。针对金融风险防控工作中仍然存在的短板弱项,需从中央立法层面明晰金融稳定立法的战略导向。在数字时代,仅依靠《中国人民银行法》《银行业监督管理法》《商业银行法》《保险法》等法律难以满足金融稳定的法治需求。基于数字时代金融大模型的赋能和迭代特点,《网络安全法》《数据安全法》《个人信息保护法》等涉及数字技术内容规范的法律也应纳入有关金融稳定的立法体系。应鼓励和促进金融科技创新,支持新技术、新模式的应用,推动数字金融的发展,并执行国家有关金融稳定的政策和法律法规。

在新安全格局下,尽快研究出台金融监管法,推动金融立法与金融体制改革密切衔接。[1] 现行的《银行业监督管理法》《中国人民银行法》等基础法律并不能实现与改革的有效适配。正如《银行业监督管理法》的修改说明指出,部分规定相对滞后,某些重要领域存在空白,难以满足监管实践的需要。整体而言,中国有关金融监管法律的分散性和碎片化问题突出,重复监管、交叉监管、监管缺位等金融监管"难点""痛点"依然存在。中国有必要通过制定金融监管法进一步健全金融监管法制体系,规范金融监管的原则、概念、主体、措施、责任等问题,增强金融监管法律的协调性和系统性,从根本上消除金融监管的盲区,建立更具效能的金融监管体系。具体而言,金融监管法的制定是金融活动全面监管的法律基础和保障。第一,制定统一的金融监管法是提升金融监管法律体系的整体性与协调性的现实需要。目前,《银行业监督管理法》《中国人民银行法》《商业银行法》《证券法》和《保险法》等立法存在明显的分业性和碎片化,金融活动全面监管需要的系统性法制安排仍不完备,需要通过制定金融监管法提升金融监管的法治化、系统化、适应性和协调性。第二,制定统一监管的基本规则,可以为创新金融活动监管提供基础性法律框架。通过金融监管法科学构建创新金融活动的资格准入、风险隔离、资本管理、内控合规、信息共享等制度安排,能够为创新金融活动的监管提供基本的法律指引。第三,制定金融监管法能够为国家金融监管部门、央地金融监管部门之间的监管协同,以及金融监管的国际合作提

---

[1] 王磊:《建设全国统一要素市场:突出问题及思路对策》,《经济纵横》2022年第3期。

供法律依据。第四,金融监管法能够为金融消费者权益保护的改革安排提供法律依据,进而系统地规定金融消费者、投资者的主要权利,金融消费者、投资者权益保护的监督管理,金融消费争议的解决途径及投资者权利救济等内容。

五、金融稳定法的配套机制构建

制定金融稳定法应当在科学立法、协同立法、体系立法、综合立法等原则指引下对具体内容进行完善,同时,也需要加强配套机制构建。金融稳定法的配套机制需要从金融风险预警机制、金融保障基金机制等层面加快制度构建,强化金融风险事前防范、事中化解和事后处置全流程、全链条的制度安排。

(一)完善金融消费者权益保障机制

中国将投资者保护的职责从证监会分离出来,由国家金融监督管理总局统一负责,但消费者保护和投资者保护仍需坚持不同的思路。通过明确不同市场或产品的金融消费者、投资者需求,实现精准化保护的目的。金融是一个特别有吸引力的领域。虽然我们会忍不住说,那些陷入骗局的人活该如此,但从政治上来看,这是一种不可能也不希望维护的立场。[①] 因此,对金融消费者、投资者需坚持科学的适度保护和分类保护立场。考虑金融市场的差异化特征,金融消费者合法权益保护体系需要建立错落有致的保护制度。金融发展的初衷是让所有具有金融需求的金融消费者都能享受到应有的金融服务。应当考虑降低消费者合法权益构成潜在风险的因素,并为其建立多元化、多样化、多层次化的权利施展空间。要激发消费者的金融参与权、保障其公平交易权和保护其获得受教育权,建立完善金融消费纠纷第

---

① [英]约翰·凯:《金融本质:资本游戏与下一场危机之源》,胡妮、王丽蓉译,金城出版社2020年版,第232页。

三方调解机制。从国际经验来看,由于第三方纠纷调解机制具有中立性、专业性、高效性等优势,其在化解消费纠纷、维护社会稳定方面发挥着重要作用。

(二)强化数字风险应对机制

2023年3月出台的《党和国家机构改革方案》形成了"一委一行一局"的新格局,调整强化了金融监管和金融稳定、金融监管和金融司法之间的统筹协调。《〈地方金融监督管理条例(草案征求意见稿)〉起草说明》提出:"建立中央与地方金融监管协调双机制,加强统筹协调,强化中央和地方的监督管理协作和信息共享。"协作机制的建立和发力是央地监管权实施的着力点。[①] 新金融监管体制能够在一定程度上强化数字风险应对机制,更好地维护金融稳定和防范系统性金融风险,有力、有效、有序地引导金融服务实体经济。然而,面对金融领域的数字风险,绝不能有政府机制能解决一切问题的浪漫期待,政府机制的运用必须考虑自身的能力限度。[②] 基于此,应对公私组织协同与多中心治理等"新治理"内容予以有效回应,即通过增进政府机制之外角色的治理参与,推动权力下放与向外放权的治理运动。通过建立跨部门执法协作机制,促使各监管部门共同参与制定监管权力图谱与可资共享的执法资源清单,并设置跨部门沟通时效标准与联络渠道,以确保统一执法合作的效率。[③] 金融监管机构和金融平台等合作建立信息共享机制,能够有效地打破"数据孤岛"的情境,金融监管机构也可以与大型金融科技公司合作搭建数字金融数据共享平台以应对数字风险,维护数字时代的金融稳定。

(三)构建金融风险预警机制

"守住不发生系统性金融风险的底线"是防范金融风险、保障金融稳定的根本遵循。构建金融风险预警机制,从源头识别金融风险,尽可能地防范

[①] 杨松:《新金融监管体制下央地监管权关系再审思》,《法学评论》2022年第6期。
[②] 靳文辉:《金融风险的协同治理及法治实现》,《法学家》2021年第4期。
[③] 王兰:《大科技金融监管有限性及其新治理进路》,《政法论丛》2023年第6期。

风险发生造成不可逆的损害,是典型的以小成本化解大风险的制度安排,这就需要从风险预警主体、风险预警指标、风险预警系统等方面进行制度供给。① 第一,厘清金融风险预警的理念遵循。将金融创新与金融稳定的平衡作为金融风险预警系统设立的价值理念。② 在价值理念指引下,从风险管理组织、风险预警方法、监管制度等方面构筑金融风险预警系统。③ 第二,金融风险预警主体需要实现多元协同。由于系统性金融风险具有复杂性、渗透性、跨域性等特征,依靠单一主体很难识别和判断金融风险。因此,需要统筹中央和地方,协同政府与市场等多元主体,共同采取预警措施。中央银行从稳健性与整体性的角度出发,制定宏观审慎监管框架,负责系统性重要金融机构的风险识别,通过评估制度、压力测试等方式实施风险监测。第三,金融风险预警指标的确立需要纳入金融科技的风险点。在设立金融风险预警指标时,遵循技术赋能的逻辑,构建以数据驱动为核心的金融风险预警机制,利用数据的精准化分析采取针对性强的应对措施。④ 各个金融监管部门负责职责范围内的风险监测,健全风险监测制度和预警系统以识别金融风险,并协助中央银行防范系统性金融风险。

(四) 推动金融稳定保障基金机制建设

金融稳定保障基金是金融稳定法制体系的制度创新和有力补充,强调通过市场化、法治化的方式化解金融风险,减少对央行"最后贷款人"的过度依赖。金融稳定法草案对金融稳定保障基金进行了原则性、框架性的规定,有关基金筹集、管理、使用和监督的具体办法,由国务院规定。设立金融稳定保障基金是各国的惯常做法,如欧洲稳定基金、美国有序清算基金等,相关的基金运作经验和具体规则为金融稳定保障基金规则制定和机制运作提供了借鉴。因此,金融稳定保障基金机制建设需要从以下两个方面推进。

第一,金融稳定保障基金宜定位为处置系统性金融风险的后备基金,形

---

① 刘盛:《现代金融体系视野下的金融法:理念信守与制度表达》,《政治与法律》2022 年第 11 期。
② 靳文辉:《金融风险预警的法制逻辑》,《法学》2020 年第 11 期。
③ 许传华:《我国金融风险预警的制度性障碍及其改进对策》,《湖北社会科学》2011 年第 6 期。
④ 张晓燕:《金融科技风险及其治理机制研究》,《甘肃社会科学》2023 年第 2 期。

成以"金融稳定保障基金＋存款保险基金、行业保障基金"为核心的双层级、多来源、协同配合的金融稳定基金保障机制。在设立金融稳定保障基金之前,中国已经形成比较完善的金融行业保障基金体系,包括存款保险基金、银行业市场风险准备金、信托业保障基金等,同时,对上述基金运作都有明确规定。基于此,金融稳定保障基金的规则需要与现有基金保障体系和相关法律规定相协调,需明确基金启动顺序及基金救助风险类型等内容。以制定金融稳定法为契机,修改和完善相关法律法规,形成系统性的金融风险基金保障体系。金融稳定保障基金主要用于处置系统性金融风险,与存款保险基金、行业保障基金协同适用,也就是说,金融稳定保障基金的启动条件后置于存款保险基金和行业保障基金,当它们救助不力或资金不足时,才能启动金融稳定保障基金。①

第二,金融稳定保障基金的具体规则可以在借鉴域外有益经验的基础上,立足中国国情,坚持市场化与法治化相统一的原则,坚持动态与静态相结合的原则。自2009年欧债危机爆发以来,在欧洲银行业受到严重威胁以及欧洲央行不具备最后贷款人职能的双重背景下,欧盟通过设立金融稳定基金和欧洲稳定机制,防范金融危机,维护金融稳定。欧盟金融稳定基金属于临时性机制,由欧洲投资银行通过签订合同向申请援助的国家提供紧急贷款。随着危机的加深,欧盟认为有必要设立永久性的救助机制,也就是欧洲稳定机制。相较于欧央行的干预,欧洲稳定机制明确规定救助对象、救助条件以及退出方式,具有更强的针对性和明确性。② 同样,美国设立了有序清算基金,用于支付美国联邦存款保险公司在处置系统重要性金融机构过程中产生的各项费用,其采用行业偿付模式,体现了市场化的导向。③ 因此,立足中国国情,借鉴国际经验,中国设立金融稳定保障基金需要遵循以下原则。其一,坚持市场化与法治化相统一的原则。设立金融稳定保障基金是坚持市场化的重要工具,与存款保险基金、金融行业基金共同构筑金融风险

---

① 许多奇:《论系统性金融风险的监管失灵与税法规制》,《政法论丛》2023年第6期。
② 陈静:《欧洲债务危机救助问题研究——从欧洲金融稳定基金到欧洲稳定机制》,《南方金融》2013年第2期。
③ 赵畅:《金融稳定保障基金资金筹集制度进路:利益衡量的选择》,《上海金融》2024年第2期。

的"防火墙"。金融稳定保障基金通过市场化手段从多元渠道筹集资金,实行市场化管理和运营。① 其二,坚持动态与静态相结合的原则。设立金融稳定保障基金的目的是为防控系统性金融风险提供资金保障。然而,系统性金融机构和系统性金融风险都处于动态调整中,比如,2023年9月,中国人民银行公布了新一轮国内系统重要性银行名单。为了平衡规则稳定性与风险动态性的矛盾,现代金融监管需实现从"静态"向"动态"的转变。② 因此,在确定金融稳定保障基金援助主体方面,需要遵循三个标准:一是是否为系统性金融机构,可以参照中央银行确定的名单;二是是否会引发系统性金融风险;三是是否穷尽一切救济手段,意在表明金融稳定保障基金防范金融风险的"兜底"功能。

(五)推进金融风险处置与司法程序衔接机制

2024年5月14日,金融监管总局恢复了处置司,旨在推动金融风险处置立法,健全常态化风险处置机制,牢牢守住不发生系统性金融风险的底线。金融稳定法草案规定了金融行政处置措施的司法审查以及债权人及相关权利主体的救济途径。上述相关规定旨在推进金融风险处置程序与司法程序的有效衔接,借助制定金融稳定法之机还需明确以下三点内容:一是明确违法行为与犯罪行为的界限,及时增补相关条款,明确主体的刑事责任。③ 二是扩大权利人的权利救济范围,比如,将司法机关的选择权(司法机关可以接受申请,也可以拒绝申请)明确界定为"司法机关应当接受申请",并在此基础上进一步细化和明确权利人的民商事权利。④ 三是明确司法机关辅助金融监管部门的辅助地位,处理好行政权与司法权的关系。具体而言,司法权在衔接机制中仅仅进行适当的形式审查和程序控

---

① 高小雯:《金融稳定视域下金融稳定保障基金与存款保险基金的衔接》,《学习与实践》2024年第4期。
② 郑丁灏:《防范系统性风险下中国现代金融监管的协同症结及法治补正》,《现代经济探讨》2023年第9期。
③ 邓建鹏、李铖瑜:《我国金融稳定法治建设的困境与改进之策》,《陕西师范大学学报(哲学社会科学版)》2024年第2期。
④ 王刚、黄玉:《金融稳定立法的关键进展与完善建议——〈中华人民共和国金融稳定法(草案征求意见稿)〉评析》,《银行家》2022年第5期。

制,发挥事后监督的作用,同时,立法层面也需要进一步细化司法衔接的具体规则。[①] 基于此,金融监管总局恢复处置司的政策导向体现了常态化风险处置机制的重要性,需要借金融稳定法立法之机,进一步推进金融风险处置与司法程序相衔接,处理好司法权与行政权的关系,并细化司法机关介入时机和条件,为防范金融风险提供最后防线。

(六)强化金融制裁影响金融稳定的应对机制

近年来,中美贸易冲突成为世界经济挫折和冲突的重要因素。[②] 中美经济关系的变化带来的影响,绝不仅限于中美两国,很可能出现中美关系的变化给其他经济体带来巨大的不利影响,这反过来也会影响中国经济和金融的安全健康发展;因此,在构建金融稳定法的配套机制时,必须审慎思考金融稳定法治体系的有效性和长效性。金融制裁法律应对机制的有效性自不待言,金融制裁法律应对机制的长效性意味着其不仅需要具有在常规的经济运行态势下发挥作用的能力,更需要在出现经济危机等非常态状况下发挥作用。

六、结语

金融安全是国家安全的重要组成部分,加快制定金融稳定法的进程,对于维护金融稳定与金融安全具有重要意义。本文尝试提出金融稳定法的完善建议。当然,金融活动的多样化和金融市场的复杂化将给本文的理论解释力带来挑战,经济因素、政治因素、社会因素等都将影响金融稳定立法的内涵、外延、目标及进路,需要基于本土资源、时空维度开展更加深入的研究。

---

① 陈俊达:《论〈金融稳定法(草案)〉中金融风险处置的司法衔接规则——基于行政权与司法权协同的视角》,《上海金融》2023 年第 10 期。
② Geoffrey Garrett, "G2 in G20: China, the United States and the World after the Global Financial Crisis", *Global Policy*, 2010, No. 1.

地方债化解与治理

央地分权视域下的地方债务治理研究

沈　斌　胡超祥[*]

一、引言

　　财政部的相关数据显示,截至 2023 年底,中国地方政府债务累计已达到 407 372.93 亿元。尽管这一数额仍在全国人大设定的债务限额之内,但值得注意的是,与 2022 年年末 350 651 亿元的债务余额相比,[①]全年地方债务增加了约 16.18%,凸显出地方政府债务规模扩张的态势。进一步来看,2023 年的地方政府债务约占当年全国 GDP 的 32.32%,这一比例直观地反映了债务负担占经济总体的比例,显示出地方政府债务问题已成为当前中国宏观经济管理和区域治理中不容忽视的核心议题之一。全球范围内曾多次发生因政府债务处理不当而引发的危机事件,如 20 世纪 80 年代拉丁美洲国家爆发的债务危机以及 2009 年震动欧洲的希腊债务危机。这无不在警示,过度累积的地方政府债务极易触发深层次的经济动荡,并对国家经济稳健运行和民众生活质量构成严峻挑战。可以说,及时预见并妥善应对地方政府债务风险,强化债务管理制度建设,确保政府债务维持在安全、可控的水平,不仅是保障国家经济安全的关键举措,也是维护社会稳定和促进可持续发展的必要条件。

　　从历史演进的角度审视,地方债务问题的形成并非一蹴而就,而是经历了一个逐步积累和复杂变化的过程。在 2014 年《预算法》修订之前,出于防

---

[*] 沈斌,华中师范大学法学院副教授、硕士生导师;胡超祥,华中师范大学法学院硕士研究生。
[①] 参见财政部:《关于 2022 年中央和地方预算执行情况与 2023 年中央和地方预算草案的报告》(2023 年 3 月 15 日),中国政府网,https://www.gov.cn/xinwen/2023-03/15/content_5746960.htm,最后访问:2025 年 4 月 10 日。

范债务风险、维护财政秩序等目的,地方政府的举债权被严格限制。但由于地方政府财政支出与收入之间的矛盾日益加剧,在缺乏法定举债权的前提下,为弥补不断增长的财政收支缺口,地方政府不得不采取各种"创新"的融资方式或变相举债手段,其中尤以城投债为甚。城投债是以地方政府信用为背书,由地方政府投融资平台(城投公司)筹集资金,以支持地方基础设施建设、公共服务项目和其他公共福利类项目而发行的债券。这类债务较为隐蔽,不易被监管,且数额巨大。此外,违法违规担保、承诺还款等行为也屡见不鲜。这些行为致使地方政府积累了大量隐性债务。虽然2014年修订的《预算法》赋予了地方政府在一定条件下的举债权,打破了地方政府不能举债的法律限制,且此后也通过制定一系列政策法规[1]对地方债务予以规制,但在2023年召开的中央经济工作会议仍旧强调防范化解地方债务问题。由此可见,虽然中国已开始重视地方债务问题,并采取了一些措施,但目前中国地方债务问题依旧棘手。因此,构建科学、规范、高效的地方债务治理体系,实现地方债务融资与偿债能力之间的动态平衡,仍是应当关注的重点。这不仅对于维护地方财政健康运行至关重要,而且对保障国家整体经济稳定和社会长治久安具有深远意义。

基于此,本文拟立足于中国国情,探究地方债务发生的深层次原因,分析地方债务治理的现状、特征及存在的问题,剖析地方债务问题的内在机理和现实挑战,探索符合中国实际的地方债务治理路径与策略。通过本文的研究,力求为中国地方债务治理工作的完善提供有效、可行的政策建议。

二、央地财政权责失衡:地方债务形成的制度根源

地方债的形成实际上是众多因素相互交织、共同作用而成的结果。对此,学界基于不同的角度作出了探讨。有的学者认为,地方债务问题与地方

---

[1] 如《地方政府债券发行管理办法》《国务院关于加强地方政府性债务管理的意见》等。

政府的"预算软约束"①、中央政府主导下的官员间的"晋升锦标赛"②等因素相关。但归根结底,地方债的形成是因为财政分权体制的实施使得地方政府具有了财政自主权的地位,进而使地方政府必须独立承担债务,从而具备产生地方债务的前提条件。当地方政府需要提供大量公共服务,但其财政收入能力不足以支撑这些支出时,就需要通过举债来弥补资金缺口。特别是在财政分权的框架下,由于中央转移支付、税收分配等因素,地方政府的财源不足。地方政府为追求经济增长和满足社会需求,往往会增加债务融资,进而导致债务规模膨胀。要言之,地方债务问题的形成,以央地财政分权为制度背景,财政分权体制本身不健全则构成其直接成因。

（一）地方自主税源的局促

自分税制改革以来,地方税体系中一个显著的困境是缺乏稳固的主体税种,地方税税基狭窄,这直接导致地方税在地方政府总收入中的占比偏低,使得地方政府加深了对共享税和中央政府转移支付的依赖。1994年实施分税制改革的一个主要目的,就是解决当时"两个比重"③过低的问题;因此,在分设中央税和地方税时更多考虑的是中央税源的稳定性和增长潜力。从最终的结果来看也是如此,中央税多为税基广泛、收入稳定且易征收的税种,分配给地方的则大多为税基有限、弹性较差且不易征收的税种。现阶段,中国地方税种包括城镇土地使用税、车船税、耕地占用税、契税等8类。这些税种的税基普遍较窄,多建立在一次性的交易行为或特定财产之上,故其税源稳定性相对较弱,容易受到宏观经济波动和市场条件的影响,难以适应经济的快速变化和地方财政需求的持续增长。尤其是从地方税的收入比重看,尽管8个地方税种在目前中国征收的18个税种中占比不低,但地方税的实际贡献不到地方政府总收入的1/3,可见地方税在财政收入结构中的弱

---

① 崔兵、邱少春、尹华阳:《中国式分权下的地方政府负债:特征事实、理论解释与治理思路》,《西南金融》2017年第9期。
② 赵聚军:《晋升锦标赛与福利超载——中国地方债务问题与欧债危机的政治学比较》,《天津社会科学》2014年第6期。
③ "两个比重"指的是财政收入占GDP的比重和中央财政收入占整个财政收入的比重。

势地位。随着"营改增"的全面完成，原本作为地方第一大税种的营业税转变为共享税，进一步加深了地方政府对于共享税收资源和中央财政转移支付的依赖性，加剧了其财政的受限程度。

一个国家或地区地方税制合理与否的评判，核心在于地方政府是否具有充足且恰当的政策工具，以确保地方政府能够根据自身经济状况灵活调整并实施适宜的地方性税收政策。① 中国税制的显著特点是，不论是中央税、地方税还是共享税，设立、调整的主导权主要由中央政府掌控。中央税的相关事项由中央调整殆无疑义，但纵观共享税的历次份额调整，如证券交易印花税的分配比例经过数次调整由最初的五五分成到如今的全部归中央所有，呈现出了明显的倾向性。此外，地方政府在地方税领域内的自主权亦相对有限。这在一定程度上削弱了地方税在驱动地方经济增长、优化区域资源配置、解决地区间经济差异等方面的积极作用。

（二）转移支付制度的失效

转移支付旨在通过将中央政府及上级地方政府的部分财力转移到经济实力较弱的下级地方政府，重新调整和优化地域间的财政资源分配格局。相关数据显示，2023年中国转移支付总额创历史新高，突破10万亿元大关，达到102 945.19亿元。② 虽然转移支付能够在一定程度上缓解区域经济发展不均衡的现象，减少财力差距，确保各级政府具备充足的财力提供基本公共服务，以推进社会公平与经济协调发展。然而，在实践中，中国转移支付制度也暴露出一些问题。一方面，由于上级政府对转移支付拥有较大的主导权，地方财政自主决策的空间受到一定程度的挤压，影响地方政府根据自身经济社会特点灵活优化财政支出结构的能力。另一方面，中国转移支付体系中，专项转移支付仍然占据较大比重。而专项转移支付往往伴随着一定的地方配套资金要求，这无形中加大了地方财政的财务压力，特别是在面

---

① 贾康、刘薇：《分税制改革三十年：回顾与展望》，《地方财政研究》2024年第1期。
② 参见财政部：《关于2023年中央和地方预算执行情况与2024年中央和地方预算草案的报告》（2024年3月13日），中国政府网，https://www.gov.cn/yaowen/liebiao/202403/content_6939289.htm，最后访问：2025年4月10日。

临严峻经济形势或财政紧张时,某些地方政府可能因无法满足配套资金需求而被迫放弃原本有利于本地发展的项目,或不得不借债筹集资金,从而加剧了地方债务风险和财政困境。① 此外,由于中央政府在资金分配上拥有较大的决策权,地方为了争取更多转移支付支持,往往会投入大量人力、物力去竞争项目审批和资金划拨。这种现象被形象地称为"跑部钱进",不仅消耗了地方政府大量的行政成本,而且易滋生权力寻租、腐败等不良行为,严重影响政府的公信力和社会公正性。②

(三)地方政府事权的膨胀

整体来看,分税制改革着重调整了中央与地方的财权划分,通过优化税收体系和资源分配结构,有效强化了中央财政的宏观调控能力和资源配置效率。但事权与支出责任基本上沿用了以前的模式,在一定程度上固化了原本存在的界定不明晰、分配不合理的问题。③ 目前,中国尚无立法对央地之间的事权予以明确划分,《国务院关于实行分税制财政管理体制的决定》《国务院关于推进中央与地方财政事权和支出责任划分改革的指导意见》等政策文件仅对央地事权划分作了较为原则性的规定,不同层级政府间的事权与支出责任边界较为模糊,加之府际领导与被领导关系的存在,下级政府需要承担上级政府交付的一系列事项,一些原本应由上级政府或中央政府直接负责的事务被实质性地转嫁给基层地方政府,出现"中央请客,地方买单"的尴尬情况。理性而论,中央政府通过集中一部分财权以增强宏观调控能力,同时将许多原先由中央主导的事权逐步下沉到地方政府。如此,虽然能够激发地方政府的积极性,推动地方经济发展和社会服务的提升,但也在无形中加剧了地方政府事权过度扩张的问题。在缺乏充足稳定财源的情况下,地方政府必须应对日益繁重且多元化的公共服务供给、基础设施建设和社会治理重任,这无疑极大地增加了地方政府的财政负担,甚至可能迫使它们过度依赖土地出让收入、债务融资等非稳定性的财源渠道,从而潜在地催

---

① 李楠楠:《论地方财源建设的困局破解与法治保障》,《当代经济管理》2019年第1期。
② 王萍:《"跑部钱进":转移支付惹的"祸"?》,《中国人大》2009年第19期。
③ 楼继伟:《1993年拉开序幕的税制和分税制改革》,《财政研究》2022年第2期。

生了财政风险及社会公平问题。

总之,中国在分税制改革持续推进的过程中出现了"财权上收、事权下放"的态势。① 就2023年的财政数据来看,2023年全国一般公共预算收入为216 784.37亿元,中央收入为99 565.82亿元,占全国一般公共预算收入的46%,而地方本级收入为117 218.55亿元,约占全国一般公共预算收入的54%。但从支出占比上看,全国2023年一般公共预算支出为274 573.81亿元,中央本级一般公共预算支出为38 219.39亿元,仅占全国一般公共预算支出的约14%,而地方支出为236 354.42亿元,约占全国一般公共预算支出的86%。虽然有转移支付制度协调,但地方财政收入与支出的悬殊差距仍可反映地方政府的巨大财政压力。由此,举债融资就成为地方政府不得不为之的无奈之举,地方债务问题也就随之出现。

三、央地财政分权视域下地方债务治理的实践检视

如前所述,中国地方债务问题的根源在于现行财政分权制度的缺陷。这表明只有通过深入的体制改革与制度优化,才能从本质上破解地方债务难题。地方债务问题的根除既要治标也要治本。因此,下文将详尽剖析地方债务的治理现状,进而铺陈出切实可行的解决方案,力图标本兼治,从根本上化解这一困局。

(一)预算法修订中的地方政府举债权转变

1994年《预算法》是在中国深化经济体制改革的大背景下出台的,其核心内容之一便是确立了"量入为出、收支平衡"的预算原则,并明确规定"除法律和国务院另有规定外,地方政府不得发行地方政府债券",限定了地方政府的举债权。如此规定的初衷,在于避免地方出现财政混乱、债务膨胀现象,确保国家财政的整体稳健。但实践中,地方政府一直在利用《预算法》的

---

① 靳继东:《政府间事权与财力匹配改革的法治思路》,《税务研究》2015年第7期。

漏洞,通过各类融资平台隐性举债,形成一个庞大的隐性债务体系。中央政府似乎也默许这一行为,致使地方债务规模不断膨胀,问题日益突出。实际上,在地方债务成为既定事实的前提下,通过赋予地方政府适度的举债权,从而将地方政府的隐性债务通过合法途径转变为显性债务,将其置于有效监管下,不失为防范和化解地方债务风险的一个可行路径。如果管理得当,规模适宜的地方债务还能够成为支持地方经济和社会发展的有效资源。① 虽然修订过程争议不断且一波三折,但2014年《预算法》最终对这一问题作出了直接回应。《预算法》对举债主体、举债额度、举债程序等事项作了较为明确的规定。详言之,只有经过国务院批准的省、自治区、直辖市才能举借债务,且只限于地方政府债券这一种形式,同时,举债的规模需由国务院报全国人民代表大会或者全国人民代表大会常务委员会批准,地方政府举借债务也必须报本级人民代表大会常务委员会批准并将其列入预算调整。针对举借债务的偿还与用途,《预算法》规定,举借的债务应当有偿还计划和稳定的偿还资金来源,只能用于公益性资本支出,不得用于经常性支出。这一系列规定实际上赋予了省级地方政府在一定条件下的举债权,标志着在确保财政稳健与促进地方经济发展之间寻找到了一个新的法律平衡点。其将隐性债务转化为公开透明的债务形式,纳入国家统一的监管框架之中,以此提升财政管理的规范性与效率性,保障经济的健康发展。

(二)地方债务的预防化解与责任追究

尽管《预算法》为地方债务治理构建了初步的法律架构,为规范债务管理奠定了基础,但破解地方债务难题,特别是化解长期累积的存量债务,仍然是一项复杂而艰巨的任务。因此,加强地方债务治理的配套制度建设,以促进债务管理的法治化、透明化以及与市场机制的深度融合,显得十分必要,这对于维护财政的长期稳健运行与保障经济的可持续增长具有重要意义。

从债务的形成过程来看,通过债务预算、债务预警制度等使债务信息透

---

① 刘剑文、陈立诚:《新〈预算法〉:疏堵结合规范地方债》,《检察风云》2014年第21期。

明化,可以有效地阻断不合理负债的源头,引导资金流向更高效的投资领域,防患于未然,为地方财政稳健运行奠定基础。财政部印发的《地方政府一般债务预算管理办法》(财预〔2016〕154号)和国务院办公厅发布的《地方政府性债务风险应急处置预案》(国办函〔2016〕88号)对《预算法》规定的地方债务预算调整和风险预警制度进行了细化:对偿还计划、偿还资金来源以及预算编制、预算执行等作了较为详细的规定;对于地方债务风险预警机制的设立,相关程序以及预警内容也进行了明确。这反映出中国政府在应对财政风险、促进经济健康发展方面的积极行动与成效。

随着《预算法》的修订及其配套措施的逐步落实,地方债务管理框架日趋完善,地方隐性债务规模得到控制,债务化解工作取得显著进展。[①] 2014年,国务院发布的债务管理意见开创性地允许地方政府将甄别的存量债务纳入预算并通过发行地方政府债券置换,此举旨在减轻利息负担,优化债务期限,成效显著。据统计,2015年至2018年,置换债券发行总量达到12.2万亿元,使2018年底地方政府债务的平均利率相比2014年降低了约6.5个百分点,累计节省利息支出约1.7万亿元。[②] 2023年7月,中央政治局会议首次明确提出要有效防范化解地方债务风险,制定实施一揽子化债方案。随后,由全国人大常委会审议的《国务院关于今年以来预算执行情况的报告(2023)》强调要指导实施一揽子化债方案,坚持化解存量、严防增量的原则,压实地方政府责任,统筹布局,切实解决地方债务问题。据此,相关部门接连出台了《关于金融支持融资平台债务风险化解的指导意见》《关于进一步统筹做好地方债务风险防范化解工作的通知》等一系列政策文件,致力于通过多元化、市场化的手段优化债务结构,减轻地方政府的偿债压力。

事后追责则侧重于违规行为的惩戒与警示,明确权力与责任对等,对违反债务管理规定的行为实施严厉追责,以此倒逼地方政府及其官员审慎决策,进而遏制债务风险累积,共同守护国家财政秩序与公众利益。现行《预算法》要求建立责任追究制度,并于第九十四条规定:"各级政府、各部门、各

---

① 金观平:《持续化解地方债务风险》,《经济日报》2024年3月3日,第1版。
② 国家统计局:《2018年国民经济和社会发展统计公报》(2019年2月28日),国家统计局,https://www.stats.gov.cn/sj/zxfb/202302/t20230203_1900241.html,最后访问:2025年2月20日。

单位违反本法规定举借债务或者为他人债务提供担保,或者挪用重点支出资金,或者在预算之外及超预算标准建设楼堂馆所的,责令改正,对负有直接责任的主管人员和其他直接责任人员给予撤职、开除的处分。"在 2017 年召开的全国金融工作会议上首次提出对地方政府债务进行终身追责,此后,因地方债务被追责的相关案例逐渐出现。①

总而言之,虽然《预算法》与《国务院关于加强地方政府性债务管理的意见》(国发〔2014〕43 号)等法律及规范性文件已明确将地方政府债券设定为地方政府举债的唯一渠道,但受制于地方政府的财政需求等因素,隐性债务仍然普遍存在。这类债务隐藏在各种政府融资平台、PPP 项目、政府购买服务、违法违规担保等途径中,因其不具备公开透明的属性,往往难以精确计量,且具有较强的隐蔽性和复杂性。这类隐性债务的风险主要表现为规模的不确定性、偿债来源的不稳定性和潜在的违约风险,特别是在经济环境变化、财政收入波动、监管政策收紧等条件下,这些债务容易转变为地方政府的财政负担,加剧财政压力,甚至可能诱发系统性金融风险。同时,从法制建设的角度来看,中国地方债务治理相关制度建设虽然取得了一定的进展,但总体而言还很不完善。例如,虽然《预算法》规定了违规举债等行为的相关负责人需承担相应的责任,但《财政违法行为处罚处分条例》的最新一次修订仍停留在 2011 年,部分责任条款已不适应《预算法》的要求,地方债务追责的配套制度体系缺失,影响了制度的全面性和执行力。② 正因如此,《预算法》修订近十年后,地方债务仍然维持在庞大的规模,地方债务风险仍然居高不下。截至 2023 年底,中国地方债务的总规模达到 407 372.93 亿元,相当于当年 GDP 的 32.32%,这一数值远超同年地方财政总收入的 229 154.42 亿元,当年地方财政赤字达到 7 200 亿元,凸显了债务负担与财政收入之间的显著差距。从数据上来看,由于多重因素的叠加,自 2019 年至今地方债务的增长率均保持在两位数。

---

① 监督评价局:《财政部关于地方政府隐性债务问责典型案例的通报》(2023 年 11 月 6 日),中华人民共和国财政部,http://jdjc.mof.gov.cn/jianchagonggao/202311/t20231106_3914898.htm,最后访问:2025 年 2 月 20 日。
② 岳红举:《财政分权视角下地方政府债务责任追究制度的构建》,《地方财政研究》2021 第 4 期。

四、央地财政分权视域下地方债务治理的法治路径

中国的地方债务治理工作固然取得了一定的成效,但必须正视的是,相关制度建设还不健全,大多停留在解决某个阶段问题的层面。更为重要的是,地方债务根源于不完善的财政分权制度,因此,地方债务问题的根治关键在于深化财政分权制度改革,明晰并优化中央与地方之间财权与事权的界限,构建一套既能激发地方积极性,又能有效地防控风险的新型财政关系框架,确保财政运行的长期稳定。

(一)央地财政分权视域下地方债务治理的原则立场

1. 中央不救助原则

中央不救助原则是中国政府在规范地方政府债务管理方面的一项重要原则,《国务院关于加强地方政府性债务管理的意见》(以下简称《意见》)明确规定了中央政府实行不救助原则。这一原则的核心内涵是强调地方政府对自身债务负有直接和首要的偿还责任,即地方政府在举债时必须充分考虑自身的承受能力和偿债能力,不得在发生债务危机时依赖中央政府提供救助。中央不救助原则的主要目的是强化地方政府的预算约束,防止道德风险,遏制地方政府盲目扩张债务规模的行为,促进地方政府财政健康可持续地发展,即通过让地方政府自行承担债务风险,倒逼地方政府提高资金的使用效率,优化资源配置。

需要注意的是,由于中国地方债务的产生发展与中央政府存在紧密联系,中央不救助原则在贯彻执行过程中充满了挑战。首先,如前文所述,中国的事权划分并不明晰,在各级政府间存在大量的共同事权,而伴随着"事权下移",此类共同事权往往由财力较为薄弱的地方政府承担支出责任,显然不合理。其次,从地方政府的举债权来看,其仍旧受到中央政府一定程度的限制,表明地方政府并不具有完全的财政主体地位。例如,之前由财政部"代发代还""代发自还"的地方政府债券是否也有中央政府信用背书之嫌?

最后,中央政府的政策也是地方政府债务诱因之一,不论是刺激经济的"四万亿经济计划",还是鼓励地方融资平台的发展,在客观上都增加了地方政府债务。此外,考虑到中国的地方经济发展差异较大,以及潜在的系统性金融风险问题,一旦某些地区因种种原因确实面临严重的债务困境时,如果中央政府不采取任何救助措施,就可能带来更大的社会经济不稳定因素。正因如此,《意见》虽然规定了中央不救助原则,但同时也规定:"地方政府难以自行偿还债务时,要及时上报,本级和上级政府要启动债务风险应急处置预案和责任追究机制。"因此,即使坚持中央不救助原则,也需要构建一套完善的配套机制和应对方案。

2. 地方负责制原则

地方负责制原则是在深化财政体制改革、强化地方政府债务管理过程中必须遵守的基本原则。该原则暗合财政分权这一财政体制的内在逻辑。在《意见》中体现为"地方政府对其举借的债务负有偿还责任"。其要求各地方政府对其自身的债务行为切实承担责任,无论是债务的发起、筹集、使用还是最终的偿还,均应遵循明确的主体界限,确保每一笔债务都有清晰的责任归属。地方政府在举债时,必须基于自身的财政实力和偿债能力,科学合理地规划和控制债务规模,杜绝盲目举债和违法违规行为。同时,该原则强调通过建立和完善债务风险预警、应急处置和问责机制,确保地方政府在债务全生命周期内做到谨慎举债、有效用债和按时还债,从而有效地防控地方债务风险,保障国家金融安全和地方经济社会的可持续发展。在实际操作中,这一原则有助于推动地方政府财政公开透明,强化内部管理和外部监管,促使地方政府转变发展模式,重视经济增长的质量和效益,而不是简单地依赖债务扩张驱动增长。

(二)推进财政体制改革纵深发展

1. 完善税权划分

税权是税收法律架构的基石所在[1],鉴于税收在国家财政收入中的重要

---

[1] 张守文:《税权的定位与分配》,《法商研究(中南政法学院学报)》2000年第1期。

地位,构建一套合理、科学且操作性强的税权划分机制至关重要,它是优化财政分权治理体系的关键一环。税权的核心构成要素包含税收立法权、税收征管权以及税收收益权。中国推行的分税制改革将税种按收入归属划归为地方税、共享税和中央税三类,正是基于税权中收益权这一维度进行划分。党的十九大报告提出,要"深化税收制度改革,健全地方税体系",但从分税制的实践看来,其更重视按照税源丰沛程度、主体所在行业、主体隶属关系等并不统一的多项标准,将相关税种进行归类,由此使多个税种被归入共享税。① 对于那些在宏观经济调控中起到关键作用、有利于平衡各地财力差异、征税对象具有高度流动性的税种,特别是所得税一类对社会财富再分配产生重大影响的税种,中央政府应当拥有收益权,以便于国家层面的整体规划与调控。② 反之,对于税基较为有限、征税对象不易流动且对宏观经济影响相对有限的税种,如耕地占用税、烟叶税等,适宜将其收益权下放至地方政府,这样既能更好地契合地方经济的发展特点,又能增强地方政府的财政自主性和公共服务供给能力。

　　历史来看,共享税份额的历次调整始终由中央政府引领并制定相关政策法规予以实施,整体上呈现出对中央政府更为有利的分配结构特征,这一现象体现了中央政府在税收立法领域占据主导地位的事实,地方政府在税收立法自主权方面则相对较弱。长期以来,共享税款的具体分配比例牢牢地把握在中央政府的手中,这在一定程度上制约了地方政府依据其自身财政状况和发展需要进行灵活调配的能力。

　　因此,有必要将共享税的分配比例纳入税法范畴,严格遵循税收法定原则,以确保税收政策的稳定性和法律严肃性。与此同时,需适度赋予地方政府一定的税收立法空间,主要是在税率调整方面给予一定的弹性,这是因为不同地区的经济发展水平、产业结构、资源条件和人口结构等差异巨大,中央层面统一的税收政策可能无法精确地适配各个地区的实际情况。赋予地方适度的税收立法权,有利于地方根据自身特点量身定制税收政策,从而更

---

① 张守文:《论"共享型分税制"及其法律改进》,《税务研究》2014年第1期。
② 张守文:《财税法疏议》,北京大学出版社2016年第2版,第76页。

有效地优化资源配置,促进地方经济的个性化和多元化发展。① 在此基础上,税种的开征、停征以及税目的增删、税收优惠政策的制定等核心权力依然由中央政府掌控,这样既可以确保中央政府对全国税收体系的统一规划和监管力度,又能够预防地方税收政策过于碎片化,防止地区间税收竞争出现失衡局面,进而保障国家税收政策的公平性、统一性和持久有效性。

2. 科学地划分央地事权与支出责任

科学合理地划分央地事权与支出责任,是完善国家治理结构、确保财政分配的公正性与高效性的关键。国务院在2016年发布了《关于推进中央与地方财政事权和支出责任划分改革的指导意见》(国发〔2016〕49号),彰显了中央政府对于这一议题的深刻认识及积极应对,标志着中国在优化财政协调机制、推动治理体系现代化方面迈出了坚实的一步。

如前所述,央地之间事权划分不清及事权下放现象的根源,在于分税制改革初期对于事权划分的忽视,未能建立起明确而细致的事权分配规则,此后也缺乏相应的跟进和完善。实践中,由于上下级行政机关之间的垂直管理和命令执行关系,下级政府时常被动地接受并履行上级政府指派的各项任务,从而造成事权逐层向下转移的现象日益突出。因此,迫切需要通过强化法制建设,以法律条文的形式严谨地确立中央与地方各自的职责权限,从而实现事权划分的法制化和透明化。立法中,应对中央专有事权、地方专有事权以及两者共同事权予以明确,确保每一项公共事务均有确定的责任主体,厘清各级政府的权力界限。不仅如此,立法还应当涵盖事权调整的规定和程序,确保随着经济社会环境的变迁,央地事权能够按照法定流程进行适时、适切的调整与更新,做到既维护制度的稳定性,又能保持对现实需求变化的响应能力。科学合理地划分央地事权,是解决上述问题、厘清央地权责边界的实质性步骤。首先,从事权与财权相匹配的角度看,科学合理的事权界定要求中央政府着重承担涉及国家主权、国家安全、宏观经济调控、跨区域公共产品和服务供给等全局性、战略性事务。这部分事权通常具有全国统一性、不可分割性,中央政府应凭借其宏观调控能力和广阔的政策视野来

---

① 黎江虹、沈斌:《地方税收立法权的价值功能转向》,《法学》2019年第7期。

有效实施。地方事权则应聚焦于区域内的公共服务供给、社会治理、民生保障和地方特色产业发展等更具地域特性和直接性的问题。① 在界定地方事权时,应充分考虑各地的经济发展水平、人口分布、资源禀赋等因素,确保地方财力与事权相适应,避免地方财政压力过大或资源错配。其次,强化央地协同机制、明确政府间财政事权划分争议的处理机制是科学合理地界定事权的另一个重要视角。② 中央与地方并非孤立的实体,而是相互依存、有机联系的整体。在界定事权时,应充分考虑央地之间的协同效应,建立跨层级、跨区域的联动机制。同时,对于争议事权按照上述文件要求建立起争议解决机制,合理地划分央地事权。例如,对于涉及中央和地方共同承担的事权,如生态环境保护、基础设施建设等,应明确各自的权责边界,通过联合规划、共同出资、成果共享等形式,实现央地之间的有效衔接和互补合作。

3. 完善转移支付制度

党的十九大与二十大报告中均明确提出,要进一步健全财政转移支付体系,这不仅是促进全国各地均衡发展的必要条件,也是维护财政健康、提高资金使用效益的核心环节。

目前,中国尚无法律对转移支付制度作相应的规定,仅有行政法规、部门规章对其作了规定。因此,从法律层面强化转移支付制度的基础性建设显得极为迫切。首先,需要积极推动转移支付的立法进程,通过制定完备的法律法规③,明确规定转移支付的目标、原则、种类、标准、程序以及监督机制,确保转移支付制度运行的法制化和规范化。具体而言,应将转移支付的比例、计算方法、资金分配细则等纳入法律条文,确立中央与地方在财政分配上的权利和责任,减少随意性和不确定性,实现转移支付的公开透明、公平公正。其次,加强转移支付项目的监管是保障制度有效实施的关键。建立一套覆盖转移支付预算编制、审批、执行、决算和绩效评价的全流程监控体系,运用现代信息技术手段,实时追踪和记录资金流向,确保每一笔转移

---

① 周俊鹏:《分税制下政府间事权划分的法律完善》,《产业与科技论坛》2007年第11期。
② 沈斌:《央地事权划分争议解决的法律程序路径——以协商程序制度为中心》,《中南大学学报(社会科学版)》2018年第6期。
③ 李小萍、时喆:《我国财政转移支付制度存在的问题与完善对策》,《经济问题》2013年第8期。

支付资金都能够按照预定用途投入,服务于国家政策目标和社会公益事业。同时,强化审计监督,定期对转移支付资金的使用情况进行全面审查,严肃查处违规违纪行为,严防财政资金被挤占、挪用或闲置。最后,推动建立科学合理的转移支付绩效评价机制,将资金使用效率和产生的实际效果作为衡量转移支付是否成功的硬性指标,使转移支付真正成为推动地区经济社会发展、改善民生的重要抓手,切实保障财政资金用得其所,发挥作用。

(三)财政体制改革配套措施

1. 完善地方债务信息披露机制

"阳光是最好的防腐剂",完善地方债务信息披露机制是中国深化财政体制改革、强化地方政府债务管理、防范化解地方债务风险、保障金融市场健康运行的重大举措。这一机制的构建,旨在提升地方政府债务透明度,增强市场信心,保障公共财政的可持续性,促进经济社会的稳健发展。但目前,中国信息披露制度的建设还不尽如人意,其主要内容散见于部门规章中,且各地信息公布程度各异,不能有效地防范地方债务风险并全面评估地方债资金使用的经济效益。

为此,应强化和完善地方债务信息披露的法制基础。首先,立法机关应当制定专门针对地方债务信息披露的法律法规[1],将其纳入《预算法》《审计法》等法律体系中,明确规定地方政府的债务管理过程必须公开透明,确保债务信息的真实性、准确性和完整性。披露内容应涵摄债务的产生、增减、使用、偿还、风险管理等各个环节,并明确披露的内容、时间和方式,以及未按规定披露信息的法律责任,为地方债务信息披露提供坚实的法律支撑。其次,应制定明确且全面的地方债务信息披露清单。清单应详尽列举地方债务的各项关键信息,如债务规模、类别、期限结构、利率成本、资金投向、项目进展情况、预期收益与实际绩效、偿债来源与安排、潜在风险预警等。同时,还应充分考虑到信息的易读性和可比性,采用标准化、结构化的披露格式,使市场参与者和公众易于理解并进行横向和纵向对比分析,从而作出理

---

[1] 陈志勇、王银梅:《我国地方政府性债务信息披露问题研究》,《地方财政研究》2014年第2期。

性判断。再次,应建立统一且高标准的地方债务信息披露平台和标准体系。依托先进的信息化技术,打造国家级的地方债务信息数据库,要求各地政府在规定时间内将有关债务信息上传至该平台,实现信息共享和同步更新。同时,参照国际先进经验和国内实际情况,不断优化和完善信息披露标准,使其既适应地方债市场的复杂性和多样性,又能反映金融市场的最新发展趋势和监管要求。最后,加强地方债务信息披露的监管力度。财政、审计、人民银行等部门应紧密合作,通过常态化的监督检查和专项审计,核实地方债务信息披露的准确性、及时性和完整性,对存在问题的地方政府及时纠偏,并依法依规进行处理。同时,引入社会公众、媒体、研究机构等多元监督力量,形成全方位、多层次的监督格局。

通过信息披露制度的完善和严格执行,引导和推动地方政府树立正确的政绩观和债务观,坚持量入为出、审慎举债的原则,科学合理地规划和使用债务资金,提高财政资金的使用效益,防范和化解地方债务风险,最终实现地方经济稳健发展和社会和谐稳定。

2. 健全地方债务风险预警机制

健全地方债务风险预警机制对于防范化解地方政府债务风险、促进经济社会稳定健康发展具有至关重要的作用。2014年《预算法》提出国务院建立地方债风险预警,《意见》也作了"建立地方政府性债务风险预警机制"的规定。2016年,国务院办公厅发布《关于地方政府性债务风险应急处置预案的通知》,对地方债务的预警主体以及预警内容均作了相应的规定。然而,从中国目前的地方债风险预警机制建设来看仍存在隐性债务识别困难、预警指标体系不健全、监管执行力度待加强等问题。

首先,需构建科学严谨的地方债务风险评估模型和预警指标体系。[①] 基于历史数据、宏观经济形势、地方财政收支状况、债务结构、偿债能力等因素,设计合理的风险评估算法和预警阈值,确保预警信号及时准确,既能捕捉到局部的风险点,也能预见整体的风险趋势。将地方债规模、负债率、偿债率、债务期限结构、债务资金使用效率等关键指标纳入预警体系,并结合

---

① 孙玉栋、常春:《政府债务风险预警机制构建》,《中国特色社会主义研究》2014年第6期。

经济周期、产业结构调整等因素进行动态调整,提升预警系统的灵敏度和前瞻性。

其次,建立全方位、多层级、动态化的地方债务风险监测平台。依托现代信息技术手段,整合各地方、各部门的债务数据,实现数据的实时采集、分析和上报,搭建统一的地方债务风险监测预警平台。通过大数据分析,形成集识别、预警、追踪于一体的风险管理体系,确保风险信息传递的及时性和有效性。同时,强化风险预警的联动响应机制。当出现预警信号时,财政、审计、金融监管等部门应迅速启动应急响应机制,协同应对,通过压缩非必要支出、优化债务结构等方式,及时化解和处置债务风险。此外,重视风险预警成果的应用和反馈。将风险预警结果作为地方债务管理决策的重要依据,推动地方政府优化债务结构,提高资金的使用效率,改善财政管理水平。

最后,建立风险预警效果评估和反馈机制,定期对预警模型和指标体系进行校验和调整,确保风险预警机制始终保持与时俱进,精准适配中国地方债务管理的实际需求。

3. 建立地方债务终身问责机制

地方债务终身问责制旨在强化地方政府债务管理的责任意识,杜绝过去存在的只顾举债、不顾偿债的现象,改变地方债务管理中的短视行为和道德风险。通过将债务责任与政府官员的任期挂钩,实现对地方政府债务行为的长期约束和有效监督,督促地方党政领导干部在决策过程中充分考虑债务风险,科学合理地举债。目前,《预算法》等法律法规已设立追责机制条款,明确了地方政府及相关部门人员的责任和追究机制,同时,通过一系列政策文件和会议决议,强调了对地方债务实行终身问责的要求。

首先,地方债终身问责机制的实施需要制定科学、公正、可操作的地方债务责任认定标准。结合债务规模、结构、使用效益、偿债能力、风险管理等多维因素,构建一套系统性的地方债务风险评估体系,据此确定责任大小和追责程度。既要关注显性债务的合规性问题,也要着力解决隐性债务的识别难题,确保任何类型的违规行为都不容忽视。其次,需要强化追责程序的执行力度和司法保障。一旦发现地方债务问题,应立即启动调查程序,由上级政府、纪检监察、审计、司法等多部门联合行动,确保调查公正、公平、公开。对确需终身追责的对象,不论其职务是否变动,都应依法依规进行严肃处理。此外,应完善奖惩机制,树立正确的政绩观。可将地方债务管理纳入干部考核评价体系[1],对于在债务管理工作中表现优秀、未出现违规举债或风险事件的,给予正面激励;对违反规定、造成不良后果的,严格按照终身问责制进行处理,打破过去"任期内举债、离任后不管"的弊端,形成"谁举债、谁负责、谁担责"的责任链条。

五、结语

地方债务问题的根源在于财政分权体系中的权责失衡,即地方政府虽获得了事权但未获得与之相匹配的财权,从而导致其在承担日益增长的公共服务需求时,不得不依赖债务融资。随着地方债务规模的快速攀升,特别是隐性债务的增多,地方政府的债务风险加大,不仅影响地方财政健康,还对国家经济安全和社会稳定构成威胁。治理地方债务需结合中国国情,既要尊重并发挥财政分权对公共服务的积极作用,又要防止其负面效应的放大,通过法治路径健全地方债务管理制度,强化中央与地方的协同治理,加强对地方债务的源头把控、过程管理和风险防范,推动地方债务进入良性循环,从而保障中国经济社会健康可持续发展。

---

[1] 李安安:《终身问责制探究:基于地方债务治理的分析框架》,《经济法研究》2018年第1期。

预算法治视域下的地方政府债务治理研究

宋嘉豪*

一、引言

在现代国家模式以及国际竞争局势下,政府为促进经济发展、预防社会风险,不得已产生庞大的赤字,继而通过发行债券、增发货币弥补显性赤字。除了中央政府债券以及国务院限额之内的地方政府债券,诸多大规模、不规范的地方政府债务是弥补财政赤字的主要路径。地方政府债务是财政事权下压和财权上收、地方财政竞争和财政分配公平、统一市场的需求和条块分割的治理格局等体制性矛盾的结合爆发点。自分税制改革以来,地方财权和财力弱化,但相应的事权和责任并未减轻,尤其是在基层,如环保、食药监、专项执法等专业工作对人员、技术、设备的需求越来越大。[1] 党的十八届三中全会以来,事权和支出责任划分改革如火如荼,从"事权和财权相适应"到"事权和支出责任相适应",财政体制改革通过合理划分职责、转移支付等方式确保地方财力。但财政政策具有"自动稳定"的效应[2],尤其是在经济下行的情况下,政府可能通过社会补助、财政补贴等项目维持稳定的一般货币工资水平,进而导致财政支出的规模增加。财政支出在经济下行期间具有必要性,但可能导致财政赤字增加从而诱发财政危机和经济危机。基于此,本文将从财税政策的角度出发,基于财税政策法治化的基本原则,探讨风险社会中地方政府债务的法律控制。

---

* 宋嘉豪,中国政法大学博士研究生。
[1] 杨华:《县乡中国:县域治理现代化》,中国人民大学出版社 2022 年版,第 133 页。
[2] 侯卓:《税法的分配功能研究》,法律出版社 2018 年版,第 158 页。

二、地方政府债务的发展与风险特性

地方政府债务是一把"双刃剑",地方政府规范适度举债并被有效使用,能够弥补建设资金不足,促进地方经济发展,有利于提升地方竞争力和财政的可持续性;但债务的本质是对未来信用的透支,如果未来产生的现金流不足以支付债务本息,就会产生违约,甚至出现"明斯基时刻"。① 例如,由于欧元区财政政策和货币政策不对称,欧元区财政政策的溢出效应干扰了统一货币政策的运作,这使得赤字不断扩大,并在2010年爆发欧洲主权债务危机。政府债务危机会破坏政治、经济稳定性,降低政府公信力,带来政府治理风险,从而压缩政府政策腾挪空间,而政府政策调整能力的下降反过来也会影响政府财政汲取能力,这种恶性循环最终会引发更深层次的矛盾和危机。

一是地方政府债务规模大、违约风险高。中国地方政府债务规模庞大,地方政府债务增长较快,占同级财政收入的比重过高,而且越是发达地区,政府债务占比越高,债务负担越重。近年来,中国地方政府财政缺口不断扩大,地方政府自主举债融资制度逐步放开,有效弥补了财政收支缺口。然而,由于地方政府举债模式越来越丰富,债务规模也在不断扩大,地方政府债务面临的问题逐渐显现。截至2015年底,中国有400多个县、100多个市本级的政府债务率在100%以上。② 截至2016年底,地方政府债务率高达80.5%,全国地方政府债务则为15.3万亿元(不包括或有债务)。③ 而政府

---

① 在经济繁荣时期,公共部门和私人部门都会以扩张性的心态预期未来,在具体经济活动中表现为增加负债进行投资,推高杠杆率;当经济低迷时期,私人部门会降低预期,进行去库存、去产能和去杠杆,但对于公共部门而言,它需要发挥社会经济稳定器的作用,必要时通过增加自身债务来对冲经济的下滑。在一些极端情况下,公共部门还不得不将私人部门的债务纳入政府的资产负债表,以免出现社会经济崩溃。因此,往往公共部门的债务在经济低迷时还不能有效地降低,这就容易诱发公共部门的债务危机。参见俞乔、范为:《中国地方政府债务问题及治理研究》,《经济研究参考》2016年第14期,第11页。

② 楼继伟:《国务院关于规范地方政府债务管理工作情况的报告——2015年12月22日在第十二届全国人民代表大会常务委员会第十八次会议上》(2015年12月22日),中国人大网,http://www.npc.gov.cn/zgrdw/npc/xinwen/2015-12/22/content_1955661.htm,最后访问:2022年12月10日。

③ 参见《财政部:防范化解地方债风险 坚决遏制隐性债务增量》(2017年7月29日),中国经济网,http://finance.ce.cn/rolling/201707/29/t20170729_24598831.shtml,最后访问:2025年4月11日。

债务率的国际水平为20%～80%。庞大的地方政府债务规模对地方财政的平稳运行构成了巨大威胁,如不及时防控、监管和化解,不仅会对国家财政的正常运行造成影响,而且还可能使地方政府通过挤压民生支出来满足偿还债务的需求。2015年,中国正式启动地方债置换工作,当年便发行置换债券3.2万亿元,经过近4年的发展,目前置换债券的规模已突破14万亿元。① 特别是2015年5月12日,财政部、央行、原银监会联合发布文件,明确2015年地方政府在财政部下达的存量置换债券限额内采用定向承销的方式发行一定额度的地方债。然而,由于市场化程度不足,一般债难以直接对应特定项目,在缺乏相关资产、收益、现金流等信息的情况下,定价相对模糊。加之二级市场尚未真正发展起来,投资者不够丰富,流动性有所欠缺,未能充分地发挥信用评级、信息披露、市场化定价等市场机制的激励约束作用,使得现阶段的地方债专项投资更多地依赖所谓的政策性价差的支撑。除此之外,地方政府专项债券还存在定位不清的问题,比如专项债券的发行统一以省级政府作为主体、无法区分省本级和其他市县级的主体信用情况等。考虑到目前投资主体以商业银行为主,相当于是变相通过银行授信的方式对地方政府提供了融资,后续的风险如果被释放,将进一步向商业银行转移,使商业银行背负一定的压力。

二是地方政府债务存在规模庞大的隐性债务。实践中,隐性债务形式多样,包括地方政府通过融资平台、购买服务、PPP、各类发展基金和引导基金、特色小镇、融资租赁、金交所等产生的债务,资金来源包括金融机构表内贷款、表外贷款、保理、票据、保函、金交所、资管计划等,且多涉及明股实债、抽屉协议、承诺回购等违规方式。2018年4月18日,中国5个省的6个市县通过违规出具承诺函、融资租赁、签订工程类政府购买服务协议等方式变相举债,形成政府隐性债务154.22亿元。②

三是地方政府债务监管缺位。财政是联结政府与市场、中央与地方、政

---

① 《关于2015年采用定向承销方式发行地方政府债券有关事宜的通知》,财库〔2015〕102号,发布日期:2015年5月15日。
② 《2016年第四季度国家重大政策措施贯彻落实跟踪审计结果》,中华人民共和国审计署2017年第2号公告,发布日期:2017年3月17日。

府与公民分配关系的交汇点,是国家治理的基础和重要支柱。把财政权力关进法治的笼子里,建立现代公债制度,是新时代创新宏观调控制度体系的重要组成部分,也是打造中国特色社会主义市场经济与治理体系制度优势的重大任务。运用财税法理顺中央与地方的财政关系,明确地方债务规制的财政制度安排,既要借鉴和顺应市场经济的一般发展规律,又要结合中国的实践,解决政策性融资、PPP、政府产业引导基金等政府融资过程中存在的问题。改革开放40年来,中国经济长期维持高速增长。但如波兰尼所言,经济趋向市场化的过程,也是社会不断遭受加压的过程,若无法维持二者之间的平衡,将导致市场和社会共同走向毁灭①,而经济市场化诱发的资源不足与不均,正冲击着前述平衡。为避免资源不足和资源分配不均冲击市场和社会之间的平衡,可以从两个方面入手:一方面,要正确处理政府和市场、政府和市场主体的关系,把握有效市场和有为、有限政府两个方面,实现高水平的结合;另一方面,要求市场在整个资源配置中发挥决定性作用时,政府需要更好地发挥作用,防止有为变成乱作为、不当作为。

三、预算法治视域下地方政府债务治理的困境

现代社会中,地方政府债务较高的原因纷繁复杂,比如经济景气因素、人口老龄化、制度合理性、国际关系和外交、公共投资乘数下降以及维持数量庞大的公共支出规模等。② 在中国,地方政府过度依赖债务融资导致的长期财政负担,以及扩张性财税政策没有起到相应的政策效果③,可归因于中国预算法律体系不健全、地方政府债务管理缺乏规范性、相关规范性文件未能明确债务管理的各项规则和程序,以及在财政法的视角上缺乏对短期利益与长期负担、经济发展与债务承担的平衡。基于此,现行预算法未能充分覆盖地方政府债务管理的所有环节,导致一些财政管理问题长期处于灰色

---

① [英]卡尔·波兰尼:《巨变》,黄树民译,社会科学文献出版社2018年版,第23页。
② 李彬:《日本财政危机的走势及根源分析》,《现代日本经济》2012年第1期。
③ 魏凤春、于红鑫:《中国潜在财政危机的成因与对策》,《战略与管理》2002年第1期。

地带,易引发长期性公共风险,产生降低政府信用、压缩政府政策腾挪空间、影响政府财政汲取能力等问题。

(一)地方政府债务治理的预算法框架不完善

2018年《预算法》的出台,为地方政府债务管理提供了基本的法律框架,但是具体的操作细节和执行标准仍有诸多不足之处。

第一,《预算法》对于地方政府债务的管理规定较为原则性和框架性,缺乏针对不同地区、不同经济条件下的灵活性调整机制。比如,《预算法》第三十五条规定了地方政府举借债务的条件和方式,但是并没有确定"必需的建设投资"以及"国务院确定的限额"的具体标准,从而可能引发具体适用中的混乱。又如,《预算法》第三十条规定,地方政府举借的债务只能用于公益性资本支出,不得用于经常性支出,但"公益性资本支出"与"经常性支出"之间的界限缺乏明确的判断标准。除此之外,《预算法》相关的配套法规或实施细则存在较大的滞后性和不足之处。

第二,对于地方政府债务的监管与执行机制,《预算法》的监管力度与有效性相对不足。现有法规对于地方政府债务的监管要求不够严格,且监管机构的执行力不足,导致监管效果不佳。比如,《预算法》第八十八条明确了财政部门的监督职责,但在实际操作中,由于资源、权限和技术的限制,财政部门可能难以有效地对地方政府债务进行全面、深入的监督。此外,缺乏明确的监督流程和标准也可能影响监督的效果。又如,《预算法》第十四条要求政府编制财务报告时,应当进行披露和监督,但相关的细节在法律条文中规定得并不详尽,影响预算执行的透明度和公众监督的有效性。

第三,《预算法》对于地方政府债务在预算编制与执行过程中的信息公开程度设置得较低,导致公众和上级政府难以全面了解债务的真实状况。加之,《预算法》过于强调预算的刚性,在面对经济波动和突发事件时,缺乏足够的灵活性来适应债务水平调节的需求。比如,《预算法》在第四十四条规定的预算草案公开,提及了预算草案的初步审查,但并未明确规定预算草案(包括地方政府债务部分)必须向公众公开的时间、范围和形式。因此,虽然预算草案可能经过了初步审查,但公众和上级政府仍难以获得足够的信息来全面了解地方政府的债务状况。

(二)地方政府债务治理中财政压力与经济发展的目标抵牾

以复杂的政治经济背景为出发点进行分析,消解这类财政危机产生的根源,不仅需要财税政策进行调节,还需要从经济结构和政治体制改革着手,从根本上改变社会、企业甚至民众心理。在这类潜在的财政危机产生之前,就应当从体制上预防和规避风险,包括建立债务信息披露制度、对已经发生的债务制定偿还措施、防止地方财政过分依赖单一的收入来源、明确政府财权与事权的划分、建立财政危机准备金制度等①。由公共危机引发的财政危机表面上看只是一笔短期内激增的债务,似乎只需要解决了这笔短期的债务就能消解财政危机,单独使用增收减支的财税政策就可以达到治理效果。但征税与经济发展息息相关,提高税率、加征税种对经济环境的影响较大,结构性增税又依靠税制改革,因而旷日持久,仅以减少支出与增加收入为目的的税收政策必然产生调控功能的缺失。况且,公共危机本身就会成为社会的动荡因子,财税政策应当起到巩固社会秩序的作用而非背道而驰,压缩政府支出可能引发地方政府的治理风险,间接地影响市场经济秩序。面对支出压力以及政绩竞争,一些地方政府部门可能会采取非规范性或非制度化手段获得财政收入,例如,2019年全国非税收入同比增长20.2%,政府性基金收入同比增长12%,均远超税收收入增长,导致税收收入占财政收入的比重进一步下降。②加之,公共危机作为超过体制承受能力的灾难或意外事件,由其引起的财政危机很难像结构平衡规则一样通过关注中长期财政状况而实施逆周期的财政政策将公共财政和经济周期的影响隔离开来③,无法从预防和控制的角度进行规避,就只能在事后通过政策进行调整和缓释,这就大大增强了对财税政策调控功能和收入功能平衡的期许。

为组织财政收入和为实施宏观调控而设计的规范在制度逻辑上不尽一

---

① 林素钢、王孝春:《美国加州政府财政危机及其对我国的启示》,《税务与经济》2010年第4期。
② 闫坤、鲍曙光:《我国财政收入增速下滑分析》,《中央财经大学学报》2020年第9期。
③ 马骏:《从财政危机走向财政可持续:智利是如何做到的?》,《公共行政评论》2014年第1期。

致,呈现于外的规制方向常有南辕北辙的情形。① 这是因为财税法作为分配法的一种重要类型,其核心问题就是分配权的"分配"问题,财税法中的财权、税权等,都是分配权的具体体现。② 尽管在精致的制度构架下能够实现政府利益与私人利益的协调与平衡,但在大多数情况下,分配权的实现会在双方利益之间作出取舍。以稳定和发展作为基本价值,可以将财税立法的侧重点从总体上简化为两个方面:或者更侧重于国家获取税收收入,或者更侧重于促进稳定发展,并以此将财税立法分为收入导向型与发展导向型。政府作为财税政策的制定者,受立法主体因素与长久以来国库主义的影响,即使是能够克服以组织收入为逻辑起点的收入导向型财税政策的偏好,在缺乏民主理念和法治意涵的财税政策的情况下,其长期性依然值得商榷。另一方面,以减税降费为主体的发展导向型财税政策是长期性规划,理论上,长期性政策导致的经济下降可以通过经济增长带来的税基扩大来弥补,但某些减税降费政策是政策性和运动式的,虽然在短时间内有效,但很难解决经济面临的结构性、体制性问题,政策的边际效应会快速递减,政策的长期有效性和可持续性有待观察。③ 因此,伴随着大量政府财政支出增加,政府财政收入下滑的趋势愈发凸显,如何解决政府短期内财政资金不足的问题依旧引人注目。

改革开放以来,虽然中国政府的负债不断扩大、财政运行的基础受到削弱,但由于国有企业的担保、表面化的金融危机的推延作用、非公有制经济的快速发展等因素④,财政危机的解决并没有引起学界的广泛关注。在当今世界,欧元区、美国、日本等为摆脱金融危机而采取了一系列经济刺激政策,其"后遗症"已不可避免地显现出来——财政风险不断积聚,并深深陷入财政危机。美国的巨额政府债务是十多年来财政预算赤字的结果,常年财政收支赤字只能够靠发行债券来融资解决,债务规模越来越大;欧洲债务问题可追溯至2008年10月的冰岛危机;自20世纪90年代经济衰退陷入"失去

---

① 侯卓:《个人所得税法的空筐结构与规范续造》,《法学家》2020年第3期。
② 张守文:《差异性分配及其财税法规制》,《税务研究》2011年第2期。
③ 闫坤、鲍曙光:《我国财政收入增速下滑分析》,《中央财经大学学报》2020年第9期。
④ 魏凤春、于红鑫:《中国潜在财政危机的成因与对策》,《战略与管理》2002年第1期。

的十年"以来,日本政府就习惯以积极财政政策对抗经济通缩,数十年来的积极财政政策,令日本政府的债务随之膨胀。① 如前所述,债务危机的成因与其深刻的政治经济背景息息相关,以美国、日本为首的强国身陷债务危机的泥潭,并不能够简单地解释为政府的财政收入无法偿还公共危机时期遗留的债务,而更应当归咎于其背后复杂而深刻的历史原因。

(三)地方政府债务治理缺乏长期的法治视角

考察债务危机状态下的财税政策运行,可以17世纪中期政治经济背景相对单调的法国为样本,分析政府债务对国家体制运行的影响。中世纪法国在统一的过程中,逐渐和不同的区域或群体订立了一系列有关税收的契约。② 从效力上看,法国国王与某一个特定区域或群体订立的契约并不具有普遍适用性,不同地区的税收制度有可能截然相反,比如,查理七世在朗格多克原来实行三级会议制的地区推行中央核心税制,查理七世的继任者们则在15世纪末新归属的三个大省(勃艮第、普罗旺斯、布列塔尼)推行地方化的子税制政策。③ 加之不同区域的司法体系大相径庭,在审理税收案件的过程中特别法院、教会法院、各镇法庭的职权交叉重叠,法国的财税制度改革从一开始就呈现出为了增强财政汲取能力而加强中央集权的特点。

正如腓力四世说:"非紧急情况,且经各级人民代表的同意,国王无法创设新的征税项目。"④17世纪上半叶的法国虽然有明显的中央集权趋势,但这种中央权力的集中仅仅是国王在税收制度上和地方精英达成了妥协,在两者利益一致的情况下才能彰显。妥协的结果是,即使法国国王的权力不断扩大,国王的征税规模仍然受到较大的限制。当战争导致财政支出大幅增长时(如16世纪90年代、17世纪20—40年代),法国王室就会因为无法偿还战时债务而陷入财政危机。面对高额债务,法国国王除了通过调高

---

① 孔宪遂、陈华:《全球财政风险、财政危机及财政平衡与治理》,《财政研究》2014年第7期。
② 17世纪法国的政治体制并非典型的君主专制,因为君主需要授权才能征税,像布列塔尼这样的大多数省份在大革命爆发以前一直由自己的三级议会审批本省的税收。
③ [美]詹姆斯·B.柯林斯:《君主专制政体下的财政极限——17世纪上半叶法国的直接税制》,沈国华译,上海财经大学出版社2016年版,第13页。
④ 参见滕淑娜:《同源异途——近代早期英法税制比较及启示》,《贵州社会科学》2017年第6期。

直接税税率、发行等同于短期税种的债务、向税收官吏或银行家借款等权宜之计来应对现金短缺的状况，还推行了一系列积极的税制改革，增强中央的财政汲取能力，积极偿还长期债务，包括把选区制推行到实行三级会议制的地方、将保税权收归中央、改变直接税征收的方式、颁布官职税敕令。然而，从结果看，这种试图将财税征收触及税源充足阶级身上的努力，更像是法国国王的垂死挣扎。大量使用短期性的收入导向型政策如同饮鸩止渴，即使能够解决短期内现金缺乏的状况，也只会导致债务越发庞大，以致法国国王不得不采用类似于征收号称贷款却从不偿还的临时税、赖债、拖欠非以现金缴纳的公债等方式实行部分破产，减轻债务压力。长期性政策将会持久地对社会产生影响，稳健的财税政策对财政均衡的恢复起着决定性的作用。据此，如果经济运行良好，国家依据税法合比例地获取更多的税收收入，这是对经济发展成果的分享，由此而增加的税收收入可以更好地投入公共经济和私人经济领域，推动经济发展。然而，法国国王对这种长期性税收政策的考量更多地体现在精简税制、统合税种、更换税收官吏等技术层面，而非现代意义上的扩大税基、培养税源。所以，当债台高筑时，税收政策只会让本就不堪重负的经济体制雪上加霜。从历史的角度看，这是法国封建君主政体的局限性所致；但站在政策施治的立场上，税制的崩溃则要归咎于政策制定过程中长期性财税政策的缺位，如果法国国王能够审慎地协调长期性政策与短期性政策的施政空间，增强政府的抗压能力，虽然不能从历史的局限性中跳出，却能极大地增强国家财政的弹性，并以此维护体制稳定。

　　过度实施不考虑纳税人税收负担能力，仅以追求税收增加为目的的掠夺性税收政策，对税制的毁灭性影响甚至超过了1589—1598年联盟战争危机本身。因为在当时的战争时期，地方税收官吏在没有强有力的中央政府认可的情况下，在整个战争期间仍然继续履行自己的职务[1]，在战争结束后的税制改革过程中，官吏却因为缺乏征税积极性而普遍更愿意成为农民暴动的支持者。从表面上看，财税政策的制定缺乏长远思考是由于财政危机

---

[1] [美]詹姆斯·B. 柯林斯：《君主专制政体下的财政极限——17世纪上半叶法国的直接税制》，沈国华译，上海财经大学出版社2016年版，第48页。

的压力,但究其根源,还是因为缺乏民主法治之基础的财税政策无法得到民众的支持。所以,当法国国王仅以中央政府的需要作为财税政策的正当性来源,税法政策本身的合宪性就应当受到怀疑,法国农民也会通过暴动、欠缴税款等方式表达自己对税收征纳的不合作态度。到了17世纪中叶,动用军队强行征税已经成为普遍采用的手段,军队掠夺抢劫直接导致税基减少,法国国王因此改革财政监察制度来进行监督,防止税源流失,但在法治精神缺失的情况下,财政监察的"新体制"无非是黄宗羲定律的重复演绎。

四、预算法治理念下的财政政策运行的基本逻辑

税收法定主义以对国家征税权的规范与限制为重点。近代以来形成的财税法治理论,更是以民主代议制度及人民代表大会制度为深刻的政治背景,通过民主立法的方式对抗行政擅权。无论是从纳税人保护的视角,还是从政策调控的视角,对于财政政策的肆意性防范总是制度构建的首要考量。概言之,只有经过民主程序制定的法律规范才能产生法律效力,才能有效地约束财政。

然而,法有其局限性。在和平时期,财税法作为国家权力机关依法定程序制定的法,内容明确稳定,有利于实现法的安定性。但是在危机时期,随着财政压力的增加,这种稳定性和安定性就成了"滞后性"。当因为危机时期的利益考量需要在不同的时期对同一税收领域作出截然相反的规定时,反复更改法律规范就会损害法律权威。考虑到政策在社会调控领域起到的积极作用,财税法律需要在危机发生时为财税政策预留更多调整的空间。并不是说财税法在财政危机时期无法发挥作用,恰恰相反,财税法本身就是财税制度运行的核心,财税法中如财税法定、财税民主、财税公平、财税健全等原则不仅是财税法的基石,也应当是制定实施财税政策的价值尺度。从狭义的合法性出发,在"宪法中的财政条款——宪法性财政法律——主干财政法律"财政法律体系规范之下,财税政策的正当性来源于宪法与法律授予了行政机关制定相关财税政策的权力。从广义的合法性出发,财税政策本

身就是一种法律渊源。一方面,法律与国家政策相互交融,国家政策既可成为宪法、法律、行政法规等文件的内容,也可表现为行政规章和其他规范性文件,呈现出政策法律化与法律政策化的双重趋势;另一方面,在破除了政策与法对立的惯性思维之后,可将税收政策作为开放的"回应性法",内化为法治有机、内在、不可或缺的组成部分。

(一)预算法治理念下财税监督的制度性需求

首先,财政监督是法律规范体系内对财政权进行控制的最后一道屏障。如果良好的政策无法被较好地执行,政策意图同样难以实现,尤其是在财政危机的压力下,政府因为财政资金短缺而陷入治理困境,在合法渠道无法满足其收入需求的情况下,其可能产生过量征收、超前征收(将税收作为一笔短期的无息贷款)等非法行为的冲动,进而影响政策功能的实现。因此,无论是从纳税人权利保护的视角,还是从依法制约权力的角度,抑或是从实现税收分配中的公平正义的维度,都要求对财税政策的实施进行监督,并以此对财政权进行约束。其次,在构建财税监督体系的基础上,应当对不同政策的监督范围有所侧重,比如,对长期性税收政策的监督,应当注重调控目的的实现,结合长期性政策的评估效果予以检视;对短期性税收政策的监督,则应当注重纳税人权益的保护,减少地方政府征纳的非税收入。此外,长效化的政策机制需要常态化的监督机制加以配合,构建财税政策的监督体系不仅仅是财政危机时期规范政府行为的临时措施,还应当是政府法治化进程的重要制度建构。财税监督体系的构建对财税法治的发展以及现代国家的政治文明建设都有着深远的影响,政府作为行政立法的主体,应当在法治化进程中承担更大的责任,实现财税政策法治化运行。同时,法治化的财税政策规范体系不仅能够提高财税政策的治理效益,也能起到规范政府行为的效果。

(二)预算法治理念下财税政策运行的合理性需求

法治的逻辑起点在于良法的订立,只有自身品性优良的法才能保证人们对其的认可和服从。法治化的政策自然也应当要求政策具有优良的效果。但政策不同于法律,一项良法在较长的时间内都会对社会起着积极的作用,政策却需要不断地调整以发挥其灵活性功能。第一,政策的调控效果会因不同时期经济社会环境背景的变化而不断变化,比如:危机时期的财政政策应当向危机中受损的经济主体倾斜,以体现法律扶助之功效;在危机结束后,具有不同行业特点的经济主体却会表现出不同的发展趋势,一部分行业会因危机受到打击而萎缩,另外一些行业却会因危机产生大量的需求供给而呈现出井喷式的发展态势。第二,财税政策作为政府调整市场的工具,自身就会对市场竞争产生一定的影响,政策介入市场的过程就是市场环境改变的过程,有时候,政策制定者根据政策出台之前的市场环境并不能有效地判断该项政策是否有效。比如,当政府的强制性干预不尊重市场的自发性力量时,外部调控便会与产业发展的内在规律相背离,不仅难以起到促进作用,反而会阻碍产业的正常发展,最终导致政策失效。第三,财税政策往往和其他政治社会政策相结合,当财税政策无法达到预期的效果时,有可能并非政策本身的调控效果不佳,而是配套措施的缺失导致的。

在这种情况下,需要对政策运行的绩效进行评估,并以此作为政策调整的依据。评价的标准应当包括经济和民主两方面:一方面,通过实证分析调查政策是否对市场经济具有积极的效益;另一方面,通过民主评估调查经济主体对政策的态度和倾向。通过民主评估对财税政策的运行进行评价,对政策的科学性和合法性具有重要意义,既可以弱化计划经济时代遗留下的对政府决策的简单崇拜,也为多方利益相关主体提供了信息交流和利益博弈的平台。[①] 这就要求建立完整的评估机制,并对政府施政提出更高的要求。首先,建立相应的民意反馈机制是民主评估机制的基础。虽然通过短视频、微博、推文等新媒体的形式可以收集大量的信息,但是这些信息却受到网络浏览偏好、新媒体受众等因素的影响。因此,需要完善听证制度,建立线上+线下的模式,广泛收集有效信息,获得更加客观有效的数据。其次,建立多元主体评估机制。政策受众最能够感受到政策效果,但本身的主观性也最强。第三方相对客观,但很难把握政策的痛点。专门的政策评估

---

① 岳彩申、王力理:《产业政策实施中的民主评估机制》,《法学》2010年第9期。

机构形成意见有助于提高评估结果的权威性,但是有可能带有利益倾斜。因此,只有从不同的角度对政策效果进行评估,才能保证财税政策能够兼顾多方利益。最后,还应当注重对与财税政策配套的其他政策进行评估。在评价政策单独效果的同时,考量政策的整体效果,实现政策整体体系的协调与稳定。

(三) 预算法治理念下财税政策制定的法治化需求

作为限制行政权工具的税收法定原则,其含义在于税种、税率、征税范围或税收优惠等税收要素的设定或变动都属于税收基本制度,只能由法律规定。① 该原则的具体功能在于限制将本应由法律进行具体规定的内容授权给行政立法,但也不完全排除向行政立法个案具体授权,而不能满足该条件的应作为一般性且全权委托被视为违宪且无效。② 然而,实现个别的行政立法授权来对立法中的空白进行调整是一种不经济的行为,在经济快速发展时期以此限制政府权力的扩张能够保障市场主体不为肆意的财税政策所累,实现财税法宏观调控以及分配公平之目的。而在危机时期,政府面临经济和政治的双重压力,原有的财政平衡因外在压力而被打破,政府危机决策成为必然需求,在财税法律本身无法妥善地解决财政危机的情况下,仍对政府施政予以严苛之限制殊为不智。因此,不能仅强调法律的统一性、刚性、强制性等,在经济法治理论中,还要关注法律的分散性、柔性和任意性。为了缓和税收法定主义与财税法治理念在法治的刚性、柔性程度上产生的抵牾,财政法应当在危机时期赋予财税政策更多的腾挪空间,保障政府的治理能力。

现代国家政策制定的过程就是政府协调不同主体之间利益矛盾的过程,政府针对社会中存在的问题,以维护和增进公共利益的核心准则制定协调利益冲突的各方面政策③,但社会问题本身并不能成为制定政策的正当性

---

① 刘剑文:《落实税收法定原则的现实路径》,《政法论坛》2015年第3期。
② [日]中里实等编:《日本税法概论》,西村朝日律师事务所、西村高等法务研究所监译,法律出版社2014年版,第17页。
③ 冯静、杨志云:《利益视角下的公共政策过程分析》,《中国行政管理》2009年第1期。

基础,只有与财税法基本价值相协同的财税政策及其他相关的政策共同形成的政策体系,才具有法治与善治之内涵。要达成这一目的,必然要对政策法治化提出更高的要求:加强对政策目的和治理逻辑的审视和研判,保障短期性财税政策与长期性财税政策在数量和质量上的平衡,保障纳税人的利益。长期性财税政策以减税降费、税制改革、债务结构性调整等为主要内容,通过逆周期调控等方式追求中长期的稳定收益。若政府财政拥有足够的财政承担能力,就可以实施大量的长期性财税政策,补益因为危机受损的经济主体,增强其信心,推动经济恢复和发展。但是在政府赤字巨大,财政本身就承受巨大压力的情况下,适度的短期性政策能够保障政府当期的治理能力,维护社会稳定。随着公共产品的范围界定越发宽泛,社会和市场对国家的生产性要求就越强[1],政府收入越高,就越能生产出如"优良的营商环境""有利于经济发展的社会秩序"的公共产品,并以此保障市场经济的良性发展。但是由政府生产的公共产品在效益上也呈现出典型的边际递减效应,过度的短期性政策不仅不会增强当期政府的治理能力,反而会有碍于政府主观能动性的发挥,所以,在政策制定时,应当对短期性财税政策的范围作出严格的限制。此外,财税政策应当与其他政治社会政策相结合:长期性政策的制定应当与经济社会发展规划相协调,形成政策合力;短期性政策则要考虑未来一定时间的政府预算,在政策制定之初就明确规定政策的有效期,减少短期性财税政策的负面效果。

五、预算法治视域下地方政府债务风险的规制路径

一是强化地方债的预算法控制,完善地方债务的管理体制。地方债作为公债,是现代政府财政收入的重要形式。尽管公债具备有偿性的特点,形式上不会侵害人民的权利,但由于它影响到财政的健全性,并且涉及代际负

---

[1] 刘守刚:《国家的生产性与公共产品理论的兴起——一个思想史的回溯》,《税收经济研究》2019年第3期。

担分配,因此必须接受民主统制。有关公债发行的结构、上限、程序以及公债的使用方向、偿还资金的来源等,都应当由法律或地方性法规予以明确规定,公债规模控制、公债资产风险预警、公债发行、公债流通和国债偿还,都必须受到控制和监督。①

《预算法》第三十五条规定了地方政府债务的授权方式、禁止模式、原则性要求和处罚规定。国务院、财政部、发展改革委也出台了有关政府债务管理的一系列规定、措施和安排。② 但仅有这些是不够的,应在这个基础上研究制定出台关于政府债务监督的法律规范,明确规范地方政府的举债权限、资金投向、举债方式、危机处理、偿债责任等,使政府依法举债、依法筹措、使用、偿还,依法接受公众监督。《预算法》及后续文件着重对中央和地方的预算收入进行约束,却未对地方政府的支出责任加以详细规定。这意味着地方政府依然承担诸多事权以外的事责性支出。由此,地方政府不得不继续追求财权范围之外的财力性收入,并依赖中央的转移支付和税收返还。以2014年为例,该年地方政府的总税收收入为174 972.01亿元,而地方政府性基金预算本级收入为57 355.73亿元,中央对地方转移支付收入为100 397.16亿元。③ 由此可见,地方政府"钱少事多"的局面,仅通过预算制度改革难以扭转。

在资金投向及使用效率方面缺乏有效的监督机制,责任划分不明确,使得一些地方政府难以对债务风险形成正确的认识。一方面,要建立有效的风险防范机制,遏制新增隐性债务。围绕地方政府债务规模、结构、资金使用、偿还能力等加强风险评估预警,提高政府债务资金使用效率。另一方面,加强对地方政府债务的全过程管理,加强法规制度建设。建立健全地方政府债务审查监督制度。人大监督是较为理想的监督模式。截至2024年10月,全国已有24个省(区、市)出台实施意见或工作方案,建立地方政府债

---

① 刘剑文、熊伟:《财政税收法》,法律出版社2017年第7版,第16页。
② 参见《财政部关于对地方政府债务实行限额管理的实施意见》(财预〔2015〕225号)、《财政部关于印发〈地方政府一般债务预算管理办法〉的通知》(财预〔2016〕154号)、《财政部关于印发〈地方政府专项债务预算管理办法〉的通知》(财预〔2016〕155号)、《财政部关于做好2018年地方政府债务管理工作的通知》(财预〔2018〕34号)等。
③ 参见财政部:《关于2024年中央和地方预算执行情况与2025年中央和地方预算草案的报告》(2025年3月13日),中国政府网,https://www.gov.cn/yaowen/liebiao/202503/content_7013431.htm,最后访问:2025年4月11日。

务报告制度。多数地方人大都探索建立了听取政府报告债务情况的制度。比如，建立政府财政部门每年向人大报告政府隐性债务化解情况的制度，每半年向人大报告政府债务管理情况的制度，每季度向人大常委会预算工委提供政府债务报表及说明的制度等。

二是完善地方政府融资模式，规范和减少地方政府的隐性债务。与地方政府债务有关的政策几乎从未间断。2010年6月，中央政府提出加强对地方政府融资平台的管理，规范和清理地方政府融资平台的要求。2014年10月，中央要求地方政府采取相关措施，筛查、清理地方政府融资平台债务，通过地方政府债券置换等方式，对地方政府的隐性债务进行显性化处理。2015年12月，财政部对地方政府债务实行限额管理，建立健全地方政府债务风险防控机制，以妥善地处理存量债务。2016年以来，财政部还发布了一系列的规范性文件，强化地方政府债务的限额分配、信息公开、预算监督等工作。①

作为地方政府借债的实际媒介，地方融资平台能够有效地满足地方政府的融资需求，提高储蓄向投资转化的速度，促进国家投融资体系改革和优化，实现地方政府公共建设职能的市场化运作，有效地拉动社会投资。因而在其发展的早期阶段，地方政府投融资平台可以称得上是绕开现行制度约束的金融创新。但由于地方政府债券显性化和市场化程度不足、地方政府举债融资机制不规范，大量违规操作、低效率和不够谨慎的投资纷纷出现，比如部分融资平台的偿付风险过高，财务信息不透明，项目集中于周期较长、资金需求量大的中长期项目，"长贷短存"的资产负债期限错配等问题，使得银行系统的信用风险和流动性风险加大。在宏观层面，以未来土地预期价值作为支撑的、杠杆率很高的地方融资行为高度依赖于中央政府的土

---

① 参见《国务院关于加强地方政府融资平台公司管理有关问题的通知》（国发〔2010〕19号）、《关于印发〈地方政府融资平台公司公益性项目债务核算暂行办法〉的通知》（财会〔2010〕22号）、《财政部关于印发〈地方政府存量债务纳入预算管理清理甄别办法〉的通知》（财预〔2014〕351号）、《国务院关于加强地方政府性债务管理的意见》（国发〔2014〕43号）等，以及《财政部关于对地方政府债务实行限额管理的实施意见》（财预〔2015〕225号）、《关于印发〈地方政府一般债务预算管理办法〉的通知》（财预〔2016〕154号）、《关于印发〈地方政府专项债务预算管理办法〉的通知》（财预〔2016〕155号）、《关于做好2018年地方政府债务管理工作的通知》（财预〔2018〕34号）等。

地调控政策,可能导致宏观调控政策空间受到挤压,国家调整产业结构、转变发展方式的发展战略落实难度加大,深化国企改革的步伐受到牵制,政府信用受到损害,从而阻碍中国社会主义市场经济制度的完善,使国家的货币供给稳定性和货币供给主动性受到威胁等。①

为了规避与控制地方债务膨胀及地方财政"信贷化"带来的潜在风险,要充分重视并加快构建地方债务的风险防范与控制机制。首先,要增强地方政府债务信息的透明度,严格控制地方债务规模。当前中国地方政府债务的构成复杂,各类隐性债务与或有债务大量存在,政府债务信息的透明度较低,不利于对地方政府的信用状况作出判断。其次,要加强中央有关部门对地方债务的监控,建立并完善地方债务风险预警系统。将地方债务纳入统一的国家债务监测体系,制定包括直接显性、直接隐性、或有显性及或有隐性债务在内的完整的地方政府债务统计指标体系,并结合财政、经济、社会发展相关指标,建立地方政府债务风险预警机制,定期汇总、分析地方政府债务的状况、构成,以及新债务产生的原因、趋势,对可能出现的地方政府债务风险进行预警。再次,强化对预算外收支的监管统计,尤其是强化对地方政府和地方国有资产公司担保和隐性担保、体制外支出和相关的借贷以及其他导致政府负债的财政与准财政活动的监管。通过对地方政府性债务的统计分析,及时了解和掌握政府债务的变动情况及其对财政收支平衡的影响,控制政府债务的规模。最后,完善对地方投融资平台的管理,化解地方隐性债务风险。对于一些有发展前景的融资项目,应该有意识地让更多的融资主体来参与。这样既减轻了地方政府的担保压力,又引导了社会资金的介入。同时,对融资平台的操作流程进行规范,杜绝打包获取信贷资金的行为,实行项目管理制,确保银行信贷资金的投放符合监管部门的要求。

三是健全地方债务管理的体系,强化财政事权和支出责任的协调。央地财政分配关系不合理、地方税体系不完善,是导致地方债务膨胀的重要因素。分析地方债务扩张的另一种思路主要基于分税制和预算软约束展开。预算软约束的核心思想是,一个想要社会福利最大化的中央政府会对陷入

---

① 龚强、王俊、贾坤:《财政分权视角下的地方政府债务研究:一个综述》,《经济研究》2011年第7期。

债务危机的地方政府进行救助。在这种预期下,地方政府寄希望于通过"公共池"分担举债成本和谋求事后救助,就有动力进行过度借款和扩大财政支出。在中国的制度环境下,预算软约束被赋予更多的含义。第一,对于需要配套的专项转移支付,其配套资金大多由省级财政承担,专项转移支付可能导致地方政府债务水平上升。第二,分税制导致地方对土地相关收入的依赖,土地融资也是导致地方政府债务增加的重要原因。第三,税收分成比例的提高增强了地方政府扩大债务规模的能力和动机,在弱金融约束下,刺激地方政府债务扩张。总的来看,制度设计影响了地方政府发债的边际成本和收益,预算软约束导致的借贷成本下降和借贷收益上涨是地方政府债务扩张的一个重要原因。

地方政府债务发行与当地经济发展具有强的相关性,受到治理需要、官员晋升激励和地区间竞争等投资冲动的推动。在经济下行期间,地方政府需要实施逆经济周期的财政政策,税收收入的顺周期性会加剧地方财政的压力,并进一步影响地方政府的支出和借贷行为,扩大地方债务规模。在实施财政政策的过程中,中央政府将大量的经济稳定职能赋予地方政府。近年来,为了保障地方经济社会发展的资金需要,推动地方社会事业发展和民生改善,中国地方政府的债务规模不断扩大。目前,县级财政除了对本辖区城乡居民养老保险制度中的参保人给予各种相应补贴外,还要对新农合和城镇居民医保给予相应的补贴,以及对城镇职工的养老保险和医疗保险、城乡低保分担一部分责任,并承担保障性住房支出责任以及农村五保户的供养责任。

地方政府债务问题是地方财力不足的突出表现,迄今为止,中国还未构建一个层级合理、构架清晰的地方税体系。地方税主体税种的缺乏导致地方财政支出缺口甚大,特别是县和县以下的财力严重不足,不得不严重依赖中央和省级政府的转移支付。在改革深水区中实施配套的地方债规范,是解决明确中央、省级、市县级三级的独立税源和自有财力、优化共享财力安排等问题的重要前提。故而,强化地方债务管理体制,要实现省级政府上传下达、统筹协调的作用,既要实现中央与省级、省级与省级以下政府、政府与市场等主体的多元互动,又要合理划分债务职权与责任承担,确保省级政府负总责与市县级政府各负其责。明确政府间的事权划分,合理界定各级政府间的事权与支出职责,分清偿债责任。按照决策责任与筹资责任一致性的原则,决策主体至少应该在原则上对所制定和实施的公共政策的成本承担起责任。对于中央和地方共有的职能,在地方政府管辖范围之内的事务由地方负责,超出地方政府管辖权范围的事务,则应由中央政府出面进行相应的协调。同时,中央政府与地方政府之间,以及地方各级政府之间的事权划分一旦确定,就应当明确化、法治化。属于上级政府的事权而委托下级政府执行的事务,上级政府应负责提供资金。

六、结论

中国以间接税税制为主,财税收入与经济发展结合得更为紧密,在危机时期更应当注重对财政汲取能力的保障,防止因为重大赤字的产生而出现地方政府债务风险和政府治理风险。财税法治体现了纳税人利益与国家利益的和谐统一,既有利于国家的稳定、社会的和谐,又保障了个人的生存和发展,不仅能够在组织收入的过程中调节分配,保障公平正义的实现,还有利于形成一种协调的法律秩序,推动财政改革行稳致远。因此,应当从法治高度对财税政策运行加以把握,加强对政策的程序约束,贯彻民主公平的法治意涵。财税法对地方债务的规制,并非一味地通过红线、监督、评估等方式压缩地方债务适用的空间,而是通过强化地方债务举借、使用、偿还等程序的规范性,明晰政府负债和偿债的空间,增加地方治理的"腾挪空间"和债务举借的弹性,以此在整体上产生推动社会发展和强化国家治理的作用。从这一意义上讲,财税压力也含有某些"黑天鹅"事件的意味,政府通过税收政策及时回应危机时期的市场经济需求,在突破旧有制度束缚的过程中建立新的财政秩序,并适时通过政策法律化的渠道将其上升为法律。

企业国有资产监管

公平竞争视野下国有企业"两非两资"处置过程中的制度控制

段宏磊　邱启雄*

一、问题与思路

"两非"（非主业、非优势）、"两资"（低效资产、无效资产）处置是近年来国资委在国内外经贸形势剧烈变动的背景下推动国有企业高质量发展的重要部署。① 一直以来，国有企业在中国整体国民经济中占据着举足轻重的地位，承担着重要的公共任务。但是，国有企业在中国各产业、各领域的具体作用和经营效率存在较强的不均衡性，在部分领域并不具备长足优势，以致国有资产的运作低效。基于激发经济活力、保障多种所有制经济共同发展的考量，国有企业有必要在一些并不关涉公益和民生的纯竞争性领域适度退出。正是在这种综合考虑的基础上，中国国有企业有必要进行深切的战略性重组和专业化整合，进而对国有资产的投向、企业的产业链布局和组织结构进行调整和优化。② "两非两资"处置任务是这一套部署中的关键一环。《中共中央关于进一步全面深化改革、推进中国式现代化的决定》要求，应当"进一步明晰不同类型国有企业功能定位，完善主责主业管理，明确国有资本重点投资领域和方向。推动国有资本向关系国家安全、国民经济命脉的重要行业和关键领域集中，向关系国计民生的公共服务、应急能力、公益性领域等集中，向前瞻性战略性新兴产业集中"。

---

* 段宏磊，湖北经济学院法学院副院长、副教授，湖北经济法律研究院执行院长、腾龙青年学者；邱启雄，北京德和衡（武汉）律师事务所主任。
① 刘丽靓：《国资委推动企业加快清退"两非""两资"》，《中国证券报》2021年7月20日，第A01版。
② 时杰：《深入推进国有企业战略性重组和专业化整合》，《现代国企研究》2023年第9期。

"两非两资"的处置除涉及与国有资产运营、监管相关的公共政策外,也与一国的竞争秩序、竞争政策密切相关。"两非两资"的处置本身也是整合国有企业与优化配置企业国有资产的过程,且基于国有企业自身属性的独特性,相关规则安排是在政府积极推进和直接干预中稳步实施的。在这一过程中,以各级国资委为代表的监管机构的决策、实施和监督程序,除有必要保证企业国有资产的高效配置这一公共目标外,也将对公平竞争的市场秩序产生长远影响,这当中既可能涉及不同国有企业之间的竞争关系,也可能涉及国有企业与民营企业间的竞争关系。以公平竞争价值对国有企业"两非两资"的处置过程予以规则控制极具必要性,也是在国企改革进程中容易被忽视的一个秩序盲点。

故此,本文旨在依托公平竞争的视野,对国有企业"两非两资"处置过程的规则控制问题开展探讨。本文将首先系统地讨论"两非两资"处置中涉及的竞争关系类型,以此体现公平竞争议题在"两非两资"处置中的价值所在;继而则以此为依据讨论处置进程中的规则控制问题。

二、国企"两非两资"处置过程中涉及的竞争关系类型

国有企业"两非两资"的处置主要包含双重意蕴:一是对企业国有资产投资经营范围的调整,主动对非主业、非优势领域的企业国有资产予以适度退出,进而强化确保国有企业在关系国民经济命脉和国家安全的重点行业中的应有作用,实现"抓大放小";二是对国有企业经营效率的改造升级,对于不符合效率标准的低效、无效企业国有资产,予以适度清退,进而确保国有企业在保值增值能力方面的强化,确保"降本增效"。《企业国有资产法》第七条规定:"国家采取措施,推动国有资本向关系国民经济命脉和国家安全的重要行业和关键领域集中,优化国有经济布局和结构,推进国有企业的改革和发展,提高国有经济的整体素质,增强国有经济的控制力、影响力。"《企业国有资产交易监督管理办法》第二条规定:"企业国有资产交易应当……有利于国有经济布局和结构调整优化……"

在"两非两资"处置过程中,以各级国资委为代表的监管机构实际上充当着市场替代者的角色,即政府机构取代了市场自身的优胜劣汰原则,按照自身制定的标准和程序,以强行干预的形式决定一部分国有企业的生死。当然,考虑到国有企业自身与政府公权力的天然相关性,其运作过程本身缺乏市场自然竞争力量带来的退出机制,这种由政府主导的退出也是一种不得已之举。这种代行市场力量的处置过程,决定了其在波及市场公平竞争方面可能存在的隐忧,一旦处置中欠缺公允判断或用力过猛,可能会损及市场应有的竞争秩序。

概括而言,在"两非两资"处置中,共涉及如下三组竞争关系。

(一)国有企业与国有企业之间的竞争关系

"两非两资"处置是在同一系统内比对不同的国有企业,判断何者有必要存续、何者可适度放弃或退出的过程,这必然涉及不同的国有企业之间经营效率问题的判断。依照一般市场规律,长期无法依照商业标准取得盈利的企业显然应该退出市场,这符合优胜劣汰的公平竞争一般要求。

但是,在国有企业处置问题上,上述问题又颇显复杂性。一方面,在中国的国民经济运行体系中,国有企业承载着极为复杂的功能,它除作为一般市场主体参与市场竞争和优胜劣汰以外,又"是中国特色社会主义的重要物质基础和政治基础,是党执政兴国的重要支柱和依靠力量"[1],国有企业在完善公共服务、改善社会民生、践行社会责任和维护国家安全等方面发挥着重要功能[2],这些价值是难以依照以营利为目的的市场逻辑予以公允判断的。另一方面,即便在纯市场性议题上,国有企业也会在不同行业、不同领域具有异质化的效率表现,难以依照一个统一的规则建构处置标准。概而言之,国有企业之间竞争关系的复杂性决定了"两非两资"处置必须是一个系统性的工程,其标准和程序必须建立在对不同类型、不同业务、不同发展状态的

---

[1] 《习近平主持召开中央全面深化改革委员会第十四次会议》(2020年6月30日),求是网,http://www.qstheory.cn/zdwz/2020-06/30/c_1126179116.htm,最后访问:2024年8月1日。

[2] 李响:《论国有经济的主导力量定位——〈宪法〉第七条的规范诠释》,《现代法学》2016年第4期。

国有企业充分细查之基础上。否则,一旦操之不当,甚至滑落至追求简单粗暴的"一刀切",就有可能导致错判,将并无必要退出的企业予以清退,或在处置过程中出现"漏网之鱼",这可能扰乱国有企业内部系统之间应有的差序性竞争格局,形成劣币驱逐良币的局面。

(二) 国有企业与民营企业之间的竞争关系

如何妥当地处理国有经济与民营经济之间的关系,一直是中国改革开放进程中绕不开的重要议题。基于资本来源和管理属性,民营企业在运营过程中通常完全遵循市场逻辑,若其经营不善而致使资不抵债,则应当按照优胜劣汰的原则有序退出;与之相比,国有经济则存在较多的国家投资、干预和扶持因素,这些国家参与因素有助于确保国有企业的运营保障和增进公共利益,但也有可能使低效运营的国有企业长期难以退出市场。故此,如何在制度设计层面平等地对待国有企业与民营企业之间的竞争关系,是一个十分重要的经济法治议题。① 从这个角度而言,"两非两资"处置的过程,实际上是中国国有资产管理体制进一步向市场逻辑靠拢的体现,它真正意义上发挥了市场在资源配置中的决定性作用。毕竟,由于公共政策对国有企业的补贴、扶持和庇佑,国有企业常在竞争待遇上享有适度优于民营企业的条件,如更便利的信贷条件、更宽松的监管环境、更具优待性的政府补贴等。② 在企业退出阶段,这种优势待遇仍存在一定程度的体现,即由于政府直接、间接的支持因素,部分已不具备盈利能力乃至长期停摆的国有企业并未从市场中退出,而呈现出奇特的"僵尸企业"形态。③

现代竞争理论认为,竞争政策的制定和实施应符合竞争中性要求,即任何企业不能因其具有公共所有权因素而获取任何相较其他企业的净竞争优势(net competitive advantage)。④ 毫无疑问,"两非两资"处置有助于体现

---

① 刘大洪:《市场主体规则平等的理论阐释与法律制度构建》,《中国法学》2019年第6期。
② Deborah Healey. *Competitive Neutrality and Its Application in Selected Developing Countries*, UNCTAD Research Partnership Platform Publication Series, 2014, p.12.
③ 徐业坤、陈十硕:《产业政策与僵尸企业形成》,《经济理论与经济管理》2023年第11期。
④ See Council of Australian Governments, *Competition Principles Agreement 1995*, Clause 3 Subclause (1).

该原则,进而助推处于低效运营状态的企业国有资产尽快腾挪空间。于政府而言,这一过程有助于提高国有资产的运营效率和节约成本;于市场而言,这本身也是化解和消除国有企业净竞争优势的过程,使国有经济、民营经济尽可能处于平等且对等的发展环境,公平竞争。

(三)政府行为与市场行为之间的竞争关系

如前所述,"两非两资"处置本身就是以政府干预取代市场机制的过程。《反垄断法》第五条第二款规定:"行政机关和法律、法规授权的具有管理公共事务职能的组织在制定涉及市场主体经济活动的规定时,应当进行公平竞争审查。"《公平竞争审查制度实施细则》第二条则进一步规定,行政机关以及法律、法规授权的具有管理公共事务职能的组织在制定市场准入和退出、产业发展、招商引资、招标投标、政府采购、经营行为规范、资质标准等涉及市场主体经济活动的规章、规范性文件、其他政策性文件以及"一事一议"形式的具体政策措施时,应当进行公平竞争审查,评估对市场竞争的影响,防止排除、限制市场竞争。经公平竞争审查认为不具有排除、限制竞争效果或者符合例外规定的,可以实施;具有排除、限制竞争效果且不符合例外规定的,应当不予出台或者调整至符合相关要求后出台;未经公平竞争审查的,不得出台。简言之,即要求通过实施公平竞争审查的形式,识别和防范政府行为排除、限制竞争,谨防其扰乱市场规律。①

依上述法律法规之逻辑,在各级国资委安排和部署下的"两非两资"处置过程也应开展公平竞争审查,确保处置过程符合公平竞争的要求。但值得注意的是,《公平竞争审查制度实施细则》第十七条又规定,若政策措施属于"维护国家经济安全、文化安全、科技安全或者涉及国防建设""为实现扶贫开发、救灾救助等社会保障目的""为实现节约能源资源、保护生态环境、维护公共卫生健康安全等社会公共利益"等情形的,则可依照一定的程序和规则豁免实施公平竞争审查。该规定对指导"两非两资"处置具有重大意

---

① 刘大洪、邱隽思:《推动民营经济发展背景下的公平竞争审查制度改进研究》,《法学论坛》2019年第2期。

义:基于国有企业的独特属性和在中国国民经济整体运行中的重要地位,在一些市场盈利可能性较低,但关切国家安全、公共服务或民生福祉的领域,国有企业可能呈现一种长期存在但又不得不"经营不善"的局面,此时,国有资产表面上的低效化运营是换取在该领域一系列公共价值或政策目标的对价,这就是国有企业常见的"政策性亏损"现象。①

进一步讲,政府行为和市场行为各自具备自身独特的竞争优势:前者适于解决和关注社会公共性问题,故有必要在一些特殊领域保留国有企业,即便在收益上可能是不划算的;后者则适于解决私人物品的提供问题,以民营企业为主开展公平竞争、优胜劣汰。如果忽略掉公共领域"政策性亏损"的特殊性,片面地以此类企业账面表现不佳而将其归类为"两非两资",忽视其理应适用豁免规则而免于公平竞争审查,就有可能导致"两非两资"处置过程中发生误判,使国有企业的整合造成对公共利益的损害,这是不妥当的。

正是由于同时关涉上述三类竞争关系问题,在国有企业"两非两资"处置过程中,必须以公平竞争原则为指引,对处置过程进行必要的规则控制。这主要包含两个层面:一是应当对处置对象设置稳固化、法治化的标准,使处置过程得以依循标准化的判断基准与公允程序,确保清退对象符合公平竞争价值,即对象遴选规则;二是在"两非两资"处置告一段落后,应继续系统地推进国有企业的内部治理规则及其相关法律制度之改革,确保"两非两资"处置后的国企整体布局符合竞争友好型的理想愿景,即配套治理规则。

三、"两非两资"处置中的对象遴选规则

国有企业"两非两资"处置中的对象遴选规则,应当以国有企业类型化为识别基石,通过账目分离和商业考虑两大规则予以系统构建。本部分将围绕这一议题展开讨论。

---

① 段宏磊、刘大洪:《混合所有制改革与市场经济法律体系的完善》,《学习与实践》2015年第5期。

（一）对象遴选规则的基石：国企类型化

国企类型化规则应成为对象遴选的基石，这有助于为"两非两资"处置确立正当边界与适度的豁免范围，具体而言，"两非两资"处置应当与长期开展的国企分类改革整体规划相契合。

国企分类改革是近年来党和政府在推进国有企业改革过程中的重要指导原则，早在2015年8月24日出台的《中共中央、国务院关于深化国有企业改革的指导意见》（中发〔2015〕22号）中，即要求"根据国有资本的战略定位和发展目标，结合不同国有企业在经济社会发展中的作用、现状和发展需要，将国有企业分为商业类和公益类。通过界定功能、划分类别，实行分类改革、分类发展、分类监管、分类定责、分类考核，提高改革的针对性、监管的有效性、考核评价的科学性，推动国有企业同市场经济深入融合，促进国有企业经济效益和社会效益有机统一"。在具体分类标准和实践改革操作中，国有企业主要划分为商业类国有企业和公益类国有企业两类。商业类国有企业又进一步分为两类：一类是主业处于充分竞争行业和领域的商业类国有企业（以下简称竞争性商业类国有企业）；另一类是主业处于关系国家安全、国民经济命脉的重要行业和关键领域、主要承担重大专项任务的商业类国有企业（以下简称功能性商业类国有企业）。根据具体类型的不同，各类国有企业在运行中将适用不同的社会目标、资本形式、法人治理结构和评价体系。分类改革是中国国有企业改革过程中非常重要的一次思路转变：它开始从以资本结构为标准走向以功能主义为标准的分类模式，并在此基础上有针对性地设置不同的政企关系。① 整体而言，根据具体功能的不同，公益类国有企业、功能性商业类国有企业和竞争性商业类国有企业呈现出从强调社会公益性到越来越强调市场化和营利性的渐变过程②，在这一渐变过程中，政府对国有企业进行公共控制的程度越来越弱，国有企业的运行目标、资本形式、法人治理结构和评价指标等均向越来越符合市场化的标准演

---

① 顾功耘、胡改蓉：《国企改革的政府定位及制度重构》，《现代法学》2014年第3期。
② 黎桦：《〈民法总则〉法人类型体系的反思与改进——以国有企业分类改革为视角》，《社会科学》2019年第4期。

变,政企关系越来越"分开"①。

国企分类改革为"两非两资"处置带来的启示是:对于公益类国有企业,基于发挥"保障民生、服务社会、提供公共产品和服务"的考虑,不能草率地以是否属于国有企业的主业或具备竞争优势、国有资产经营是否低效化运营为标准判断其资产能否处置。依照政府行为与市场行为差序化竞争的原则,依托于国有企业开展的公共服务活动,不能单纯地依照一般市场竞争逻辑予以简易评价。换言之,在这些领域中企业国有资产盈利能力的低下,是其实现公益性功能必然支付的成本。故而,对于公益类国有企业,应豁免实施"两非两资"处置程序,另行依循其他处置标准;只有商业类国有企业才能成为"两非两资"处置的遴选对象。这一逻辑也符合《反垄断法》与《公平竞争审查制度实施细则》设置的基于公共利益的竞争豁免规则。

(二)"两非"遴选规则的筛选标准:账目分离

账目分离规则是指,国有企业的商业活动与非商业活动所需的成本、资产、负债以及运行绩效等均应实现账目上的分别设立,彼此之间不存在相互挪用、调剂和补贴的情形。② 账目分离规则是很多发达国家对国有企业明文设立的内部治理规则。在德国,如果国有企业在从事一般经营性业务之外,还被委托从事特许经营业务或公共利益类业务,则应当分别"开设独立账户用于统计成本及收益。所有的成本与收益必须依据客观、合理的与被统一应用的成本核算基本原则而被归列入各个领域"③。

在中国,不论是《企业国有资产法》还是其他国有企业相关法律法规,均未对账目分离规则作出明确规定,但极有必要将该制度引入进来,使其成为确立"两非"处置对象的筛选标准。根源在于,依照前述国企类型化的逻辑,

---

① 段宏磊:《竞争政策适用于国有企业的限度与法制重构》,《西南民族大学学报(人文社会科学版)》2021年第2期。
② See OECD, *Competitive Neutrality: Maintaining a Level Playing Field between Public and Private Business* (September 3, 2012), https://www.oecd.org/en/publications/competitive-neutrality_9789264178953-en.html, last visited on July 20, 2020.
③ 参见德国《关于实施欧共体等2000/52号指令之法律》第一条、第三条。转引自顾功耘主编:《当代主要国家国有企业法》,北京大学出版社2014年版,第173—174页。

仅商业类国有企业有必要开展"两非两资"处置,公益类国企则可豁免该要求;但商业类国有企业并非铁板一块,而是进一步分为竞争性商业类国有企业和功能性商业类国有企业两类。对于前者而言,此类企业从事的是纯粹营利性、竞争性业务,其所属产业是否属于非主业、非优势国有企业领域,通常仅靠一般市场逻辑即可判断,不存在困难;但对后者而言,此类企业从事的业务具有双重性和交叉性,问题则复杂许多。功能性商业类国有企业的经营领域属于"关系国家安全、国民经济命脉的重要行业和关键领域",且"主要承担重大专项任务",政府在此类企业中渗透着复杂的多元化目标,除需按照一般市场规律确保国有资产保值增值的营利性标准外,还承担推行产业政策、维护国家安全、扩大投资和就业等一系列公共职能目标。① 此类企业在整体国有企业中的比例举足轻重,统计数据表明,截至2023年1月底,央企涉及国家安全、国民经济命脉和国计民生领域的营业收入占总体的比例超过70%。② 功能性商业类国有企业经常呈现出竞争性业务与非竞争性业务相互交织、相互混同的状态,此时,如果不将两类业务通过账目分离的形式进行各自独立核算,就可能因"交叉补贴"现象的存在,致使很难真正揭示此类企业盈利能力的实际情况。

实践中,部分国有企业可能会将其运营公益类业务获得的财政支持和其他政策优惠,用于补贴其竞争性业务,致使其竞争性业务呈现"虚假繁荣"的局面,获得民营企业不具备的净竞争优势,这便会在判断其是否属于非主业、非优势企业时,出现假阴性;反之,部分国有企业也可能会因公益类业务负担过于繁重,而拖累、影响其竞争性业务的表现,致使其外在营收表现不佳,出现民营企业不具备的净竞争劣势,此时也会使非主业、非优势企业的判断出现假阳性。故此,必须将账目分离规则引入其中,在筛选非主业、非优势国有企业时,首先将功能性商业类国有企业的竞争性活动与非竞争性活动所需的成本、资产、负债以及运行绩效等分别设立账目、各自考察。对

---

① 参见[美]热拉尔·罗兰:《私有化:成功与失败》,张宏胜、于淼、孙琪等译,中国人民大学出版社2013年版,第19页。
② 王希:《国企改革三年行动,带来哪些改变?》(2023年2月1日),中国政府网,https://www.gov.cn/xinwen/2023-02/01/content_5739479.htm,最后访问:2024年3月20日。

待竞争性活动,应完全依循商业规则判断其盈利能力;对非竞争性活动,则要适度宽容,重点考察其公益价值的实现程度。不能在两类业务未能有效剥离的前提下,草率地对国有企业整体业务是否属于"两非"作出不公允的判断。

(三)"两资"遴选规则的识别依据:商业考虑

对于公益类国有企业,应豁免适用"两非两资"处置;对于功能性商业类国有企业,则应依照账目分离规则将其竞争性业务与非竞争性业务剥离,主要依照竞争性业务的账目表现判断其是否属于"两非"。由此产生的最后一个疑难问题是:对于竞争性商业类国有企业,或功能性商业类国有企业中的竞争性业务部分,究竟采纳何种标准识别企业国有资产是低效或无效的?这一标准即所谓的商业考虑规则。

国有企业的竞争性业务辐射至各行各业,不同行业各自依循不同的商业回报率标准和发展周期,难以为其寻得一个统一的判断国有资产运营效率的标准;而且在国有企业内部,基于其运营过程中可能获得的政府支持的便利,有关价格、质量、流通、信贷等生产要素的指标可能是扭曲的,无法完全反映与普通民营企业相对等的成本表现。比如,在涉及能源、资源、特许经营等行业的国有企业中,较多的企业无须周期性地为购买或租赁市场准入牌照支付高额成本,这便使其经营状态显著区别于普通民营企业。此时,企业国有资产经营高效与否,难以通过简单的账面标准予以识别。如果引入商业考虑规则,对企业国有资产是否属于"两非"的考察则出现如下两点不同:其一,在企业的经营成本上,将依照同行业非国有企业的一般商业情境对国有企业的账面成本进行核算,也就是说,将国有企业的真实成本还原为相关市场一般民营企业的情形,进而真实折射其竞争地位和相应状态;其二,在前述基础上,将依照所处行业非国有企业的一般商业回报率标准,去考察对象国有企业的经营状况。如果有证据表明,该国有企业已经长期无法取得符合该一般商业回报率标准的盈利,那便表明,从事竞争性业务的该国有企业实际上已经无法纯粹靠市场优胜劣汰规则存续,即应将其视为"两资"企业,应当按照一定程序有序清退。①

概而言之,在"两资"对象遴选过程中,商业考虑规则为处置标准的识别确立了精细化且符合商业规则的依据,值得尽快引入实践操作之中。

四、"两非两资"处置中的配套治理规则

即便依照上述对象遴选规则择取符合要求的"两非两资"国有企业并清退,此项工作也并非一劳永逸的。"两非两资"处置的本质是在符合市场竞争逻辑的基础上,对国有企业开展的一次系统性改革活动,只有利用"两非两资"处置的契机,深切地以公平竞争为价值基础,对国有企业开展一系列配套治理机制的改革,方有助于稳固处置成果,确保国有企业长期保持高效运营与有序竞争。为实现这一目标,如下两方面配套治理规则应当在"两非两资"处置后稳步开展。

(一)依托国企分类改革推进配套法治完善

国有企业分类改革已稳步推行近10年,取得的成绩毋庸置疑,但遗憾之处在于,中国并未依托国企分类改革之成果,相应建立起与之相匹配的一整套法治体系。国有企业的配套法律制度依然依托于以《企业国有资产法》为主的简单框架。未来,有必要依照公平竞争的基本价值体系,依照公益类国有企业、功能性商业类国有企业、竞争性商业类国有企业各自的禀赋、运营状态和实际功能的不同,建立有关国有企业法律属性、治理目标、考评指标等方面的层次化、差序性法治保障格局。②

一是国有企业法律属性体系的层次化构建。对于公益类国有企业,应当将其定位为不以营利为目标的特别法人,其职责为提供公共服务和落实

---

① Australian Federal Government, *Commonwealth Competitive Neutrality Policy Statement*, 1996, pp.16-19.
② 段宏磊:《竞争政策适用于国有企业的限度与法制重构》,《西南民族大学学报(人文社会科学版)》2021年第2期。

各项公共职能。对于功能性商业类国有企业,应当将其定位为营利、非营利目标交织的混合法人,其职责为在实现国有资产保值增值的效率性目标的同时,有效地落实其在关系国民经济命脉和民生领域的社会责任。对于竞争性商业类国有企业,应当将其定位为纯营利法人,其职责完全为确保国有资产保值增值和提升竞争能力。

二是国有企业治理目标体系的层次化构建。对于公益类国有企业,其治理目标为增进和完善其公共职能,故并不鼓励投资主体的多元化,仅在条件具备时鼓励非国有资本参与投资,必要时仍可以采取国有独资的形式;为了确保有效的政府公共控制,公益类国有企业并不完全实行政企分开,企业的独立运行在一定程度上会受到政府限制。对于功能性商业类国有企业,其治理目标要兼容营利性和公益性;其资本来源应具备开放性,在保持国有资本控股地位的前提下,对非国有资本参股持积极的鼓励和支持态度;治理过程中要确保政企分开,除了实施符合法律要求的外部监管以外,政府不应对其运营进行直接控制和干预。对于竞争性商业类国有企业,其治理目标应完全符合营利性企业法人的要求;其资本来源最具开放性,国有资本可以控股,也可以仅参股,全力推进投资主体多元化;治理过程应当完全推行政企分开,实施现代公司治理结构和股份制改革。

三是国有企业考评指标体系的层次化构建。对于公益类国有企业,不必然要求其具备盈利能力,而是根据国有企业的具体情形,有区别地考核经营业绩指标和国有资产保值增值情况,重点考核与落实公共职能有关的成本控制、服务质量、营运效率和保障能力,并要引入社会评价体系,以提高对公益类国有企业公共职能的监督力度。对于功能性商业类国有企业,应当符合营利性法人的一般要求,即应考核其经营业绩指标和国有资产保值增值情况,与此同时,鉴于其所涉领域的准公共服务属性,还要加强对其服务国家战略、保障国家安全和国民经济运行、发展前瞻性战略性产业以及完成特殊任务的考核。对于竞争性商业类国有企业,其评价指标应完全着重考核其经营业绩、国有资产保值增值情况和市场竞争能力。

(二) 革新国有企业法人治理结构的基本框架

应依托于国有企业分类改革的基本框架,探索符合不同类型企业的组织形态及其法人治理结构。在此之前,中国国有企业法人治理结构的改革主要按照现代公司制企业法人的路径予以开展,公司制企业法人治理结构是国企改革的主流叙事,这在处理营利性国有企业法人治理结构上并无问题。但是,公益类国有企业打破了企业以营利为目的的属性限制,本质上是政府为了实现特定社会目标而设立的特别法人,对其适用营利性公司法人治理结构有"张冠李戴"之嫌。① 故此,应当探寻专门适用于公益类国有企业的、迥异于公司制的新型法人治理结构,对此,《民法典》上的特别法人制度可供借鉴。② 进而形成"公司制法人-商业类国有企业"和"特别法人-公益类国有企业"的双线并行的国有企业法人治理结构框架。

至于商业类国有企业,应当在现行《公司法》和《企业国有资产法》规定的基础上,进一步探寻公司法人治理结构的深度改革。具体而言,上文所述在"两非两资"处置中作为筛选标准而适用的账目分离规则和商业考虑规则,理应渗透进商业类国有企业运行的日常环节,使其成为国有企业法人治理结构的常态化制度设计。一方面,对于功能性商业类国有企业,应当要求其在日常运营中将竞争性业务与非竞争性业务在账目上分别设立,两类业务各自的成本、资产、负债以及运行绩效等各自呈现,各自开设独立账户,分别接受不同标准的监管,且两类业务之间不存在相互挪用、调剂和补贴的情形。另一方面,对于竞争性商业类国有企业,要将符合商业考虑的回报率要求作为其日常运营的评价标准,如果此类国有企业连续三年难以达到商业回报率的标准,则自动进入拟清退的企业名单范围,以此确保国有企业在竞争领域常态化的优胜劣汰机制的实现。

---

① 黎桦:《民法典时代〈全民所有制工业企业法〉的复兴》,《西南民族大学学报(人文社会科学版)》2021年第7期。
② 连重阳:《论特别法人的逻辑反思与发展进路》,《新疆大学学报(哲学社会科学版)》2023年第6期。

五、结语

"两非两资"处置并非仅是国有企业改革语境内的单独议题,更是事关多种所有制经济共同发展、整体公平竞争秩序的构建和国民经济的长期稳定运行。正视其中的公平竞争议题,并在此基础上对国有企业"两非两资"处置的对象遴选与配套治理予以规则设计,有助于确保国有企业经营管理过程中的竞争合规,也有利于在长远意义上真正确保中国国有企业的高质量发展。希望本文提出的若干对策建议有助于启迪学界对国有企业竞争政策相关问题的深入研究,同时对国企战略性重组与专业化整合过程中的顶层制度设计有所增益。

企业国有资产法的基本范畴与配套监管体系优化

刘大洪　高　严*

一、引言

从传统经济学理论来看,市场经济本质上就是一种带有竞争性质的经济发展模式。英国近代经济学家马歇尔曾做过这样的描述:"竞争可以是建设性的,也可以是破坏性的。"①现代市场经济在其发展过程中并非仅靠自身能够解决所有问题,诸如负面外部性、公共商品的供应以及市场信息不均衡等市场失灵问题,都凸显了国家和政府在市场经济中的重要性,为国有资产的存在提供了初步且合理的依据。随着公权力行使过程中的偏离,国家介入的副作用开始显露,政府失灵的问题逐渐成为与市场失灵相互对立的一个新问题。正如经济学家阐述的,公共选择理论往往被阐释为政府政治失灵理论②,在政府介入纠正市场失灵和进行治理的过程中,存在权力寻租、政府效率不足等现象,这可能会导致国有资产使用效率低下,甚至增加资产流失的风险,尤其是在中国向市场经济体制改革转型的时期,国有资产问题也给经济发展带来了不小的阵痛。因此,在利用政府"有形的手"解决市场问题之时,也需积极预防由干预行为产生的负外部性问题,避免导致政府失灵的情况发生。

尽管中国学术界对此主题的讨论已相当丰富,但是在法律制度监管方面的探讨却相对匮乏。现有的研究大多侧重于特定行业或产业的国有资产

---

* 刘大洪,中南财经政法大学法学院教授、博士生导师;高严,中南财经政法大学法学院博士研究生。
① Alfred Marshall, *Principles of Economics*, Springer, 2013, p.4.
② James McGill Buchanan, *Liberty, Market and State—Political Economy in the 1980s*, Wheatsheaf Books Ltd., 1986, p.256.

分析,对于企业国有资产作为一个整体概念的系统阐释和理解不足。此外,从学科交叉的视角来看,绝大部分研究倾向于采用经济学和管理学的视角,而缺少融合法学知识体系的全面分析。[①] 近年来,习近平总书记重申国有资产的获取并非易事,并强调了加强国有资产监督管理的重要性。

鉴于此,必须采用法学综合视角来探讨企业国有资产的核心含义、范围以及相关法律体系的构建。这样的研究不仅有助于应对中国企业国有资产在转型期遇到的具体挑战,而且有利于在掌握基本概念的前提下关注企业国有资产监管的长期问题,有效地利用企业国有资产在补充市场与政府双重失效方面的作用。值得注意的是,理论层面的"企业国有资产法"与实际规范执行层面上的《企业国有资产法》在概念理解和应用上存有差异。在理论层面,"企业国有资产法"倾向于理论框架的搭建和概念的明确。它探讨了国有企业改革的理念、目标以及法律规制的根本准则,包括如何将公法和私法原则融入国有企业的法律体系,以实现更优的制度构建。[②] 实际中的《企业国有资产法》则集中于法律条文的制定与执行。该法律主要涵盖了履行出资人职责的机构、国家出资企业管理层的选聘与评价、国家对国有资产的监管等议题。其目的是通过明确的法律规定,标准化国有资产管理,确保国有资产权益,并提高国企适应市场的竞争力,提升经营效率,防止国有资产流失。理论研究为实际法律提供了理论支持和指导方针,实际法律则是这些理论的具象化和应用。此外,国有企业改革和管理的实践也不断地对既有理论提出新的问题和挑战,促使理论不断发展和完善。这也为进一步推进企业国有资产体制改革、促进中国特色社会主义市场经济体系的发展以及推进中国式现代化建设的进程提供坚实的理论基础。

二、企业国有资产的法理基础与范畴界定

随着中国经济社会步入新常态,国有企业也在整体经济大局中扮演着

---

① 银晓丹:《企业国有资产监管法律制度研究》,中国社会科学出版社 2017 年版,第 2—4 页。
② 何源:《国企法律规制的理念转型与体系融贯》,《政治与法律》2023 年第 3 期。

不可或缺的角色,其资产管理与法律规范直接关系到国家的经济安全和社会稳定。对企业国有资产的内涵进行准确界定,以及对其法律解读的深化,不仅是法学研究的需要,也是实践中优化资源配置、提高经济效益的迫切需求。在探索的过程中,不仅要对法律规范的字面意义予以关注,更要重视其背后的经济理论、政治哲学以及社会文化因素,以期构建一个多维度、深层次的理解框架。

(一)中国相关法律对企业国有资产的界分

1. 企业国有资产的法律定义及其发展

就企业国有资产的整体规模来看,中国毫无疑问地具有世界上最庞大的国有资产。从现行的法律规定上来看,1992年财政部发布的《国有资产评估管理办法施行细则》第三条首先以评估客体为切入点,提出凡依法取得、国家投资形成或受赠取得的固定资产、流动资产和无形资产,均属国有资产评估范围,为后续立法奠定了资产形态的外延基础。1993年国务院国有资产管理部门颁布的《国有资产产权界定和产权纠纷处理暂行办法》第二条在此基础上从产权归属视角系统化地界定"国有资产",将国家对企业的多元化投资及其收益,以及对行政事业单位资金拨付所形成的资产统一纳入国有资产范畴,从而实现了对既有评估对象的权属确认与制度衔接。2007年通过的《物权法》(其相关规定也被现行《民法典》的物权编保留)进一步明确了国有资产的范围和性质。特别是原《物权法》第四十五条(现为《民法典》第二百四十六条)明确了国家所有权的定义,属于国家所有的财产即全民所有,由国务院代表国家行使所有权,除非其他法律另有规定。2008年通过的《企业国有资产法》在第二条中对国有资产进行了总体性定义,认定为国家通过各种形式对企业的出资所形成的权益。这一系列法律文本,从初步界定到详细规定,构建了关于国有资产定义的法律框架,不仅体现了国有资产管理的法律基础,也反映了中国在国有资产管理方面的演进和深化。

需要注意的是,企业国有资产与国有企业的资产并非同一概念,这是目前许多学者及行业实践者常见的混淆。首先,不应自动地将获得国家投资的企业归类为国有企业。世界银行对国有企业的定义为政府拥有或控制的经济实体,其主要收入来源于其产品和服务的销售。通常所说的国有企业,是指那些资本全部或主要由国家提供的企业,这些资本或相应形成的股份归国家所有。此外,根据国际上普遍接受的准则,如果政府的投资占企业总资本的50%以上,或国有资本在企业总资本中的比例超过10%,并且这些企业受到国家或政府的控制或具有控制性影响,那么这些企业也应被认定为国有企业。① 简而言之,国有企业的种类包括全民所有制企业(国有独资企业)、国有独资公司以及国有控股公司等。与此同时,虽然国有参股企业中含有国有资本和相应的收益,但它们并不被归类为国有企业。具体来说,在国有独资企业中,全部的资本和收益均归国家所有。相比之下,在国有控股企业和国有参股企业中,国家仅持有一部分的国有资本和相应收益。此外,拥有法人资格的国有独资企业、国有控股企业和国有参股企业都具备独立的法人财产权。② 换言之,在这些企业类型中,资产属于企业本身。对于国有独资企业、国有控股企业和国有参股企业,国家及其他投资者的投资本质上是对企业资本及其产生的收益的持有,即股权所有权。所谓"国资立法",主要针对的是经营性国有资产,即那些属于企业的国有资产③。其不仅包括国有企业的财产,还包括国家作为出资人在多元股权结构的股份制企业中拥有的国有股份以及享有的国有股权。其下又可以区分为金融类经营性国有资产和非金融类经营性国有资产。其中,非金融类经营性国有资产即属中国现行的以出资人监管为标志的国有资产管理体制的监管范围。

2. 中国企业国有资产的基本特点阐释

通过对国有资产定义的演变、特征及其在国家经济发展中扮演的角色进行分析,能够揭示企业国有资产概念内涵的丰富性和复杂性,从而探明企业国有资产管理和法律规定中体现的中国特色,以及这些特点如何影响国有企业的改革、发展和国家经济的整体布局。整体来看,中国国有资产具有以下三个特点。

---

① 史际春:《国有企业法论》,中国法制出版社1997年版,第10—18页。
② 关于具有法人资格的企业是否具有财产权,学界一直存在争议,尚无定论。我国在立法上也对此采取模糊的概念,即"法人财产权"的说法。
③ 李昌庚:《国有财产法原理研究——"国有资产法"正本清源之一》(修订版),中国社会科学出版社2015年版,第54页。

首先，中国的国有资产覆盖范围广泛，包括多种类型。这些国有资产不仅涉及具体的物权，例如归国家所有的自然资源、公共资源、基础设施、文化资产，还包括地上权、地役权、抵押权、矿产权、渔业权等各类权利性国有资产。此外，还涵盖股权、债权等形式的证券类国有资产，以及财政金融领域的国有资产。

其次，关于中国企业国有资产，不存在传统意义上的公产与私产之分。根据中国《宪法》第十二条的规定，国家所有与集体所有的财产被定义为公共财产。这种定义基于财产的所有权属性，而非其是否用于公共用途的特性，因此，与大陆法系国家中公产的概念并非完全相同。同时，《民法典》在其物权章节中，并没有对国有资产按照不同的性质和功能进行分类，也没有清晰地说明其物权条款是仅适用于国家的私有财产，还是同样适用于公共财产。因此，按照中国法律体系，企业国有资产的分类并不基于公私产的概念来划分。

最后，对企业国有资产的理解应区分广义与狭义两个层面。广义上的国有资产泛指所有属于全国人民共同拥有、使用、受益并由国家代表全国人民管理的财产，通常理解下的企业国有资产可以分为三大类：资源性国有资产、行政性国有资产和经营性国有资产。狭义上，国有资产主要指经营性国有资产，也就是国家作为出资方，依法在企业中持有的资本及其产生的收益。这一定义包括三个主要方面：一是企业实际使用的国有资产；二是行政事业单位持有的、非经营性资产中转换为经营用途以实现盈利的部分；三是投入生产经营活动中的国有资源。[①]

（二）企业国有资产的法理依据与市场角色定位

1. 基于经济法视角的法理依据

市场机制虽广受推崇，但并非无懈可击，其固有的失灵问题也不容忽视。因此，政府通过其"有形之手"对市场进行必要的调控，成为维系经济稳定与发展的关键。国家直接投资便是政府干预市场的主要方式之一，通过

---

① 顾功耘等：《国有资产法论》，北京大学出版社2010年版，第4—5页。

此种方式构建国有企业并形成国有资产。在私人资本回避、难以介入或完全无法涉足而社会又迫切需要的领域,国家投资起到填补市场空白的作用。国有资产在弥补市场缺陷、提供公共产品与服务方面也发挥着重要作用。尽管国有企业及其出资机构——国资委并未直接承担社会公共经济管理的职能,但是政府的相关职责往往通过国有企业的运营得到体现,使得国有企业转变为执行社会公共经济管理职能的关键载体。[①] 这样的安排使得企业国有资产的存在并非仅仅追求盈利,而是在多种情况下追求非营利目的,甚至在政策允许的情况下承受亏损,以实现更广泛的国家和社会目标。

在企业国有资产补救市场失灵的同时,由于其固有的国家所有及公权力特征,难免伴随着政府失灵的潜在负面效应,这就要求对企业国有资产进行精准定位,并加强对其监管的力度。然而,在监管过程中,政府失灵的风险仍然存在,需要谨慎应对。因此,市场失灵与政府失灵之间的双重压力凸显了经济法在平衡两者之间的关系、确保经济秩序和社会福祉中扮演的关键角色。

2. 基于民商法视角的法理依据

长期来看,学术界一直讨论通过市场化改革让国有企业及其资产在公平竞争的环境中运作,以提升国有资产的使用效率。实际上,推动企业国有资产向市场化转型确实能够增加绩效,然而考虑到企业国有资产固有的行政垄断性质以及在市场竞争中可能出现的利益冲突,这些资产往往更倾向于依照行政化的规则进行操作。因此,简单地依赖企业国有资产的彻底市场化并不能全面解决问题。解决策略应更倾向于退出市场中非必要的企业国有资产,对于市场确有需求的部分,则应尽可能地进行市场化运营。在这一过程中,除了公法的调整,还需融入民商法等私法手段的调节,以实现更为平衡和有效的管理与运作模式。

从当前的发展趋势来看,中国庞大的企业国有资产体系在一定程度上阻碍了主体平等、公平竞争以及等价有偿等市场价值观的培育与实现。这

---

① 朱羿锟、张宝山:《中国式现代国有企业治理:理论证成与实践进路》,《重庆社会科学》2023年第5期。

种体系容易引入公法元素,对于促进私法,特别是民商法的要素则相对不利。这种现象在一定程度上限制了民商法及相关私法领域的发展和繁荣。因此,准确地定位企业国有资产并推动国有企业向市场化转型,不仅对促进民商法和其他私法领域的发展至关重要,而且与保护公民个人的私有财产权紧密相关。

3. 企业国有资产的市场角色定位

在对企业国有资产市场定位进行法理上的分析时,概括来说,企业国有资产主要集中在市场经济中私人投资力不从心或不愿涉足的领域。这些领域涵盖了基础设施建设、对国民经济至关重要的支柱产业、先导产业、存在瓶颈问题的产业及正处于发展初期的新兴产业。同时,企业国有资产在生态环境保护、科技创新等关键领域的项目以及需要国家特别支持的地区扮演着至关重要的角色。① 首先,基础设施建设及与公共利益紧密相关的非竞争性领域,通常是政府投资和运营的关键范畴。需要特别指出的是,即使在这些非竞争性领域内,也应考虑向具有竞争性的领域过渡。当私人资本具备能力并愿意承担特定领域的建设与运营任务时,政府应当鼓励并支持民间资本的参与。其次,竞争性领域也可能成为政府为实现特定社会或经济目标而进行阶段性投资和经营的目标领域。这包括补足关键行业的缺口、支援欠发达地区的进步、缩小地区间的经济差异以及投资于风险较高的新兴产业等。再次,一些特定行业需要由国家持有或直接经营,如矿产资源、土地资源、航空业以及其他涉及国家安全的关键产业。最后,作为发展中国家,中国肩负着加速经济发展的任务,这一特点也让企业国有资产在特定领域承担了推动技术创新、促进产业升级以及加速经济结构转型的关键作用。

(三) 中国企业国有资产市场化转型的现状与挑战

在部分发达国家的发展历程中,私有财产的价值观念占据了核心位置,这些国家在历史上虽然可能经历过国有化的阶段,但是企业国有资产在其经济体系中从未成为主导力量。这些国家中企业国有资产在整体经济中的

---

① 刘大洪主编:《经济法学》,北京大学出版社2007年版,第310页。

占比相对较低。相对地,苏联和东欧等社会主义计划经济国家,在其历史发展过程中曾出现过企业国有资产占经济体量比例较高的情况。这种现象在很大程度上是受到计划经济体制的影响。随着苏联解体和东欧国家经历私有化浪潮,企业国有资产的占比显著下降。

中国的经济发展路径在一定程度上与苏联和东欧国家相似,历史上同样经历了企业国有资产大量存在的时期。改革开放以来,随着经济体制的持续转型,中国企业国有资产的占比逐步降低。但相较于其他类型的国有资产,企业国有资产的占比依然相对较高,行政性垄断和与民企竞争资源的现象在一定程度上仍旧存在。根据国务院发布的数据,到2022年年底,中国国有企业的资产总量达到339.5万亿元人民币,负债总额高达218.6万亿元人民币,资本权益总额则为94.7万亿元人民币,表明平均资产负债率为64.4%。① 从资产负债规模来看,地方国有企业的资产和负债规模大约是中央企业的两倍以上。具体而言,地方国有企业的资产总额达到230.1万亿元人民币,负债总额为145.0万亿元人民币,从而使得平均资产负债率为63.0%;中央企业的资产总额、负债总额和平均资产负债率分别为109.4万亿元、73.7万亿元和67.3%。在金融资产方面,中央国有金融资产在总体上保持着主导地位。具体数字显示,中央国有金融机构的资本权益、资产总额及负债总额分别为19.1万亿元、261.6万亿元和234.7万亿元。与此相比,地方国有金融机构的相关数值分别为8.5万亿元、139.3万亿元和123.5万亿元。② 通过对企业国有资产市场定位的分析也可以看出,中国的企业国有资产还未完全实现市场化转型。

中国企业国有资产的市场化转型并未完全实现,这在一定程度上影响了国有企业相关立法的深度和广度。在一些市场经济更为成熟的国家里,国有企业通常被视为一种特殊的企业类型,采取"一特一法"或"一类一法"

---

① 《国资管理公布最新"账单":2022年全国国有企业资产总额339.5万亿元》(2023年11月5日),央视新闻网,http://ysxw.cctv.cn/article.html?item_id=13633952324873042236,最后访问:2025年3月25日。
② 《国务院关于2022年度国有资产管理情况的综合报告——2023年10月21日在第十四届全国人民代表大会常务委员会第六次会议上》(2023年10月27日),中国人大网,http://www.npc.gov.cn/npc/c2/c30834/202310/t20231027_432641.html,最后访问:2025年3月25日。

的立法方式,即对于每个国有企业或特定类型的国有企业,设立专门的法律以有效地调节国有资产及其监管机制是常见做法。① 例如,在美国,针对田纳西河流域管理局的运营,便有专门的立法来进行规范和管理。相较之下,中国尽管早期就制定了《全民所有制工业企业法》及其实施条例,但这些法律法规主要阐述了国有企业的经济地位,对企业与国家之间的财产权关系的界定并不明确。② 此外,虽然《企业国有资产法》和近期修订的《公司法》对国有资本及其权益问题进行了一定程度的规制,包括对国有独资公司和国有控股公司的规范重构,但这些规定仍主要围绕一般企业法律框架展开,没有充分考虑到国有企业的特殊属性和经济法属性。这种立法状况反映出,尽管中国在国有企业及其资产管理方面取得了进步,但与市场经济的快速发展相比,相关立法仍有完善和深化的空间。

企业国有资产的监管,受其固有的公权力属性影响,确实面临着效率不足的问题。这一属性使得国有企业在运营时可能过分地依赖行政手段而非市场机制,从而在一定程度上降低了管理和运营的效率。对于中国当前经济社会发展来说,企业国有资产及其法律框架向市场化转型不仅构成了优化国有资产监管法律体系的根基和起点,同时也体现了在社会转型期国有资产监管面临的复杂性与挑战。

三、企业国有资产监管的法律问题与现实挑战

随着市场经济的不断演进和经济全球化的加速,确保企业国有资产的高效监管不仅关乎国家经济的核心安全,也是推进市场经济健康发展的重要基石。这也需要在对企业国有资产概念界定的基础上,透彻考察配套监管体制的架构、职能及其执行成效,针对发现的问题和挑战,深入分析其背后的原因,探求改进之道。

---

① 李昌庚:《国有企业法研究——深化国有企业改革若干法律问题透视》,中国政法大学出版社2021年版,第159—160页。
② 顾功耘等:《国有资产法论》,北京大学出版社2010年版,第11页。

（一）国有资产管理体系与监管主体存在法律争议

中国已逐步建立了一个包括法律、行政法规、部门规章及司法解释在内，全面覆盖企业国有资产管理、监督与纠纷处理机制的法律框架。这套体系以《企业国有资产法》为核心，以民商法原则作为基础，构建了坚实的法律支撑。在国务院的领导下，财政部、国资委等关键的国有资产监督管理机构发挥中心作用，建立了企业国有资产监督的规范体系，引导监管措施的有效实施。① 该法律体系内容丰富，跨越立法、司法以及行政管理等多个维度，为企业国有资产的综合监管提供了全面的法律架构，形成了一个独立完善的法律体系。

然而，从整个企业国有资产管理法律体系的内部审视，依然能够发现其规则与主体权责存在一定的抵牾。在中国，国有资产的管理体系呈现出一种分散的格局：一部分经营性国有资产归国有资产监督管理机构负责，另一部分由财政部门管理，还有部分特定行业（如铁路、烟草和科教卫生领域）的经营性国有资产由各自相关的机构或部门承担管理职责。这样的安排导致了一个涵盖中央、地方到区县三个层级的管理体系。尽管《企业国有资产法》试图建立一个"统一所有，分级管理"的框架，但这一目标在实际操作中并未完全实现。② 这种分散的管理体制往往引发机构职能的重叠、人员配置不合理、多头管理以及各类规定和制度之间的不协调和冲突，进而导致管理体制和法制不统一，成为影响国有资产有效管理的核心障碍。

国企改革向市场化的转型，要求国有资产监管机构既代表国家行使所有权，又作为市场参与者履行出资人的角色参与资产交易和管理。然而，中国资产监管机构目前处于一个微妙的位置：从行政授权的角度看，它们与国家之间维持着行政管理的公法关系；从市场的角度出发，这些监管机构与被投资企业之间则构成股东与企业的私法关系，扮演着股东的角色。③ 这种双

---

① 朱炜、李伟健、綦好东：《中国国有资产监管体制演进的主要历程与基本特征》，《经济学家》2022年第2期。
② 谭静、李尚、范亚辰：《〈国有资产法〉立法的理论与实践问题研究》，《财政研究》2023年第9期。
③ 刘筠筠主编：《国有资产管理法律与政策研究》，中国政法大学出版社2018年版，第84页。

重身份意味着:国资监管部门在纵向关系中需遵循行政指令,执行政策;在横向关系中,它们需作为平等主体,尊重企业的自主权,追求企业价值的最大化。这一角色的双重性导致行为准则和行为模式之间的冲突,使得处理企业利益与国家利益的冲突变得复杂。在实践中,企业利益往往让步于政府利益,行政干预的问题难以完全消除。监管机构既是出资人又是监管者,这种"自我监管"的模式不可避免地带来许多问题。《企业国有资产法》将国资监管部门定义为承担出资人职责的实体,但这一定位面临制度上的障碍,难以实现政企分离的改革目标,也不利于国有资产的有效监督和价值增长。[①]

(二)企业内部"所有者"代表在合规管理上有所缺位

依据《企业国有资产法》的规定,国有资产监管机构通过委派的方式选择股东代表、董事和监事,具有向受其投资的企业派遣代表的权力,以保障国家作为出资者的权益。[②] 这些被国资委派遣的代表,尽管在企业内部的角色并不等同于政府公职人员,他们的日常管理职责却依照公务员体系进行。在多数大型国有企业里,这些由国有资产监督机构选派的高层管理人员,即便在企业内部担任董事、监事等职务,也同样维持着公务员的身份与政府官员的等级。这种身份的特殊性,使得当其个人经济利益与企业的发展不一致时,他们对于监督职责的投入可能会减少。更严重的是有可能出现与企业管理层的串通现象,存在为了个人利益而损害企业权益的潜在风险。为应对这一问题,自2003年起,国资委开始实行一套将企业高管的业绩考核与薪酬管理及企业绩效挂钩的政策,旨在鼓励他们更加积极地参与企业管理。然而,国资委承担的双重任务——确保国有资产的保值增值和促进经济社

---

① 徐晓松:《公司控制视阈下中国公司治理法律制度研究》,中国政法大学出版社2022年版,第167页。
② 《企业国有资产法》第二十二条规定:"履行出资人职责的机构依照法律、行政法规以及企业章程的规定,任免或者建议任免国家出资企业的下列人员:(一)任免国有独资企业的经理、副经理、财务负责人和其他高级管理人员;(二)任免国有独资公司的董事长、副董事长、董事、监事会主席和监事;(三)向国有资本控股公司、国有资本参股公司的股东会、股东大会提出董事、监事人选。国家出资企业中应当由职工代表出任的董事、监事,依照有关法律、行政法规的规定由职工民主选举产生。"

会的稳定增长——时常会让这两个目标之间的平衡成为挑战。社会经济稳定往往具有更高的优先级,这要求企业管理者不仅要追求企业利益最大化,还需考虑更广泛的社会经济效益,即在"圣人"与"能人"之间找到平衡点。① 在这样一个复杂的背景下,企业管理者面临着如何在追求企业经济效益与履行社会责任之间作出合理选择的难题,这种内在的矛盾也凸显了现行体系在确保职责明晰、有效监管方面存在的困境。

在现行的先商后仕的职业发展趋势下,企业内部的管理者可能更倾向于追求"圣人"的形象,这种取向难以恪守以效率为先的管理准则。这样的偏好可能导致他们为了政治业绩而采取短视的行动。② 近年来,在一些国有企业的高级管理人员中出现贪污腐败,进一步凸显了国有资产监督和治理的复杂性。尽管《企业国有资产法》对企业管理者设定了诚信的法律义务,实际上如何确保这些管理者在面对公司与国家、个人与国家利益冲突时恪守诚信义务仍然面临困难。《公司法》和《企业国有资产法》在实施过程中表明,虽然法律试图建立有效的公司治理结构,但实际操作中往往未能达到预期效果。企业的实际控制权成为影响利益分配的关键因素,与人事安排、行政任命、薪酬政策及绩效评估等因素紧密相连,大多掌握在企业管理层的手中。③ 面对众多国有企业,国有资产监督管理机构在监管上难以面面俱到,无法精细地管理每一家企业的运营。因此,防范管理者的道德风险,确保其不背离诚信原则,已成为实现国有资产管理体系成效的关键。

(三)国有资产监管的内外约束机制存在缺陷

作为国务院和地方政府委托负责国有资产管理和监督的部门,国有资产监督管理机构行使的是国家的行政管理职权。这种权力的行使与行政法律关系的适用,是国企国有资产监管责任界定中的复杂问题之一。例如,备受瞩目的"全国最大股权转让纠纷案",即陈发树与红塔集团之间的股权转让案,在其审理过程中引发了社会公众的广泛关注。根据中国财政部的相

---

① 刘筠筠主编:《国有资产管理法律与政策研究》,中国政法大学出版社 2018 年版,第 85 页。
② 张素华:《论国资委法律地位的再定位》,《求索》2009 年第 11 期。
③ 王宏淼:《中国国企改革过程中公司治理特征、挑战与对策》,《经济纵横》2022 年第 6 期。

关规定,财政部担任该股权转让审批的责任机构。按照程序,中国烟草总公司作为红塔集团的控股母公司,应向财政部提交红塔集团的股权转让申请。然而,中国烟草总公司拒绝提交该申请,并中止了审批过程。原告陈发树认为,中国烟草总公司没有审批权,其拒绝提交的行为无效,应继续向上级报告。尽管如此,最高人民法院的民事终审判决并未采纳其观点;[1]陈发树对中烟集团批复提出的行政诉讼请求也被北京市第二中级人民法院驳回,法院认为中烟集团的行为并不构成具体的行政行为,因此不在行政诉讼的受案范围之内。这导致陈发树在股权转让的过程中遭遇司法上的困惑:在民事诉讼中,法院确认了中烟集团批复的法律效力;在行政诉讼领域,又不将中烟集团的批复视为适用于行政审查的对象。这一矛盾的司法判断实际上体现出监管上的真空状态。进一步地,考虑到国有资产监管机构是依照国家授权行使监督管理职能的,它们的不作为有可能触发行政诉讼。但是,法律对于这类诉讼主体的资格还缺乏明确的规定,这使得涉及监管不作为的诉讼超出了传统行政诉讼关注的具体行政行为的范畴。[2] 在这种情况下,如何界定诉讼的性质、确定利害关系人的举证责任及其证明标准,无疑需要在理论研究和法律实践中进行深入探讨和明确,以消除当前面临的监管盲区,解决法律适用的困境。

《企业国有资产法》构建了一套旨在监督国有资产管理的内外部机制,外部监督主要通过人民代表大会的监督和政府的审计监督来实现,内部监督则依托于公司治理结构。[3] 然而,在外部监督层面,人民代表大会的监督范围相对有限,监督响应机制显得不够灵活。审计监督的效果也因审计机构及合格审计人员的数量有限,而未能对众多国有企业实施全面监督,导致监督效力不足。在内部监督方面,受内部人员配额限制等因素影响,企业监事会和独立董事等监督机制普遍失效。同时,中国尚未建立起有效的经理人市场和工会监督等制度,这些缺失进一步弱化了内部监督的功能,为国有

---

[1] 参见"陈发树与云南红塔集团有限公司一般股权转让侵权纠纷案",最高人民法院(2013)民二终字第42号。
[2] 梅傲寒、石晓波:《论国有资产公益诉讼的价值功能与完善路径》,《南京社会科学》2019年第8期。
[3] 何源:《国企法律规制的理念转型与体系融贯》,《政治与法律》2023年第3期。

资产保护和投资者权益维护带来实际挑战。除了对国有资产监管部门行为性质的讨论之外,企业国有资产管理中的多项程序规定及其法律效力同样饱受争议。例如,对于未经评估或市场化交易的国有资产转让行为的法律效力,以及在集中竞价交易过程中,如公告发布、报名、提交保证金、招标拍卖等步骤的法律属性和效力认定缺乏明确规定。在实际操作中,不同的监管机构对于这些规则的解读存在差异,进而影响了交易的稳定性和可预测性。这一系列问题不仅凸显了现有法律规范的不足,也指向了加强和明确国有资产管理程序法律规定的迫切需要。

四、企业国有资产配套监管体制的改革与优化建议

依据《关于深化国有企业改革的指导意见》和《关于国有企业功能界定与分类的指导意见》,中国国有企业分类改革的目标已经被明确设定。对于那些在充分竞争的行业中运营的商业性国有企业,监管重点是加强对集团公司级别的管理,确保董事会依法履行重大决策、人事任免、薪酬分配等职责,同时保障管理层的经营自主权,并推广职业经理人机制。对于那些业务关系到国家安全、国民经济命脉的重要行业和关键领域,或主要负责重大专项任务的商业性国有企业,监管重点则是加强国有资本的配置监督,引导企业聚焦主营业务,以更有效地支持国家的重大战略和宏观经济政策。① 面临不同企业的功能定位,如何逐步调整国有股权的比例以及如何构建具有多元化股权结构、规范化股东行为、有效的内部约束机制,并确保运营的高效与灵活性的公司治理体系,已经成为当前亟须解决的新课题。

(一)重塑国资委的角色以促进"政资分离"

在企业国有资产的监督管理体系中,政府扮演着既是政策制定者又是

---

① 段宏磊:《竞争政策适用于国有企业的限度与法制重构》,《西南民族大学学报(人文社会科学版)》2021年第2期。

资本拥有者的双重角色。这种"政资一体"的模式不仅妨碍了政府与企业的有效分离,也妨碍了不同所有制企业之间的公平竞争,并且对保护国有资产所有者的权利及提高行政管理效率均产生不利的影响。在国有资产管理和监督职能上,国资委被赋予既是民事参与者又是行政主体的双重法律身份,这种身份的设定使其在参与不同法律关系时容易发生职能上的混淆,特别是在民事领域中行使行政权力时,可能引发对被投资企业的不当行政介入。① 进一步地,管理和监督在概念上并非平行关系,监督应针对国有资产的管理进行。然而,国资委将监督和管理的职能集于一体,自身既是管理者也是监督者,这就形成了一种自我监督的局面,即在某种意义上既是监管者又是被监管对象。这样的机构设置容易造成监督的弱化和管理职责的错位,监督不力和管理失当的情况因而时有出现。为了解决这些问题,亟须在制度上进行改革和优化,明确分离政府的行政职能和企业管理职能,建立有效的监督机制,以确保国有资产的有效管理和利用,促进公平竞争,保障国家利益。

为了有效地推进"政资分离",主要措施可概括为以下三点。首先,建立分离的职能架构。这意味着除了负责行政管理职能的政府部门外,还应设立一个独立的部门专门负责国有资产的所有者职能,或指定特定的政府部门来专职履行这一角色。其次,明确划分职能界限。具体来说,就是将原本由各个政府部门共同或分散执行的国有资产所有者职能统一划分给专门的国有资产所有者职能部门,并明确其与行业管理、宏观调控及行政监督等职能的界限。② 此外,虽然主要由国有资产所有者职能部门执行相关职能,但在某些情况下,仍需与其他政府部门联合行动或将职能委托给相关部门执行。最后,为加强监督力度,应当深化以党内监督为主导,融合出资人监督、纪检监察、巡视、审计、财务会计及社会监督等多维度监督机制,完善企业内部的监督体系。通过持续优化责任清单管理,灵活调整授权范围,并发展一个垂直联动、实时互联的数字化、智能化的监管框架,有效地提升国有资产监管的精准度、专业性和成效。这一系列措施的实施,旨在优化国有资产管

---

① 王鹤翔:《国有企业走出公司法的新路径:以〈国有资本投资运营公司法〉建构为核心》,《财经法学》2022年第6期。

② 漆思剑:《否定之否定:国资委监管职能之未来回归》,《江西社会科学》2019年第1期。

理与监督体制,确保"政资分离"得以顺利进行,从而促进国有企业的健康发展和国有资产的有效保护。

(二) 推动国有资本投资者交易行为的市场化改革

2023年6月,中共中央办公厅和国务院办公厅共同发布了《国有企业改革深化提升行动方案(2023—2025年)》,也称"新三年计划"。该计划的核心目标是推进市场化改革,这代表了政府对经济活动的控制将更加宽松。计划中强调以建立和完善具有中国特色的现代企业制度为主要任务,包含深化三项制度改革,全面推动建立以中国特色现代企业制度为核心的新型经营责任体系;优化并加强"三重一大"决策流程,改进董事会的架构,增强引进外部董事的力度,旨在提升国有企业的治理效能;完善收入分配机制,使其更加精确、灵活、规范而高效,进而激发干部员工的积极性、主动性和创造力。[1] 从法律的角度看,市场化改革的实施需要满足三个关键条件:第一,企业应作为私法主体存在,其经营活动不应承担社会管理职责;第二,企业的主体资格应被视为平等的,即在法律面前享有平等的保护;第三,企业的自治权应受到法律的保障,政府的干预应限于必要范围,企业的行为主要受私法调整。这些改革特征不仅标志着国有企业改革的深化,也预示着国有经济领域法律保护和政策支持的加强。

在对国有资产配套监管体制进行改革之后,之前属于国资委和集团总公司的国有资产出资人权益被转移至国有资产运营机构,该机构因此成为代表国家行使股东权益的实体,对国有集团总公司或其他国有企业进行投资。此举意在使国资委专注于国有资产的监督职能,财政部则承担代表国务院履行国有企业授权职责的角色,并基于此形成一个划分明确的新型国有资产监管体系,该体系明确区分了所有权与经营权、管理权与监督权,以及政府权力与企业资本经营权。[2] 在这一体系下,位于体系第三层的国有企业被定位为负责具体运营的实体,这些公司在法律性质上与混合所有制企

---

[1] 王希:《事关新一轮国企改革 国务院国资委这样部署》,《经济参考报》2024年3月4日,第6版。
[2] 许晨曦、孟大虎:《国有企业协同创新的内在逻辑、模式构建与行动策略》,《求是学刊》2023年第2期。

业、私营企业无异,都是市场化的商业实体,享有平等的法律地位,并受市场竞争的自由和平等原则以及民商法的规范。与此同时,国有资产投资公司或专业运营公司作为国有资产的出资人,与国有集团或公司之间的关系按照《公司法》所规定的股东与公司的关系进行定义,其资本注入和股东权利的行使等活动都遵循市场规则,受到《公司法》及其他商业法律的调整。① 这种改革不仅促进了国有资产监管体系的专业化和市场化,也为国有企业提供了与私营及混合所有制企业同等的市场竞争环境,旨在通过法律和制度的支持,增强国有企业的市场竞争力,确保国有资产的有效管理和增值。

(三) 构建国有资产监督管理与运营分权制度

对于国有企业而言,建立现代企业制度的核心挑战集中在两个根本性问题的解决上:其一,需要明确政府与企业在产权关系上的权利与义务界限;其二,要在体制和机制层面推进政企分离。针对这些问题,关键的解决策略在于建立一个科学的国有资产监管体系。这一体系采用"政府授权机构—国有资本(投资)运营公司—国有公司"的模型运作,此模式旨在解决现有"国资委—国有集团公司"模式中存在的政企不分问题。② 之所以选择如此分权体制,就是要实现以下三个方面的目标。

首先,国资委在国家和地方政府的授权下,负责对国有资产履行监督职能,将职责专注于国有资产的运营监督。这种监督权的赋予基于国务院或地方政府的授权,意味着监督范围由过去的自我监督转变为针对国有资产运营机构的专项监督。同时,监督方式也从以往的内部、不透明的监督模式,转向更为开放和透明的外部监督模式。这样的改变有助于提高监督效率和效果,确保国有资产的保值增值。通过明确的授权机制和专责监督,旨在加强对国有资产运营机构的管理和指导,确保其运作的规范性和透明度,进而促进国有企业的健康发展和国有资产的有效利用。此外,这种监督体系的改进也意味着国有企业将在更加公平和开放的环境中进行市场竞争,

---

① 汪青松:《国家出资公司治理模式选择与法律制度保障》,《政治与法律》2023年第9期。
② 刘筠筠主编:《国有资产管理法律与政策研究》,中国政法大学出版社2018年版,第89页。

有利于推动国有企业的现代化管理和市场化改革。

其次,政府也可建立全资国有资产运营子公司,这些子公司受政府的委托,专注于国有资产的市场化管理和运营,目的是促进国有资产的保值和增值。考虑到国家作为国有资产的所有权主体,并非具体个体,而是一个法律抽象概念,代表国家成立国有资产运营公司的实际主体应该是谁成为一个问题。以中国 A 股市场的国有上市公司为例,其实际控制人(承担国家出资人的职责、享有出资人权利的实体)包括中央和地方两大类,中央层面涉及国资委、中央政府机关及中央国有企业,地方层面则涵盖地方国资委、地方政府及地方国有企业等。① 这表明,实际享有国家出资人权利的实体并非单一,而是包括国资委在内的多种机构,这使得国有股权和集团公司治理变得更加复杂。为了规避国资委可能的自我监督问题,建议由其他国家行政部门(财政部)来设立国有资产运营机构。在这种安排下,国资委与国有资产运营公司之间的关系发生转变,不再是简单的投资者与被投资者、股东与公司的关系,从而有效地避免了监督过程中的自我监督问题,确保国资委不直接参与国有资产的具体运营活动,避免了潜在的个人或部门利益冲突,实现了行政监督权与国有资产经营权的彻底分离。通过政府的授权,这些运营机构将履行国家出资人的角色,专业化管理和运营国有资产。

最后,国有资产运营公司的成立和日常运作完全基于私法体系,其一切活动均遵循民商法律的规定。在这一框架下,国有资产的授权管理可以视为一种商法上的信托活动,其中,政府部门作为国家的代表担任委托人的角色,国有资产运营公司则作为受托人,负责国有资产的运营管理。② 这种信托关系涉及国有资产管理和运营活动,将根据信托法的相关法律规定进行调整和监督。当国有资产运营机构接受政府的授权,获得国有资产的管理和使用权后,它投资国有企业并持有股份,因此成为该国有企业的股东,代表国家履行出资人的职责。作为股东,国有资产运营机构

---

① 李昌庚:《国有财产的中央与地方关系法治考量》,《上海财经大学学报》2011 年第 4 期。
② 蒋大兴:《论国有企业的"公司法构造"——一种法律技术主义的路线》,《吉林大学社会科学学报》2023 年第 6 期。

的行为同样受到《公司法》等商业法律的约束和调整。这样的安排既强化了国有资产管理的法律基础,也确保了国有企业运作的市场化和法制化,促进了国有企业的健康发展和国有资产的有效利用,同时保障了国家利益和公共财产的安全。

(四)优化企业国有资产的诉讼保护体系

学术界常对一个难以解释的现象表示关注:当国有资产遭遇流失或侵害时,似乎缺乏一个明确的主体能够代表国家所有权,或以保护国家所有权的名义提起法律诉讼,以排除这种侵害。在中国的法律框架下,当国有资产受到损害时,似乎没有一个具体的机构或个体拥有以国家所有者的身份提起民事诉讼的权利。即便审视中国的《宪法》或《民法典》,也未明确授权任何机构或个人代表国家行使保护国家财产的权利。这一现象导致的后果是,不仅普通公民无法为国家所有权受损寻求司法救济,即便是政府机构——包括那些理应专门代表国家行使司法诉权的检察机关——也未被授予提起保护国家所有权司法救济的权力。① 这种情况凸显了国有资产保护机制的一大漏洞,即缺乏有效的司法救济途径来防范或挽回对国有资产的损害。

因此,随着国有资产监管体系的改革和重构,迫切需要对国家作为出资人的角色和法律地位进行重新界定。只有明确了国家出资人的法律地位,才能确立国有资产保护的法律诉讼主体,设计出符合法律规定的诉讼程序,从而为国有资产的有效保护提供法律上的保障。② 这不仅涉及对现有法律的修订和完善,更关乎如何在法律框架内构建一个能够有效防止国有资产流失和侵害的监管与保护机制。这样的法律和制度创新,将对加强国有资产的管理与保护、维护国家经济安全具有深远的意义。

---

① 徐海燕:《论实现共同富裕的法律途径——以国家所有权制度为视角》,《北京理工大学学报(社会科学版)》2022年第2期。
② 于莹:《公权力嵌入国有公司治理:理据及边界》,《政法论坛》2024年第1期。

五、结语

鉴于国家所有权固有的公权力特性,企业国有资产面临市场与政府双重失效的挑战,这凸显了对企业国有资产定义的澄清与监管方式的创新的紧迫需求。监管效果的优劣,实际上是国家公权与市场私权博弈与均衡的结果。这就要求打破对国家所有权的神话化理解,以理性的视角重新审视企业国有资产的监管,准确界定国有企业的出资人角色,进行出资人制度的反思与重塑,并在此基础上构筑完备的企业国有资产监管法律体系。

资产管理公司发展与治理

资产管理公司助力"双碳"目标路径探索

梁世昌*

一、引言

"双碳"又称碳达峰、碳中和,是全球社会应对气候变暖的行动。欧盟计划 2050 年碳排放量和吸收量达到均衡。① 中国的目标是到 2030 年实现碳排放达到顶峰,到 2060 年实现碳中和。② 中国政府正致力于制定并实施一系列政策和措施,以应对气候变化并推动低碳发展,希望能促进中国实现高质量发展的目标,同时,中国也正在构建绿色金融体系,来支持低碳转型。③

实现碳达峰、碳中和目标,将对高碳产业带来巨大的风险,可能导致利润下降,企业资产风险加剧。然而,碳中和目标也将创造超过 1 000 亿元人民币的低碳投资需求。④ 在这一过程中,中国的各个行业将面临严峻的转型压力,发展低碳产业需要巨大的资金支持,从而使绿色金融市场快速发展和壮大,同时,也为绿色信贷市场带来新的方向。在"双碳"战略中,资产管理公司作为化解金融风险、防范金融危机、促进实体经济发展的重要机构,能发挥独特的功能优势。首先,资产管理公司在"双碳"战略下,通过强化逆周期金融调节功能和化解金融风险,支持实体经济的低碳化转型。利用其区

---

* 梁世昌,广西大学工商管理学院副教授、博士生导师。
① 丁仲礼:《中国碳中和框架路线图研究》,《中国工业和信息化》2021 年第 8 期。
② 马骏:《绿色金融如何支持中国"30·60目标"》,《国际金融》2021 年第 5 期。
③ 陈艳、潘瑶:《绿色金融助力碳中和的实践探索与思考——以浙江永嘉为例》,《现代商贸工业》2022 年第 7 期。
④ 中国金融学会绿色金融专业委员会课题组:《碳中和愿景下资本市场的机遇与挑战》,《金融市场研究》2021 年第 12 期。

域资源优势,这些公司可以协助企业优化生产方式,并促进低碳业务的发展。其次,资产管理公司可以通过调整投资组合①,增加绿色低碳资产的配置比例,例如,投资可再生能源项目和环保科技企业,从而推动绿色金融发展,促进可持续经济增长。最后,资产管理公司应当积极抓住"双碳"战略带来的机遇,优化资产配置,加大对绿色和低碳企业的支持力度,推动绿色金融的进一步发展。通过重视"双碳"战略,资产管理公司可以在推动区域经济可持续发展的同时,实现稳增长、防风险和提质效的金融目标。

二、"双碳"目标下绿色金融的概念溯源与发展脉络

(一)"双碳"目标的产生背景与政策指向

气候变化造成的破坏性影响要求全球关注碳排放,通过减排促进环境好转。自工业时代以来,人类社会发展快速增加了温室气体(主要为二氧化碳)的排放量。人们赖以生存的大自然正在受到破坏性损害,其中包括极端气候灾害的增多、海平面上升及其对农作物的危害,它们都是由气候变化而造成的。因此,为了遏制全球变暖,促进人类社会的健康发展,遏制二氧化碳排放已成为一个重要的全球性问题。为了减少碳排放,全球范围内都在努力采取措施减排。同时,国际合作也至关重要,各国需要共同努力,制定共同的减排目标和政策,分享技术和经验,共同应对全球气候变化的挑战(详见表1)。

表 1 联合国碳中和的措施

时间	事件
1992 年	《联合国气候变化框架公约》确立了共同但有差异的责任原则。这意味着发达国家更有责任及义务来减少温室气体排放,然后渐渐向其他国家提供支持和援助。通过提供资金以及科技方面的帮助,让其他国家有能力应对气候变化

---

① 何颖:《"双碳"目标下我国绿色金融发展的内在逻辑研究》,《时代经贸》2024 年第 4 期。

续表

时间	事件
1997年	《京都议定书》旨在减少温室气体的排放,并为缔约方设定了目标。该协议采用法律的形式约束温室气体的排放,并设立了三种灵活合作机制,包括清洁发展机制、联合履行机制和排放交易机制
2005年	欧盟碳排放交易系统启动,意味着排放权交易正式展开,支持全球减排,同时,推动碳金融领域的增长
2015年	通过采用《巴黎协定》,全球在抗击环境变化方面取得了较大的进步。该协定确立未来全球气候行动相关法律约束,并设定了控制气温上升的目标。它为国际社会提供了一个共同的框架,以合作减少温室气体排放,增强适应能力,并促进清洁技术的发展和转移
2020年	联合国强调2021年的目标是在全球组建碳中和的全球联盟

自《京都议定书》签署以来,碳排放权交易市场蓬勃发展,同时,绿色金融也取得了巨大进展,为各国实现碳中和目标提供了强大动力。许多国家和地区都相继建立了碳排放交易市场,将通过减排措施实现碳排放额度和减排额度量化、指数化,在市场上进行碳排放额度交易。[1] 这种碳排放权交易体制可以促使企业和组织更加积极地采取减排措施,从而提高全球整体的减排能力。

与此同时,绿色金融也在不断发展,通过绿色信贷和绿色税收等手段支持各行各业开发新技术,助力实现"双碳"目标。此外,一些国家还制定了具体目标,例如,欧盟计划从2026年起设立碳边境税。这些措施和机制的实施,有助于引导资金流向低碳和环保领域,促进可持续发展和减缓气候变化。碳交易市场和绿色金融的发展为各国提供了更具体和有效的减排途径,推动全球共同应对气候变化挑战。

2023年,国家发展和改革委员会宣布,中国已完成碳达峰和碳中和"1+N"政策体系的建立,并将继续实施这一体系。各省(区、市)根据本地资源环境、产业布局和发展阶段等实际情况,制定了相应的碳峰值行动方案,提出

---

[1] 周成:《"双碳"政策的知识图谱、研究热点与理论框架》,《北京理工大学学报(社会科学版)》2023年第4期。

切实可行的任务和目标。① 自 2023 年以来,与"双碳"相关的政策制度体系不断完善,"双碳"工作的基础能力也显著增强。国家发改委发布《关于推动能耗双控逐步转向碳排放双控的意见》,提出了有计划、渐进式推进制度转型的工作安排和实施路径,旨在加快促进中国的全面绿色转型,为促进企业的高水平和高质量生产提供有力支撑。② 另外,国家发展改革委等部门出台了《关于加快建立产品碳足迹管理体系的意见》(发改环资〔2023〕1529 号),旨在推动构建符合中国实际管理体系,充分发挥其促进绿色低碳在建设、生产和生活中的作用,助力实现"双碳"目标。建立产品碳足迹管理体系将有利于推动产业升级,帮助企业实现节能减碳。该意见提出了优化产品设计、提高生产过程能源利用效率、降低废弃物排放等具体措施,这将促使企业加大技术创新和绿色生产的力度。同时,通过对产品碳足迹进行核算和公示,有助于消费者了解产品的环保性能,引导市场需求向绿色方向转变。

(二)绿色金融的内涵与现实发展

绿色金融是指在金融活动中,将环境可持续性作为核心考虑因素,以推动低碳、环保和可持续发展的投资和融资。③ 绿色金融强调金融部门在环境保护和社会责任方面采取积极措施。其主要途径之一是通过引导支持社会的资金流动方向,注重投资方向,也使得企业重视环保的发展,在企业的日常经营中关注环境问题,并鼓励大众形成绿色消费理念。金融机构可以通过提供绿色贷款、绿色债券等金融产品,支持和促进可再生能源、清洁交通、循环经济等绿色领域的发展。④ 同时,金融机构还可以通过环境、社会和治理(ESG)评估,将环境和社会因素纳入投资决策过程,引导资金流向可持续发展的企业和项目。

绿色金融注重金融业自身的不断发展。这就要求金融机构在实现收益

---

① 曾鹏:《"双碳"目标下〈能源法〉的价值秩序及低碳转型》,《江汉大学学报(社会科学版)》2024 年第 2 期。
② 郭克莎、余丽晴:《全球碳减排的历史逻辑与中国的政策选择》,《经济评论》2024 年第 1 期。
③ 安逸:《碳中和下绿色金融走向何方》,《产城》2021 年第 3 期。
④ 孙静:《碳中和目标下绿色金融的发展对策》,《中国集体经济》2022 年第 12 期。

的同时,注重环境保护和社会责任。绿色金融要求金融机构避免过度投机行为和追逐短期利益,注重可持续发展。金融机构应该加强内部的风控和治理体系建设,提高透明度和信息披露水平,遵循道德和伦理准则,防范金融风险,维护金融市场的稳定和可持续发展。

绿色金融包括五个方面:一是绿色投资,绿色金融鼓励投资者将资金投向符合环境保护标准的行业,找寻投资方向;二是绿色贷款,绿色金融鼓励金融机构提供绿色贷款,支持环保和可持续发展项目的融资需求;三是绿色债券,绿色金融推动发行债券来筹集资金,用于支持相关环境和能源产业;四是绿色保险,绿色金融鼓励发展与环境风险相关的保险产品,以应对气候变化和环境灾害等风险;五是绿色金融标准和指南,绿色金融倡导制定和推广与环境可持续性相关的金融标准和指南,用来指导相关金融机构和投资者进行融资和投资的决策。

绿色金融的概念和发展引起了相关政府部门和机构的重视,并对其加大投入。绿色发展理念强调节能减排,建立约束机制,加强环境保护,促进可持续发展。当前,中国对绿色发展的投入越来越多,绿色产业已经逐渐建立起来。发展绿色产业、对传统产业进行绿色改造已成为亟待解决的问题,对金融支持的需求也随之增加。发展绿色金融,不仅可以促进相关产业发展和经济转型升级,还有助于实现国家规划中建设资源节约型、环境友好型社会的目标。[①] 中国在发展绿色金融服务方面也取得了突破。中国已就绿色贷款、绿色债券、绿色保险等诸多方面制定了相应的政策,形成了较为完备的绿色金融服务政策框架。上述工作在规范政策、激励机制、环境信息公开和产业技术创新等领域取得了很大进步。绿色金融的创新已逐步深化到基层实际中,起到了很大效果。但同时,绿色发展将给银行业带来影响,主要影响之一表现在银行贷款业务的转型会使得不良贷款增加。例如,对于一些已经发放贷款的项目,如果它们需要进行转型以适应绿色发展的要求,可能会面临成本上升甚至关停的风险。这将导致银行不良贷款的增加,并且原本作为有效抵押物的资产价值也可能贬值。因此,绿色发展对金融业来说

---

① 刘婧:《绿色金融在金融供给侧结构性改革中的创新和实践》,《海南金融》2024年第4期。

既是机遇也是挑战。

(三) 厘清绿色金融发展下资产管理公司的定位

金融机构的广泛参与对于实现多样化的绿色金融至关重要,尤其是资产管理公司作为问题解决者和主要问题资产处置机构之一,面临着金融体系由高碳产业向低碳产业转型或退出以及低碳产业技术革新带来的不良资产风险。因此,资产管理公司需要充分发挥其专业优势,推动经济社会的绿色低碳转型。

在此背景下,中国政府陆续出台了一系列政策和指导文件,以促进绿色金融的发展。《关于构建绿色金融体系的指导意见》的出台为其发展提供了有利的政策支持和指导。2017年以来,中国在各个地方分别建立了绿色金融试验区,通过在这些地方实践相关政策,构建绿色金融体系,有助于相关产品的建立与发展,助力中国金融行业和经济的发展。[1] 不良资产管理行业的资产管理公司主要分为两类:金融资产管理公司和地方资产管理公司。这些公司定位于强化逆周期金融调节功能和化解金融风险,而非仅限于传统意义上的资产信托管理。在此基础上,它们通过专业化的资产重组和处置策略,有效地化解和防范系统性金融风险,促进金融体系的稳定和健康发展。

高质量发展是全面建设社会主义现代化国家的核心任务,要求各类金融机构发挥其独特功能,特别是以不良资产经营为核心的资产管理公司,专注于强化逆周期金融调节功能和化解金融风险,在保障金融稳定的基础上,积极推动科技创新和绿色发展。[2] 资产管理公司不仅注重支持国家的重大战略,还加强对实体经济的支持,从而与传统商业银行等金融机构区别开来。在实际商业运营的过程中,资产管理公司将不良资产经营作为其主要业务,致力于化解金融风险和服务实体经济。在国家推动能源结构的清洁化和低碳化转型中,资产管理公司的绿色业务布局成为支持清洁能源和新

---

[1] 洪艳蓉:《论碳达峰碳中和背景下的绿色债券发展模式》,《法律科学(西北政法大学学报)》2022年第2期。
[2] 王国刚、赵伟霖:《中国式现代化建设中的现代金融体系构建》,《经济理论与经济管理》2023年第5期。

能源转型升级的重点。例如,在市场推出的国企主辅分离资产包中,相关公司特别关注清洁能源项目的收购,通过市场化的债转股方式增强资本金实力,助推这些项目的发展,并通过发行碳中和可持续发展型短期资产支持证券募集资金,用以偿还前期收购资产形成的债务。除此之外,资产管理公司还积极参与企业增资引进战略投资者的过程,推动光伏、风电等清洁能源的发展。近年来,这些公司还致力于推动低碳运营,通过"互联网+不良资产"的模式,降低成本、节约资源,并减轻环境负担,从而推动不良资产行业的生态化发展。它们通过整合旗下分公司和子公司的资源,有效地发挥了协同效应,以此扩展绿色服务领域的业务。这些公司与地方政府密切合作,共同成立绿色基金,旨在支持区域生态文明的构建和绿色产业的发展。

随着新能源车船、高效节能装备制造、先进环保装备制造等节能环保产业的规模持续增长,资产管理公司将面临更多通过强化逆周期金融调节和化解金融风险来支持这些新兴领域的机会。基础设施的绿色升级,如绿色建筑、绿色交通和城市园林建设,成为绿色低碳发展的重点领域,为资产管理公司带来了新的发展契机。[①] 通过一系列面向绿色转型的措施,资产管理公司不仅提升了自身应对市场波动的能力,还在引导资金流向环境友好型产业方面发挥了重要作用。通过支持和推动绿色投资,这些公司有效地减少了潜在的金融风险,同时为投资者提供了参与可持续发展的机会。这些努力不仅巩固了资产管理公司在市场中的地位,也进一步强化了其在推进绿色金融和生态文明建设中的责任和作用。因此,随着绿色低碳转型的深入推进,资产管理公司将更加专注于推动可持续发展的核心任务。

三、"双碳"目标下资产管理公司发展的现实机遇与挑战

在全球范围内应对气候变化的大背景下,中国提出了"双碳"目标,即到

---

① 魏丽莉、杨颖:《绿色金融:发展逻辑、理论阐释和未来展望》,《兰州大学学报(社会科学版)》2022年第2期。

2030年碳排放达到峰值,到2060年实现碳中和。① 这一战略目标为各行各业带来了深刻的影响与变革,资产管理行业也不例外。在"双碳"战略引领下,资产管理公司需要进一步厘清如何把握时代赋予的机遇,同时应对随之而来的各种挑战。通过深入分析资产管理公司在推动绿色金融、优化资产结构、转型升级中的具体实践,以及这些变革对公司战略、运营模式和业务发展的长远影响,旨在为资产管理行业的可持续发展提供洞察和策略建议。

(一)"双碳"目标变革下资产管理公司的投资机遇分析

1. 产业转型升级下高污染企业对资产管理的要求日益增加

在中国推行"双碳"战略的背景下,依赖高污染、高耗能、高耗水的传统产业面临前所未有的挑战。这些挑战源于政府不断加强的环保政策、碳排放限制的实施以及金融机构在贷款审批过程中对环境因素的严格考虑。随着环保法规的严格执行和市场对可持续发展的需求增加,这些行业的运营成本上升,盈利能力受限,从而大大增加了企业的财务压力和经营风险。长此以往,企业资产质量可能恶化,形成大量的不良资产。对于资产管理公司而言,这种情况既是挑战也是机遇。资产管理公司可以利用自己在资产处置和重组方面的专长,通过购买、重组或协助这些企业进行战略转型,提升这些不良资产的价值。例如,资产管理公司可以收购这些压力下的企业资产,然后通过技术升级或转型成为环境友好型企业,以符合国家的"双碳"目标。资产管理公司还可以帮助企业优化运营流程、降低能耗,以减轻对环境的影响,并提高企业的整体效率和市场竞争力。此类活动不仅能增加资产管理公司的资产组合价值,还能为企业提供必要的支持,帮助它们符合新的环保标准和市场趋势,实现可持续的业务模式。② 通过这种方式,资产管理公司不仅促进了投资回报的增长,还支持了环境保护和社会责任的目标,实现投资者和社会的双赢。

资产管理公司可以利用"双碳"战略提供的关键时期和政策支持,主动

---

① 万宇、尚凯元、屈佩:《实现"双碳"目标 共建绿色家园》,《人民日报》2021年9月8日,第3版。
② 江怡洒、冯泰文:《绿色供应链整合:研究述评与展望》,《外国经济与管理》2022年第6期。

调整资产结构。随着国家对环境保护和可持续发展的重视程度不断提升，资产管理公司应将"双碳"战略作为引导企业发展的重要方向。[①] 这包括逐步剥离那些高污染、高耗能和高耗水的资产，增加对绿色产业和新能源领域的投资。通过资产重组和优化，资产管理公司不仅可以提高绿色资产的比重，还能促进公司整体投资组合的绿色转型，进而提高企业的市场竞争力和抗风险能力。通过这些策略，资产管理公司不仅能有效地管理和利用不良资产，还能在推动社会整体向低碳、环保方向发展的同时，为自己创造出新的业务增长点和投资回报，从而在"双碳"时代中占据有利地位。

2. 绿色产业和新能源的发展提供了更多的投资机会

随着全球对气候变化的关注加剧，中国的"双碳"战略应运而生，旨在促进经济结构的转型升级。该战略的实施预示着绿色产业和新能源领域将经历前所未有的增长和扩张，这不仅包括传统的可再生能源（如风能、太阳能），还涵盖新兴领域（如电动车、储能技术）。这些领域的快速发展将为资产管理公司带来丰富的投资机会。政府通过各种扶持政策加速了这一进程，例如提供税收优惠、补贴、技术支持，从而降低企业的初始投资成本和运营风险。公众环保意识的提升和公众对清洁能源产品需求的增长，进一步推动了绿色产业链的发展。[②] 随着这些产业的扩大，企业对资金的需求急剧增加，尤其是在扩大生产能力、研发新技术和进入新市场等方面。资产管理公司因其专业的资产管理能力和资金调配能力，在这个变革的时代扮演着至关重要的角色，通过直接投资、股权投资或债务融资等方式，为这些绿色产业提供必要的资金支持。

资产管理公司在推动绿色经济发展的过程中扮演着多重角色。它们可以直接投资具有高增长潜力的绿色项目，如可再生能源发电站、生态农业开发、可持续城市基础设施等。这种直接投资不仅有助于加速这些项目的启动和扩展，也为资产管理公司带来经济利益。除了直接投资，资产管理公司还经常通过私募股权和风险投资的方式，参与新能源和绿色科技公司的早

---

① 袁谋真：《"双碳"战略目标下碳资产专业化管理研究》，《暨南学报（哲学社会科学版）》2022年第8期。
② 俞杰：《促进绿色低碳发展的财税政策研究》，《财政科学》2024年第2期。

期和成长期阶段,同时,允许它们在企业发展的初期阶段就介入,帮助这些公司精细化完善其商业模式和产品,在公司成熟后享受资本增值的成果。① 这种策略不仅对资产管理公司和其投资者有利,也成为绿色企业发展的加速器。

3. 资产管理公司在经济波动中的稳定器作用

资产管理公司具备利用多种金融工具和策略来改善企业状况的独特能力。这包括通过企业重组和债转股等投资手段来优化企业的资本结构和运营效率。通过对企业进行整合和优化资源配置,资产管理公司能够帮助企业显著降低运营成本和提高生产效率,从而实现经营活动的可持续发展。具体来说,这种整合可能涉及合并重复的部门、削减非核心业务或重新配置企业资源,以更高效地使用资本和人力资源。

同时,资产管理公司通过实施债转股计划,提供了一种有效的方法来帮助负债累累的企业减轻其财务负担。在这种计划下,企业的部分或全部债务被转换为股权,这不仅显著降低了企业的负债水平,还有助于改善企业的财务结构。债转股的实施通常涉及资本结构的根本重组,这种重组能够增加企业的资本充足率,减少利息支出,从而提高企业的自由现金流量,为其未来的发展和扩张创造更多的可能性和灵活性。② 债转股的过程通常会伴随新的管理团队的介入或现有管理层的战略调整。新的管理团队或现有团队的战略调整往往带来新的视角和管理方法,可以更好地适应企业新的股权结构和市场环境,确保企业的转型和改革顺利进行。

资产管理公司还能协助企业获取绿色金融支持,包括但不限于绿色贷款和绿色债券。这些金融产品专门资助企业的环保项目和可持续发展计划,从而帮助企业在环境保护方面取得实质进展,增强其市场竞争力。通过提供这些金融工具,资产管理公司不仅帮助企业获得必要的资金支持,还通过创新合作的机会推动这些企业在技术和管理上的创新,其通过提供咨询和管理服务,协助企业制定和实施长远的发展战略,这包括改善企业的环

---

① 安国俊、陈泽南、梅德文:《"双碳"目标下气候投融资最优路径探讨》,《南方金融》2022年第2期。
② 高蓓、张明:《不良资产处置与不良资产证券化:国际经验及中国前景》,《国际经济评论》2018年第1期。

境、社会和治理(ESG)绩效。① 这些服务确保企业能在保持经济效益的同时,也符合社会责任和环境保护的要求。通过与企业紧密合作,资产管理公司能够帮助这些企业确立可持续发展的目标,推动它们在行业中实现转型突破,从而在全球市场中保持竞争力和领先地位。

(二)"双碳"战略背景下资产管理公司面临的政策和经营挑战

1. 资产管理公司与"双碳"战略配套的投融资机制尚不完善

资产管理公司在配套"双碳"战略的实施方面面临着多方面的挑战和问题。尽管国务院和中国人民银行已经出台相关指导意见,鼓励和指导资产管理公司及其他金融机构支持国家的"双碳"目标,但在具体实施过程中,这些公司在如何有效地整合其核心业务——不良资产管理——与支持清洁能源、新材料和新基础设施等关键领域仍面临诸多难题。

首先,现有的金融产品和服务往往并未设计用来支持这种类型的绿色项目。不良资产管理的传统模式主要集中在收回投资、减少损失和资产的快速出售,而不是长期的可持续投资或对环保项目的资金支持。② 这种模式与"双碳"战略的长远需求和持续资金投入的特点不符,导致资产管理公司在调整战略方向上遇到困难。其次,资产管理公司在评估和投资清洁能源或新基础设施项目时,缺乏相应的评估工具和专业知识,这些领域往往涉及复杂的技术问题和较高的市场不确定性,对风险评估和项目管理提出了更高要求。③ 资产管理公司通常不具备必要的技术背景和行业经验,这限制了它们在这些领域的活动。最后,尽管有政策指导和支持,但具体的执行和操作指南往往不够详细,使得资产管理公司在实际操作中难以找到明确的路径。例如,政策可能鼓励投资绿色项目,但在税收优惠、财政补贴等方面的具体实施细节可能不明确,这为资产管理公司的决策过程增加了复杂性。

---

① 符庭彬:《绿色债券发行人的ESG信息披露指标体系研究》,《金融市场研究》2023年第7期。
② 罗玉辉、于涛:《疫情以来中国银行业不良资产处置新变化与新对策》,《清华金融评论》2022年第11期。
③ 卢露、何乐等:《绿色信贷融资担保:理论逻辑、实践及挑战》,《西南金融》2023年第12期。

2. 传统的经营模式难以适应新时代"双碳"业务的需求

资产管理公司面对"双碳"战略的实施,其传统的经营模式——主要是基于"低买高卖"原则进行资产买卖以及不良资产的处置——遇到了显著的挑战。这种传统模式在当前环境下逐渐显现出其局限性,尤其是在应对快速变化的市场需求和国家政策导向之时。

首先,传统模式过于侧重短期利益和即时的资金回流,而"双碳"策略所需的是长期的、持续的投资以支持可持续发展项目。这种长期投资的需求与资产管理公司追求快速资本周转的传统商业模式存在根本冲突。短期的买卖策略难以适应那些需要长期资本承诺和支持的绿色项目和技术创新,如清洁能源发展、新型环保材料的研发以及新基础设施的建设。[1]

其次,不良资产的处置通常侧重于尽快清理财务报表,以恢复流动性或减少财务损失。这种方法在处理与"双碳"目标相关的资产时可能不再适用,因为这些资产可能需要额外的时间和资源来改造和升级,以确保它们符合环保标准和政策要求。传统的资产处置方法未必能有效地评估和利用这些资产的潜在环保价值,可能导致这些资产被低估或未能得到适当的转型处理。

最后,传统的资产管理方法缺乏足够的灵活性来适应新兴市场的动态变化。随着"双碳"目标的推进,相关政策和技术的不断演进将不断改变市场结构和投资机会。资产管理公司需要开发和采用更加灵活和创新的策略,如企业重组、业务重整和架构重构等,以便更好地利用新兴的市场机会。[2] 传统思维的局限性如果不通过创新手段进行改革,将难以支持产业的转型升级和国家的高质量发展目标。资产管理公司必须重新考虑和调整其策略和操作模式,以确保它们在推动"双碳"战略中能够发挥更积极和有效的作用。

3. 资产管理公司在"双碳"领域缺乏专业人才和客户

随着"双碳"战略的实施和绿色金融领域的快速扩展,资产管理公司在

---

[1] 刘悦:《金融如何更好地为环境保护服务——关于金融化与可持续发展的研究》,《国际社会科学杂志(中文版)》2021年第1期。

[2] 孔东民、石政:《"双碳"目标下我国企业绿色技术创新的环境规制优化研究》,《税务与经济》2022年第6期。

应对这些新兴市场需求时面临严峻的专业人才短缺问题。这一挑战严重制约了公司在这一领域的发展和竞争力。首先，绿色金融和"双碳"业务要求资产管理公司的人才不仅要有深厚的金融知识背景，还需具备环境科学、可持续发展和相关技术领域的专业知识。这种跨学科的知识结构在传统的资产管理行业中较为罕见，导致即便是大型资产管理公司也难以快速适应市场变化。[①] 其次，随着相关政策的快速变化和技术的不断进步，资产管理公司需要的人才必须具备快速学习和适应新规则、新技术的能力。这种能力的培养往往需要系统的培训和实践经验的积累，而目前行业内对这方面人才的培训体系尚未完全建立。此外，资产管理公司在发展绿色金融产品（如绿色债券、碳信用、可持续投资基金等）时，需要的不仅是具备传统金融工具知识的人才，还需要懂得如何评估项目的环境影响、社会责任和治理结构的专家。这些领域的复杂性要求人才必须具备更高层次的策略思维和创新能力。

人才短缺问题还体现在企业文化和组织结构上。资产管理公司传统上更重视财务和法律背景的人才，而对于具备环境科学和可持续发展专业背景的人才缺乏足够的吸引力和保留机制。这导致公司在招聘和保留此类人才时面临困难，进而影响公司业务的拓展和深化。缺乏合适的专业人才将直接限制资产管理公司在绿色金融和"双碳"市场中的操作效率和创新能力，难以满足市场对高质量、高效率绿色金融产品的需求。这不仅影响公司在新兴市场的竞争地位，更可能导致公司丧失在全球范围内支持可持续发展目标的机会。

四、资产管理公司助力"双碳"实现的路径完善

作为化解地方金融风险的中坚力量，资产管理公司可以充分发挥其在

---

① 陶然：《绿色金融驱动绿色技术创新的机理、实践与优化研究——基于"政、企、学、金"协同发展视角》，《金融理论与实践》2021年第12期。

绿色金融体系中的独特优势，更好地支持实体经济的去碳化。[①] 资产管理公司应高度重视国家"双碳"战略，抓住"双碳"的巨大投资机遇，认真研究"双碳"绿色金融等有关政策，积极争取有利的投融资以及税收优惠等支持政策，围绕"双碳"战略目标发展绿色金融，调整资产结构，促进经济发展，从而助力"双碳"目标的实现。

（一）以严格的业务规范健全公司内部风险控制机制

资产管理公司在建立绿色金融业务规范和健全环保相关投融资机制方面有着举足轻重的作用。为了有效地推动绿色金融的发展，资产管理公司必须将绿色生态理念深度融入企业的成长和操作的每一个环节，确保从战略规划到日常运营的每一步都符合可持续发展的目标。

首先，资产管理公司需要在企业成长的过程中，把绿色生态的思想融合在策略制定、项目评估、资金分配等关键环节中。这包括制定包含具体环保标准和目标的成长策略，并通过严格的融资控制流程来确保这些标准被有效地执行。公司应通过征求专家意见和市场调研，研究和确定适合的绿色投融资规模，并据此调整和整合公司的核心业务，从而强化其在清洁能源、洁净燃料等关键领域的投资与支持能力。进一步地，资产管理公司应通过促进基础科学研究和工业化应用的对接，支持低碳技术、清洁技术、水资源管理和能效提升等领域的创新与发展。这包括提供资金和资源来支撑电力、交通运输、城市基础设施等重要产业的绿色改造，从而推动整个社会的低碳转型。

其次，为确保绿色金融业务的规范运作和可持续发展，资产管理公司必须建立一套健全的业务规范制度。这一制度的核心在于制定严格的业务操作规范，建立完善的风险管理机制，并设计有效的企业内部激励体系。在操作规范方面，资产管理公司需要制定针对绿色项目的专门融资准则，这些准则应确保资金使用的透明度和效率，促进资金流向真正的绿色和可持续项

[①] 程建华、舒展：《地方金融支持地方实体经济高质量发展的优势与现状分析》，《当代经济研究》2022年第8期。

目。同时,为了管理与绿色金融相关的潜在风险,资产管理公司必须建立一个强有力的内部风险控制系统。这一系统应包括对相关金融项目的全面风险评估和持续监控,以及定期的风险审查和更新机制,确保风险管理的及时性和有效性。① 此外,资产管理公司应通过建立和维护一个激励相容的内部激励机制,鼓励员工积极参与和推广绿色金融项目,并确保员工的利益与公司长远目标的一致性。在制度建设方面,资产管理公司需要建立一个符合国内外监管要求的风险管理体系,这个体系应涵盖绿色金融业务的全流程控制,包括客户准入评级制度、尽职调查工作指引、绿色金融业务的财务制度以及完善的风险考核机制。② 通过这些措施,资产管理公司不仅能确保业务的合规性和安全性,还能有效地推动绿色金融业务的健康发展和行业领先地位的形成。

(二)通过绿色金融风险管理深化客户资源拓展与市场布局

在低碳经济的大背景下,资产管理公司需要更深入地挖掘和开发客户资源,以便在市场中把握更多机遇并提升服务水平。这需要一系列具体的策略和措施来实现。

首先,资产管理公司可以从资产供给侧着手,积极开发银行及非银行的客户资源。对于银行客户,资产管理公司应加强与其的联系,并清晰地表达自己对参与低碳转型中的不良资产清理项目的兴趣和能力。这不仅可以提高银行对资产管理公司在绿色金融项目中的信任度和合作意愿,还可以在资产收购阶段为公司带来竞争优势。③ 同时,资产管理公司应与银行共同探讨如何提高这些项目的可行性和盈利能力,增加银行的参与度。对于非银行客户,资产管理公司可以探索建立绿色债券和绿色资产证券化产品的违约对接机制,这不仅可以扩大客户群,还能通过提供创新的金融产品满足更广泛的市场需求。

其次,资产管理公司在推进"双碳"战略和扩展绿色金融业务中,寻找并

---

① 方桂荣:《论绿色金融监管的立法发展与制度构建》,《经贸法律评论》2020年第6期。
② 叶榅平:《可持续金融实施范式的转型:从CSR到ESG》,《东方法学》2023年第4期。
③ 金珺、李诗婧、李猛:《负担变资产:"双碳"目标下的企业零碳战略》,《清华管理评论》2021年第9期。

满足资产需求端的客户至关重要。在这一过程中,特别需要关注那些在低碳转型中显示出强烈需求的环保行业领头企业。这些企业通常在寻求新的资本注入,以支持其持续的技术创新和市场扩展。资产管理公司可以利用自身在不良资产市场中积累的丰富资源和核心优势,通过精心设计的营销活动,向这些目标企业展示资产管理公司能够提供的具体支持措施,这些措施包括但不限于提供定制化的资金支援方案、参与投资合作以及提供财务和战略咨询服务。[1] 资产管理公司还可以在不良资产的重组和优化上为这些企业提供专业建议和解决方案,帮助它们改善财务结构,降低运营成本。通过与这些环保行业的领头企业建立合作,资产管理公司不仅可以帮助它们实现低碳转型和业务规模的扩展,还能够通过这些合作加深对环保行业的理解并掌握更多专业知识,从而更好地评估和管理与这些企业相关的投资风险。

最后,应探索建立客户常态化走访和资产推介机制。定期拜访客户并推荐符合其需求的产品和服务是维护和加深客户关系的关键。资产管理公司应利用这些机会深入了解客户的具体需求和未来的发展计划,以便更好地调整和优化自身提供的服务。有条件的资产管理公司还可以通过提供高效的信息资源和资产配置服务,提高信息匹配效率和业务转化率,从而在绿色金融市场中建立更加坚实的竞争地位。资产管理公司应当加强对具有绿色金融属性的债务人的甄别工作,优化和强化金融风险管理体系,以支持绿色金融业务的健康发展。

(三)积极探索创新绿色金融风险管理模式及人才培养机制

在资产管理行业中,积极探索适度创新是推动"双碳"战略和绿色金融体系发展的关键因素。

首先,需要加大对复合型人才的培养力度。资产管理公司应采用市场化的人才薪酬体系,并建立科学合理的中长期激励机制,以吸引并留住那些既有传统金融和投资管理技能,又具备环境科学、可持续发展策略和新能源

---

[1] 鲁政委、方琦:《金融监管与绿色金融发展:实践与研究综述》,《金融监管研究》2018年第11期。

技术领域专业知识的高端人才。对于公司而言，这类复合型人才能够在处理复杂的绿色金融问题时提供更为全面的视角和创新解决方案，从而有效地推动公司在"双碳"相关产业的业务发展和市场拓展。这些人才的引进和培养，不仅仅是为了填补公司在特定技能上的空白，更是为了构建一支能够前瞻性思考、跨学科工作并对新兴市场趋势有深刻理解的团队。例如，这些专家能够参与新的绿色项目评估，使用他们对技术和市场的丰富知识来辨识哪些投资会带来最大的环境和经济回报。此外，他们也能为公司在环境风险评估、绿色资产配置和可持续投资策略的制定方面提供关键的指导。创新不仅仅体现在技术或产品上，也体现在企业的业务模式和管理实践上。通过引入这样的高端人才，资产管理公司能够探索和实施更为灵活和响应市场需求的业务模式，比如，通过提供针对性的绿色金融咨询服务，或者开发与环境项目直接相关的金融产品，如绿色债券或可持续发展目标债券。[1]

其次，资产管理公司在绿色金融体系建设中遇到的新风险需要采取创新和灵活的应对策略，借鉴处理问题机构和问题资产的投行化运作经验。面对由经济低碳化带来的市场和信用风险，公司可以采用替代性投资银行工具和策略。例如，引入创新的金融衍生产品（如碳信用衍生品、温室气体排放权交易）帮助企业对冲碳排放成本的不确定性，[2]引入特定的保险产品（如环境责任保险）降低因环境污染或其他绿色合规问题可能导致的财务损失。此外，开发专门针对绿色项目的债券产品或为投资可持续项目的企业提供定制的贷款方案，这类多样化的金融工具能够提高资产管理公司在绿色金融市场的吸引力和竞争力。资产管理公司还需要结合一体化的运作方式和处理复杂性问题的能力，从问题识别到方案设计，再到风险的最终解决，形成一个全面的风险管理流程。这种综合性的方法不仅提高了风险处理的效率，也增强了公司在绿色金融领域的专业能力和市场地位。

最后，传统风险管理体系也需要重大改进以适应新的市场需求。资产管理公司应将"双碳"和ESG概念纳入风险管理系统，制定一套符合监管要

---

[1] 王遥、任玉洁等：《推动"双碳"目标实现的转型金融发展建议》，《新金融》2022年第6期。
[2] 刘志、赵童：《中国碳金融监管法律规制的对比分析与优化路径：以"双碳"目标为视角》，《西安电子科技大学学报（社会科学版）》2023年第4期。

求的风险管理体系,且该体系应符合公司的发展战略以及资产管理行业的特点,包括建立绿色金融计划、制定客户准入评级制度、完善尽职调查工作指引、优化绿色金融业务的财务制度以及完善风险考核机制等。这些措施将帮助资产管理公司更好地评估和管理与绿色金融相关的各种风险,确保公司在追求经济效益的同时,也能实现社会责任和环境保护的目标。

五、结论

全球气候变暖引发了"双碳"战略的提出,推动了碳交易市场和绿色金融的发展。在这一背景下,资产管理公司凭借其在处理复杂金融环境中的专业能力,发挥保障金融系统稳健运行的重要作用。这些公司通过管理和处置不良资产,有效地预防和化解潜在的金融风险,从而为实体经济的绿色转型提供稳定的金融支持。在"双碳"战略实施过程中,资产管理公司应抓住绿色发展带来的机遇,主动应对可能出现的各种挑战,确保自身在金融体系中的重要地位。为实现这一目标,资产管理公司需要建立完善的业务规范,提升风险管理和资产处置能力,同时,通过创新业务模式和开发新市场,进一步扩大其在绿色金融领域的影响力。通过这些努力,资产管理公司不仅能够积极推动"双碳"目标的实现,还能为中国经济的可持续增长奠定坚实的基础。

地方资产管理公司的合规管理研究
——边界控制与规则构建

陆秋君　吕佩云*

一、引言

习近平总书记强调,守法经营是任何企业都必须遵守的一个大原则,企业只有依法合规经营才能行稳致远;党的二十大也明确提出加快建设世界一流企业的目标,一流的企业必须要有一流的法治工作为保障。[①] 随着中国经济发展进入新旧动能转换和去杠杆的全新阶段,地方资产管理公司作为化解区域金融风险的"排头兵",经历了政策性展业—商业化转型—加大实体服务力度—回归本源的发展过程。在这一历程中,地方资产管理公司开始强调合规经营的重要性并将工作重点聚焦于防止偏离核心职责和业务的行为。2022年国务院国资委发布《中央企业合规管理办法》,预示着全面深化落实企业合规要求的持续加强,企业合规管理体系建设进入加强阶段。强化合规管理,是地方资产管理公司把握新常态下发展机遇的重要保障,也是公司现代化治理的内生需求,对实现公司发展战略目标具有重要意义。在此大背景下,本文以合规管理理论和国有企业合规管理实践为参考,通过研究地方资产管理全面合规体系的构建,立足于目前地方资产管理公司合规管理现状以及现实合规建设经验,在此基础上寻找地方资产管理公司合规建设的共性化经验,最终为地方资产管理公司经营管理和业务开展提供

---

*　陆秋君,浙江省浙商资产管理股份有限公司总法律顾问;吕佩云,浙江省浙商资产管理股份有限公司法务。
①　习近平:《高举中国特色社会主义伟大旗帜 为全面建设社会主义现代化国家而团结奋斗》,《人民日报》2022年10月26日,第1版。

合规保障的有益借鉴。

二、地方资产管理公司合规管理的边界模糊

（一）地方资产管理公司合规建设的政策检视及发展现状

在当前金融市场的发展和监管格局中，理解并比较全国性与地方性资产管理公司的合规管理体系显得尤为关键。四大金融资产管理公司作为持有金融牌照的机构，其合规管理体系主要围绕金融监管要求而构建。地方资产管理公司囿于地方性国企和地方金融机构的双重身份，不受金融监管总局直接监管。同时，由于地方资产管理公司的业务范围已经从最初的不良资产收购和处置，扩展到包括基金管理、破产重整、保理、困境地产纾困及资本市场活化等更为复杂和专业化的领域，其合规管理体系同时满足多种规制体系的要求，包括金融监管总局规制、地方国企规制、地方金融监管以及参考四大金融资产管理公司的部分规章制度。在此背景下，地方资产管理公司的合规管理现状可以归纳为以下两个特点。

一是规制源头的多元化。地方资产管理公司在合规管理中需要同时符合金融监管总局、地方国企和地方金融这三种监管体系的要求，规制源头的多元化需要公司同时满足各种监管目标，导致管理体系如同"九龙治水"般多头并行且相互影响。

二是规章制度的碎片化与缺乏系统性。地方资产管理公司的合规管理建设缺乏体系性和标准性。具体表现为多而分散、大而含糊，以及散布于各种层级、类型的文件制度中，并不贴合资产管理行业的现状，未能充分地体现地方资产管理公司合规管理体系的特殊性。

从以上地方资产管理公司合规管理现状的两大特点不难看出，地方资产管理公司面临的多元化监管环境和碎片化的规章制度对其业务运营策略和合规策略实施带来了一定的复杂性。在这一背景下，了解地方资产管理公司依据的具体监管规则和政策便显得尤为重要，这些规则不仅形成了公司合规行为的基础框架，也指导了它们的日常业务操作和战略决策。具体

来说,以下四个方面的政策法规构成了现行地方资产管理公司的整体合规规则参考。

第一,地方资产管理公司的运营主要依据原银监会及原银保监会发布的相应规则,如《关于地方资产管理公司开展金融企业不良资产批量收购处置业务资质、认可条件等有关问题的通知》《关于适当调整地方资产管理公司有关政策的函》《关于加强地方资产管理公司监督管理工作的通知》等。这些规则旨在为公司提供清晰的业务指导和合规框架,确保其能在规定的监管环境下操作。

第二,地方金融监管局针对地方资产管理公司发布的规章制度,进一步确保了地方资产管理公司在地方层面的监管遵从性,强化了监督管理工作的实施。

第三,鉴于地方资产管理公司普遍具备地方国企背景,其展业经营还应同时符合与国有资产相关的要求和规定,如《企业国有资产法》《企业国有资产监督管理暂行条例(2019年修订)》《企业国有资产交易监督管理办法》以及地方相关企业国有资产监督管理办法,这些规定设定了国有资产的管理框架,确保企业遵循国有资产保值增值和透明度要求。

第四,在展业经营和风险管理方面,地方资产管理公司还参考了其他金融机构的监管规则,以强化其合规性和市场竞争力,如《金融企业不良资产批量转让管理办法》《金融资产管理公司监管办法》《金融资产管理公司开展非金融机构不良资产业务管理办法》《关于规范金融资产管理公司不良资产收购业务的通知》《关于引导金融资产管理公司聚焦主业积极参与中小金融机构改革化险的指导意见》等。这些规定和指导意见要求地方资产管理公司制定符合行业最佳实践的操作指引,聚焦于业务和合规管理的专业性。

综上所述,地方资产管理公司的合规管理建设中存在"政出多门"的问题,规制源头多元化且不成体系,常见的一个问题是监管机构与制定监管文件的实体不一致,这进一步增加了管理的复杂性和执行的难度。上述诸多原因的存在也导致地方资产管理公司合规管理的边界模糊,无法回答"合什么规,怎么合规"的根本问题。合规边界之模糊表现为同质而缺乏特色、空洞而缺乏具体、僵化而灵活性不足,使其既无法符合业务发展的需求,也无法满足监管规制的要求。长此以往，必然导致地方资产管理公司滞后于资产管理行业的整体发展。为此，国家金融监管总局正在就《地方资产管理公司监督管理暂行办法（征求意见稿）》向各方征求意见，该征求意见稿在完善并发布实施后将成为地方资产管理公司合规监管纲领性文件，从而有效地解决合规管理政出多门的问题。

（二）地方资产管理公司合规建设的发展矛盾及问题分析

地方资产管理公司合规管理体系未能充分地贴合行业自身的需求，导致合规边界不清晰。合规边界的模糊性表现为合规规则无法清晰地界定合规与不合规的标准、合规审查的标准以及对违规处罚的尺度等，且当前在合规管理过程中过于依赖公司内部合规人员的价值判断和自由裁量，其弊端可以概述为以下四个方面。

1. 合规边界模糊与地方资产管理公司快速扩张的冲突

地方资产管理公司面临着业务不断扩张与合规边界模糊的冲突。近年来，地方资产管理公司在中国快速发展，数量上已经从首批 5 家扩充到 61 家，资产规模从 3 500 亿元增长到 12 000 亿元。在业务类型上，地方资产管理公司的业务也已从传统不良资产处置的单一业务扩展到包括基金管理、破产重整、保理、困境地产纾困及资本市场等多元业务领域，尤其是 2021 年地方资产管理公司积极参与了个人贷款不良资产业务试点的推广，这一举措使得地方资产管理公司的业务类型更加多元化。

然而，这种业务扩张也带来了合规管理的挑战，尤其是模糊的合规边界已经不再适应行业的快速发展和创新。混沌的合规边界无法及时、准确地回应市场发展的需求，将合规问题置于一种模糊性情景中，业务发展缺乏明确的合规指引，这也不符合行业发展的总体趋势和业务实践的现实需求。

合规管理的自洽性肇始于规则的明确清晰、逻辑统一，否则，合规制度将倒向虚无主义的境地。合规边界的模糊性使制度解释过于依赖自由裁量权，致使合规制度不再成为终局性的规则判定标准，由此也引发了合规管理规则的普适性程度降低、恣意性因素增加等问题，使地方资产管理公司的业务发展处于两难境地。例如，在考虑地方资产管理公司收购不良资产的过程中,特别是当这些资产包涵盖多个不同地区的资产时,一个关键的问题是这些机构是否能够直接与金融机构的总部进行接触并购买这些资产。这涉及合规性和交易效率的问题,因为直接对接金融机构总部可能简化交易流程,但同时也必须确保遵守所有相关的法律和监管要求。

2. 合规边界模糊与业务复杂性、非标性的冲突

不同于传统金融机构的标准化业务类型,地方资产管理公司的业务以复杂性、非标性著称。

复杂性主要表现在其涉及的业务范围广泛和操作过程层次多。地方资产管理公司的主要业务虽为不良资产的收购与处置,但在业务进行的过程中还涉及资产的评估、重组和法律处理等多个阶段。每个阶段都要在遵守复杂法律法规和监管要求的同时,应对来自不同市场参与者的合作与协调挑战。这种多维度的业务处理需要丰富的专业知识和精细的风险管理能力,以确保业务的合法合规和经济效益的最大化。

非标性主要指地方资产管理公司处理的资产类别多样,且每类资产的具体情况各异,难以归入统一的评估和管理标准。这些资产通常不具备公开市场的定价参考,其价值往往需要通过专门的财务分析和市场评估来确定。因此,每笔资产交易活动都要求地方资产管理公司根据资产的特定情况设计个性化的管理策略和处置计划,这不仅增加了业务执行的复杂性,也提高了管理的专业要求。

合规管理的模糊性使得地方资产管理公司难以应对业务的复杂性、非标性带来的问题。合规边界的模糊导致合规管理框架和操作流程不统一,不能确保业务开展符合相关的法律法规要求。[1] 业务复杂性要求每个案例都可能需要特定的处理策略,因为涉及的法律、金融结构、市场条件和客户需求千差万别。当前,地方资产管理公司的合规边界过于模糊,往往倾向于通过实施统一的流程和规则来简化操作,减少过程中内部人员错误操作和滥用权力的风险,从而提高业务处理的速度。但当合规标准过于笼统

---

[1] 薛前强:《论企业合规管理主体规制理路的转向——从合规监管到合规治理》,《河北法学》2023年第9期。

时,便可能无法充分考虑到每种特殊情况的具体细节,从而导致处理结果不够精准,甚至可能违反复杂的法规要求。非标性意味着每个资产或业务的风险水平和利益结构都具有高度差异性,而模糊化的风险管理工具和方法可能难以准确地评估这些独特资产的真实风险。在应对非标准资产时,模糊的合规标准可能无法提供足够的灵活性,从而导致风险被高估或低估。

3. 合规边界模糊与合规管理高效性的冲突

合规边界的模糊使合规岗位的权责划分不明确,合规组织架构呈现出错综复杂的特点。在合规管理的实践中,各部门之间的职责划分分散,存在冗余、交叉和相互牵制的情况,这与合规管理的高效性背道而驰。

合规边界模糊导致的合规组织弊端表现在以下四个方面。一是部门职能重叠显著,如风险管理部门和合规部门在业务风险评估职责上的交叉,以及资产管理部门与重组部门在处理不良资产方面的功能重复。二是管理层级的冗余,例如,同一事项的决策权限重复于不同的管理层级,导致相似监督和决策责任在不同层级重复出现,既降低了决策效率,又增加了执行上的混淆。三是职能部门在特定业务处理中职责不清,例如,不同的岗位在合同审查中存在交叉决策,缺乏明确的职责划分,导致意见分歧和决策延误。四是各部门的合规信息管理存在明显的不对称现象,缺乏信息共享的系统机制。在这种情况下,相同的数据处理任务可能会被多个部门重复执行,比如客户数据的重复收集和更新。这种重复工作不仅浪费了资源,还可能导致数据不一致的问题,进而影响到合规管理的有效性和准确性。

目前看来,地方资产管理公司的组织架构问题显而易见,这也制约了合规管理的高效运转。职责划分不清晰不仅导致监督职责模糊不清,还阻碍了合规机制的顺畅运行。合规机制的低效性直接损害了合规管理的有效性,使合规责任难以精准定位。这种情况影响了对监管要求的及时、准确回应,有时关键的合规需求可能遭到忽略,从而增加了违规风险。[①]

---

① 江必新、袁浙皓:《企业合规管理基本问题研究》,《法律适用》2023年第6期。

4. 合规边界模糊与合规管理体系化、标准化的冲突

合规边界的模糊性带来了合规管理的碎片化、失焦化的问题。当合规管理缺乏明确的标准时，合规管理止步于分散、点状的条文规章，各种标准散见于浩瀚的文件中，难以形成系统化、体系化的合规标准，使合规管理无法形成逻辑闭环。例如，在收购非金融机构不良资产并重组业务的过程中，资产管理公司通过收购非金融机构债权并进行债权债务重组，以盘活企业不良资产，救助困境企业。但在实操中，监管规则无法准确地界定此类业务究竟是救助困境企业，还是以收购不良资产的名义为企业提供融资。与此同时，非金融机构不良资产的不良属性缺乏明确的标准，导致合规边界尚不清晰，存在较大的自由裁量空间。这种不明确的合规边界可能导致执行过程中的法律和监管风险，亟须相关监管机构明确这些业务的合规性标准，以确保金融市场的稳定与企业救助活动的适当性。其危害性具体表现在以下两个方面。

其一，合规标准的模糊导致地方资产管理公司误读监管目的，导致合规风险。中国金融市场的迅猛发展也在驱使着监管政策的持续更新，从而预防和规避新兴市场潜在风险。[1] 在这不断演变的过程中，地方资产管理公司也面临着解读及适用监管规定的挑战，尤其是新旧规则之间的差异或矛盾可能导致地方资产管理公司误解监管政策，进而影响到合规活动的执行准确度。同时，由于监管规定可能存在的操作性问题和某些条款的模糊性，地方资产管理公司在实践中的具体应用可能遭遇对规则理解不统一和执行力度方面的不足。例如，对同一监管要求，若采取扩大解释，可能触发合规风险；若采取缩小解释，可能会导致业务拓展受阻，降低市场活力。这种情况下，合规管理在解释监管政策法规时，为了维持合规管理与业务发展之间的动态平衡，要面临较大的压力。

其二，合规标准的模糊性降低了决策、合规管理和合规操作的效率。合规标准的模糊降低了合规管理的权威性和指导性，使得管理层和决策者在

---

[1] 陈雨露、马勇：《现代金融体系下的中国金融业混业经营：路径、风险与监管体系》，中国人民大学出版社2009年版，第163页。

作出业务决策时不得不更加保守。这种保守决策不仅降低了合规效率,还可能阻碍公司的业务发展与创新。低效的合规审查增加了决策成本,延缓了决策过程,进而影响了公司的灵活性和市场响应的速度,使其在竞争激烈的市场环境中处于不利地位。例如,对于合规管理者而言,合规管理者缺乏明确的制度依据,现有的合规管理体系无法回答"合什么规,怎么合规"的问题,制度的死角过大,过度依赖管理者的自由裁量和价值判断。对于基层工作人员而言,员工在执行项目申报时缺乏统一、明确的合规标准,在业务开展中缺乏合规判断的标准,从而降低了业务开展的合规水平和效率。

三、地方资产管理公司合规管理边界的理论内核与必要维度

回顾过去十年世界范围内,尤其是中国企业合规管理的进展不难看出,合规管理已经演变成企业法治建设的核心部分。地方资产管理公司需要立足于合规管理现状,在借鉴合规管理理论以及国有企业的合规实践经验的同时,研究并构建一个既适应公司管理需求又促进企业发展的合规管理体系。

(一) 合规管理的边界梳理及外延展开

1. 合规管理的范围应当遵循"大合规"的标准

地方资产管理公司在确定合规管理的边界时,可以借鉴"大合规"的维度和范畴,建立全面的合规管理体系。在这个体系中,不仅要考虑法律法规的遵从,还要涵盖监管规定、行业准则、企业章程、规章制度以及国际条约和规则等多方面内容,以确保公司运营的合法合规。

地方资产管理公司合规范围之所以应当遵循"大合规"的标准,源自合规理论与资产管理业务实践上的高度契合性。近二十年来,无论是西方国家的法律,还是一些国际组织通过的公约,都开始将公司治理扩大到更为广泛的领域。除了反商业贿赂以外,包括反洗钱、反垄断、数据保护、反金融欺诈等领域也逐渐被纳入合规管理体系之中。对于这种适用范围更为广泛的

企业合规管理体系,学界通常称为"大合规"或者"广义的合规"。① 目前,中国国有企业的合规管理主要适用的是2018年11月国务院国资委印发的《中央企业合规管理指引》。其中,将合规定义为"企业及其员工的经营管理行为符合法律法规、监管规定、行业准则和企业章程、规章制度以及国际条约、规则等要求"。

由此可见,地方资产管理公司的合规边界,应与"大合规"的概念高度重合。合规的依据不仅包含外部的法律法规、监管规定、行业准则以及国际条约及规则,还包括企业内部的章程、规章制度,即所谓的"大合规"。② 这种广泛的合规定义确保了合规管理的全面性和有效性,使公司的经营行为能够在多方面的要求下得到合理规范和引导,以确保企业的稳健运营和可持续发展。

2. "大合规"标准应包含内部规章与外部法规

内部规章是公司基于自身运营需求自行设定的政策、程序和规定,包括操作指南、行为准则和职责分配等,旨在优化业务流程、提升管理效率、确保业务操作的规范性和一致性。例如,公司可能会制定特定的不良资产处理操作指南或员工行为准则。外部法规则包括国家法律、地方性法规、行业规章及监管机构的规定,旨在维护市场秩序、保护消费者权益,同时,促进市场的公平竞争。这些法规为所有市场参与者设定了一个必须遵循的法律框架,也构成了地方资产管理公司应遵循的外部法规框架,典型的如原银保监会关于不良资产市场的监管政策。在制定内部规章时,必须确保这些规章不仅反映公司的管理理念和业务需求,而且需要与公司遵守的外部法规中的监管要求相一致,确保内部政策和程序不与外部法律法规发生冲突。这种对应关系确保了企业在法律框架内的有效运行,也满足了企业的特定管理需求,提升了企业的内部控制效果和合规水平。

3. 明确合规管理的横向体系与纵向体系,构建合规管理的经纬度

合规管理的横向体系是指合规管理应覆盖公司的各个条线、前中后台

---

① 陈瑞华:《企业合规制度的三个维度——比较法视野下的分析》,《比较法研究》2019年第3期。
② "大合规"是指:将"纸面的法律"转为"运行中的法律"进行考虑,不仅是预防企业犯罪并承担刑事责任,还是预测式地管理企业可能面临的各种不利的法律风险。"大合规"倡导的是积极、能动的一般预防,强调以规范对公众行为作出引导,促使公众认同并尊重规范。参见毛玲玲:《企业合规的本土化演变——从企业刑事合规到企业"大合规"体系》,《上海政法学院学报(法治论丛)》2023年第2期。

的各个部门、各经营管理与业务流程,实现横向到边。横向体系可分为管理合规的横向体系和业务合规的横向体系。前者是指安全生产、劳动用工、会计核算、财务税收、印章管理、知识产权、商业伙伴廉洁、数据安全、反垄断等领域的合规,应明确各条线的合规职责,对各重点领域的合规风险进行预判,提前研究合规方案,防范合规风险;后者是指合规管理与各种业务类型的关联机制,即将合规管理的要求渗透进不同的业务流程,实现流程合规的标准化,例如,资产包收购与处置的合规流程、投行业务的合规流程、基金业务的合规流程以及消费金融业务的合规流程等都应该被纳入考虑范畴。通过这样的横向体系,公司能够更全面地管理合规事务,提高合规管理的效率和水平。

合规管理的纵向体系是指将上述合规要求细化分解为具体的重点任务和具体工作,确保这些任务能够逐一落实到各部门和分子公司,做到"横向到边、纵向到底",实现合规管理建设全覆盖。在此基础上,应确定合规管理建设的目标,以分层管理、全面覆盖为基本要求,力争构建垂直领导、职责明确、层次清晰、上下联动、协同高效、管控严密的一体化合规管理组织架构,精准分配合规管理职能到不同的管理部门,并建立协同配合的合规管理工作机制,保障各部门有效地开展合规管理工作,积极推进合规管理工作的实施(如图1所示)。

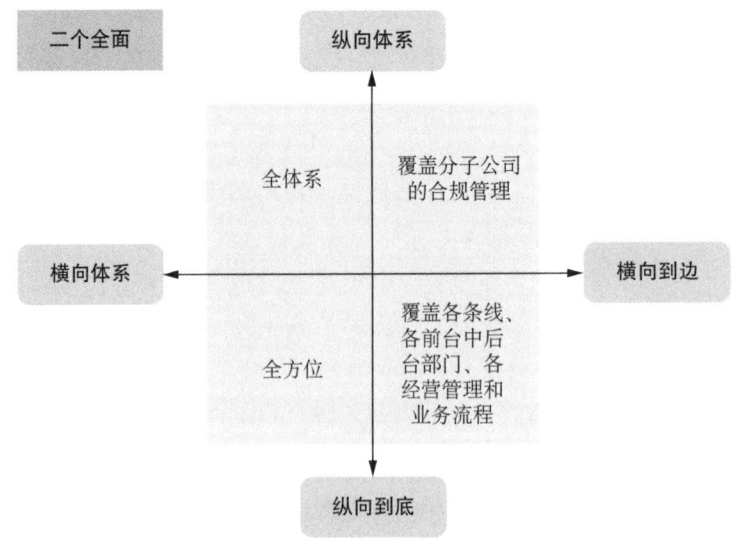

图1 合规管理的横纵体系

总的来说,地方资产管理公司应当着重对现有的内部管理机构、规章制度和业务流程进行深入的梳理、调整和完善。这一过程需要公司充分考虑自身的实际情况,识别合规管理中存在的短板和风险点。通过全面的评估和分析,公司可以制定出真正可行的、能够贯彻执行的合规管理制度和具体措施。这些措施应当与公司的战略目标和价值观相一致,同时,能够适应外部环境的变化和监管政策的更新。此外,地方资产管理公司还应该建立起完善的内部监督和反馈机制,以确保合规管理措施的有效实施和持续改进。①

(二)地方资产管理公司构建合规管理边界的必要维度

1. 发展维度:有助于依法合规经营,完善公司治理体系

合规管理边界的设定作为依法治国在资产管理行业的具体实践,是确保地方资产管理公司经营活动合法、合规,并促进企业健康、可持续发展的重要手段。强化合规边界的构建需要采取多种措施,其中包括通过教育培训等方式提升全体员工的法治意识和合规意识。同时,要在这个过程中建立健全监督机制和考核机制,确保合规管理制度得到有效实施。合规管理边界的构建对于地方资产管理公司的发展来说,不仅是追求经济效益的增长,更是在合规理念下提升企业核心竞争力的关键举措。因此,地方资产管理公司需要在筑牢合规管理的底线要求上下功夫,在不断加强风险管控的同时,积极探索和创新合规制度的顶层设计,优化企业的依法合规治理体系。②

2. 安全维度:提升服务实体经济和防化风险的能力

地方资产管理公司只有厘清合规管理的边界,建立科学有效的合规管理体系,推动合规管理的有效落实,才能有效地应对市场环境和法律法规、监管政策的变化。

---

① 顾海啸、周姗姗、许晓雨:《企业合规计划构建的关键要素之风险识别》,《西部学刊》2022年第9期。

② 刘相文、王德昌、刁维俣等:《中国企业全面合规体系建设实务指南》,中国人民大学出版社2019年版,第127—128页。

首先,地方资产管理公司在面对法律法规、监管规定等外部环境变化时,通过建立健全合规管理的管理边界、完善合规管理制度体系等,能够有计划、有步骤地推动合规管理体系建设。当前,不良资产处于深化发展的新阶段,作为不良资产管理的排头兵,地方资产管理公司更应当坚守主责主业,主动担当作为,通过多种途径参与化解重点行业、重点领域的金融风险,切实发挥金融稳定器和经济下行风险缓冲器的独特作用,经营管理必须依法合规,必须加强合规管理,变被动要求为主动推动。[①]

其次,通过以合规管理边界为工具,地方资产管理公司可以对各业务和管理领域的合规风险展开评估,推动风险治理前移,推进合规规则与具体业务、经营管理的深度融合,及时地发现隐患,在有效化解或降低风险的过程中实现公司高质量发展。一方面,当代企业的竞争愈加呈现为文化软实力的竞争,而提升合规竞争力可以避免公司的商誉受损,为公司塑造卓越的品牌形象,从而增强公司的文化软实力。另一方面,公司的合规建设情况逐渐成为市场衡量公司管理能力的重要指标。公司依法依规开展经营管理活动,能够提高公司的市场竞争力与影响力,使公司在较为激烈的市场竞争中凸显优势,获得更多的商业机会。

3. 价值维度:通过对业务发展的规划、控制和决策,为实现公司经营目标提供保障

合规管理对地方资产管理公司的重要性不言而喻,它围绕监管目标和业务发展进行规划控制,旨在实现对公司经营的日常管控,规避政策风险和市场风险。作为业务开展的基本依据,合规管理为日常经营活动提供决策支持,有助于实现公司发展的长期盈利和价值增长目标。对地方资产管理公司而言,合规管理不但是识别和规避风险的手段,更是企业稳步经营的重要助力。因此,地方资产管理公司更应充分意识到合规管理的价值维度,将其融入公司发展的各项事务。这包括做好合规信息分析,积极利用信息化、数字化技术,不断提高合规人员综合素养,以提高合规管理价值,创造实践

[①] 吴晓求等:《中国资本市场研究报告(2017) 中国金融监管改革:比较与选择》,中国人民大学出版社2017年版,第308—310页。

效果和价值创造水平,最终实现公司业务的长足发展,使公司在激烈的市场竞争中脱颖而出。

4. 公共利益维度:规范合规管理边界,实现与大监督体系的内在统一

社会公共利益保护的核心在于,将保护和促进公共利益纳入公司运营的全过程,确保公司的业务活动不仅遵循法律法规和行业标准,还秉持高度的社会责任感。[1] 对于地方资产管理公司而言,这意味着必须在合规管理体系的每个环节中融入对公共利益的保护和促进。首先,遵守国家法律法规是合规管理的基础,地方资产管理公司必须确保其所有业务活动都在法律允许的范围内。这不仅包括财务合规、反洗钱和反腐败措施,还涉及遵守有关环境保护、劳动权益保护等方面的法律法规。其次,地方资产管理公司在遵循行业标准和社会道德准则方面同样不能松懈,包括但不限于公平竞争、诚实守信、保护消费者权益等原则。这意味着公司需要推行透明公正的商业实践,确保与客户、供应商和其他商业伙伴的交易都基于公平的原则。更重要的是,地方资产管理公司需要积极承担起企业社会责任。在公平交易方面,公司应保证其投资、资产处置等业务活动的透明度和公正性,防止任何形式的不正当竞争行为。总而言之,地方资产管理公司的全面合规管理体系的构建需要从保护和促进公共利益的角度出发,实现遵循法律法规、承担社会责任和遵守道德准则的有机结合。[2]

四、构建科学、规范的合规管理机制的具体路径

(一) 不断完善全面合规管理的制度建设

对地方资产管理公司而言,建立和持续优化全面的合规管理边界,是推动其合规管理目标得以有效实现的核心任务。这一过程要求合规管理体系的构建应整合国企规制、类金融机构规制及四大资产管理公司相关规制的

---

[1] 夏梁省:《公共利益、民企利益与共融发展》,《重庆社会科学》2013年第10期。
[2] 曹兴权:《合规管理:形成中的公司治理习惯?》,《上海大学学报(社会科学版)》2022年第6期。

综合制度体系,并结合自身的行业特点,形成统一、明确、清晰的合规管理体系。在具体内容范畴方面,合规管理应涵盖法律监控、咨询、公司治理、合同和知识产权管理、争议解决及法律培训等多个功能,以此构筑一个包括纲领性、规范性和指引性制度在内的三级制度框架。①

具体而言,地方资产管理公司需搭建一个层次分明、功能各异的制度架构,明确该架构内各制度的创建、实施、检验及更新流程。该体系应全面考量并涵盖所有相关的法律、法规以及监管指南,形成一个全面的法律与合规框架,这个框架应覆盖诸如公司治理、财务管理、产权管理等核心业务领域,确保所有业务操作符合法律法规和行业标准。②

（1）健全规章制度体系。地方资产管理公司应健全合规管理的规章制度,构建分层、分级、分类的制度体系框架,确保结构清晰、内容完整、相互衔接、有效协同,切实提高制度管理的科学性和系统性。为实现这一目标,合规管理应注重分层、分级和分类的制度体系建设,涵盖不同层级和类别的合规要求,确保公司合规框架结构清晰、内容完整、相互衔接、有效协同。

（2）定期开展制度梳理。组织编制公司规章制度立、改、废计划,着力完善与上层重点改革任务相衔接的配套制度,并及时修订重要领域的管理规范,不断增强针对性和实效性。此外,公司还应加强对员工的规章制度宣贯培训,确保所有员工都能准确地理解和遵守相关规定。在此基础上,定期对执行情况开展监督检查和综合评价,增强制度的刚性约束,推动制度的有效落实。同时,应重视将外部法规内化,结合内部控制有效性评价,使合规管理更加科学和系统化。

（3）形成法治合规制度文库。需要对公司经营管理涉及的所有法律法规、国资监管和行业监管等规章制度和规范性文件进行全面梳理。这些文件应涵盖但不限于公司治理、投融资、招投标、劳动人事、合同管理、产权管理、财务税收、反垄断、展业规定等重点领域和重点内容,通过分层、分级、分类的方法,系统地组织和编纂这些规章制度,从而形成一个结构清晰、内容

---

① 王玉、李麒:《国有企业合规管理的现实问题与体系构建》,《中共山西省委党校学报》2021年第6期。
② 晏军主编:《企业内部控制》,南京大学出版社2022年第2版,第104页。

全面的合规管理制度文库。

（4）形成重点领域合规指引。地方资产管理公司应深入研究各业务领域的合规要求，设计并搭建符合公司需求与未来发展规划的合规管理体系。例如，针对最近兴起的消费金融业务，合规管理应重点研究个人信息和数据安全的合规管理要求，并在此基础上制定相应的制度文件。这些文件应涵盖业务合规指引、合规负面清单、合规分级操作标准等内容，为公司业务发展提供全面的制度保障。

（5）编制符合发展特点的合规手册。地方资产管理公司应编制符合自身特点的合规手册，以强化合规管理的约束机制和增强全员合规意识，并引领和推动各条线的合规管理工作。具体来说，合规手册应包括管理指引和执行手册两个部分。管理指引应明确合规的顶层设计，确立合规总则的要求，并从合规组织体系、制度体系、风险管理机制和文化建设机制四个方面丰富合规管理的内涵和外延。这部分内容旨在提供宏观指导，确保合规管理在公司战略和文化中的重要地位。执行手册应与业务紧密相连，重点聚焦于公司主营分期业务和商业化收购处置业务，详细列举各项业务的管理要点、业务合规风险等级判定及负面清单，进一步规范各项业务的合规执行。

（二）建立健全合规管理体系的组织架构

有效的合规管理边界必须依赖一个健全的合规管理组织体系。[①] 为此，地方资产管理公司应围绕"三道防线"的要求，从以下三个维度健全合规管理体系的组织架构。

（1）搭建合规管理组织架构是地方资产管理公司实现有效合规管理的关键步骤。地方资产管理公司应强化合规管理顶层设计，建立覆盖公司和各分公司、子公司的合规管理组织体系。该体系应具备统一、明确的合规管理目标和要求，同时，层级分明、权责一致，确保每个层级和部门的合规职责清晰明确。

（2）明确各层级的合规管理职责。地方资产管理公司应通过分级授权

---

① 郑雅方、方世荣：《论促进企业合规管理效率的政府监管》，《中外法学》2023年第6期。

机制,明确各层级的合规管理职责,确保合规管理权能在股东大会、董事会和监事会层面得以落实;在公司经营维度,应明确经理管理层、合规管理牵头部门、合规管理条线职能部门、业务部门和分公司、子公司等的合规管理职责。此外,公司应成立专门的法治合规建设领导小组和工作小组,负责监督合规管理基本制度的执行、决定重大合规风险事项的处理和应对、统筹合规管理检查、推动各项合规管理保障机制建设工作。①

(3) 持续强化合规队伍建设。合规队伍建设是落实合规管理要求的基本保障。地方资产管理公司可根据业务发展的规模,在总部机构设置合规管理岗位,配备足够且具备专业素养的专兼职合规管理人员;如果公司拥有较大规模的分公司或子公司体系,这些分公司和子公司也应配备专兼职的合规督导员,确保合规管理要求在各层级和各业务单元得以有效落实。

应确保第三道防线的有效运转。为此,地方资产管理公司需要让纪检监察部门、合规管理部门、审计部门等具有合规管理职能的监督部门之间建立明确的合作和信息交流机制。这些部门应加强协调配合,通过定期会议、联合检查、信息共享等方式,形成管理合力,共同推进合规管理工作(如图2所示)。

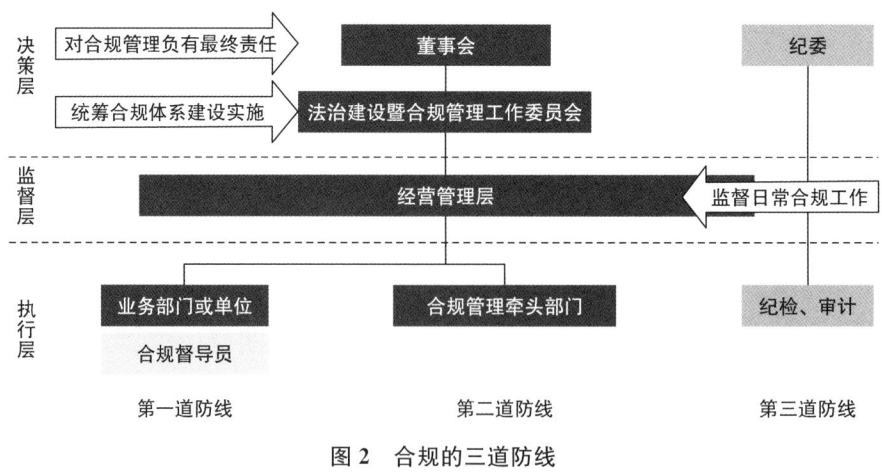

图 2 合规的三道防线

---

① 张杨:《公司合规管理与董事监督义务的逻辑展开》,《北京航空航天大学学报(社会科学版)》2023年第4期。

(三)制定科学的合规管理的运行机制

(1) 建立合规风险识别机制。地方资产管理公司应构建全面的合规风险识别机制,以确保公司运营的合法合规。具体而言,可对照资产管理公司业务经营规制文件和国资监管的规定,参考相关专业监管条线的专项文件和各管理条线专业的合规要求,形成符合自身需求的合规风险识别机制。为实现这一目标,地方资产管理公司可以制定关于合规风险识别、管理和评估的制度,系统化和标准化合规风险管理。同时,可适当组织全公司开展岗位风险识别工作,要求每位员工根据本岗位的实际工作,梳理和识别自身岗位职责合规风险点,并由合规督导员汇总后报送法律合规部。法律合规部在合规风险识别情况的基础上,建立并日常维护公司的合规风险识别清单。

(2) 构建合规风险处置机制。地方资产管理公司为应对风险事项,应构建强有力的合规风险处置机制。通过合规风险处置机制,形成风险的处置、化解方案,明确相关人员的处罚标准,避免风险事项的进一步扩大。为此,地方资产管理公司的合规管理部门应当制定《合规管理规定》,明确界定风险事项的标准和应对措施,打通合规风险事件的报送路径。此外,公司还应积极运用信息化治理手段,建立合规报告报送审批平台,以提升风险事件报送与审批的效率和效果。

(3) 完善合规管理渗透机制。合规管理应渗透公司的各个领域条线,以保障合规管理的有效性和实践性。在顶层设计上,地方资产管理公司应把总法律顾问工作机制写入公司章程,建立健全总法律顾问制度。明确公司党委委员、总法律顾问分管法律合规事务,在经营管理、业务开展等事项中充分发挥总法律顾问的作用。此外,在具体执行上,地方资产管理公司法律合规部作为法律合规事务执行部门,牵头开展合法合规性审查工作,实现法律合规提前介入和全程参与的工作流程。法律合规部应在项目前期立项、尽职调查、评审决策、合同审核等多个环节提供前置服务,确保规章制度、重大决策、合同等合规审核的实现率达到全覆盖。同时,为细化合法合规审查标准,地方资产管理公司应针对不同的业务类型,构建包含合法合规性审查指引、债权收购处置业务审查指南、破产重整业务审查指南、基金业务审查指南等在内的制度体系。通过系统而全面的合规规则,提升公司的法律服务标准化程度及效率,实现非标业务的审批标准化。

(4) 优化合规管理检查机制。地方资产管理公司应切实开展合规检查工作,将其作为合规管理建设工作的重要切入点和突破口。坚持常态化开展合规管理定期检查工作和专项检查工作,确保合规管理体系的全面覆盖和有效运行。合规检查应涉及公司本级及各并表子公司制度的完备性和合规性,以及各项业务是否按照制度规定执行。这些检查应涵盖公司主要的七大业务类别,包括金融不良资产收购、委托第三方清收业务、不良资产处置分期业务、投行化业务、基金业务、债权管理业务和保理业务。地方资产管理公司可根据自身的业务布局情况,对各条线持续开展风险排查,确保合规管理覆盖所有业务领域。总的来说,合规管理是全公司各条线的共同任务,风险管理、财务管理、安全生产、人力资源、信息技术等各个业务管理条线应持续开展本条线的风险排查工作。法律合规部则应积极予以配合,并对排查发现的问题进行共享,共同研究制定应对措施。

(5) 统筹合规管理协同机制。地方资产管理公司应建立并强化纪检监察、合规管理部门及审计部门等具有合规管理职能的监督部门之间的合作和信息交流机制,加强协调配合,形成管理合力。定期召开协调会议,及时共享重要的合规信息和发现的潜在风险点。合规管理部门应制定详细的合作流程和操作规程,确保各部门在处理合规事务时能够无缝衔接。审计部门则应定期对合规管理体系进行独立评估,提供改进建议,并监督各部门的整改落实情况。

(6) 推进合规管理问责机制。地方资产管理公司应结合监管规定和审计标准,以问题为导向,以提升合规经营为目标,制定切实可行的整改举措,积极、细致地推进整改及问责工作。对合规检查中发现的问题进行深入分析,找出问题的根源,并制定针对性的整改方案。合规管理部门应负责监督整改措施的实施,确保所有问题得到解决。合规管理部门应对违规行为进行严格问责,明确相应的惩处标准,并确保这些标准得到落实和执行。惩处标准应包括警告、罚款、降职直至解除劳动合同等不同层次的惩罚措施,以确保惩处具有震慑力和实际效果。

(四）推进全面合规管理体系的数字化改革

地方资产管理公司需要从业务合规防控系统和合规管理专项系统两个方面提升信息化技术水平。在业务合规控制系统方面，公司应不断升级现有的核心业务系统、OA平台、门户网站等主要业务系统，将合规管理要求嵌入经营管理和业务开展的各个环节，确保实质性地把控经营管理和业务的合规风险。在合规管理专项系统方面，应集中开发合规文库、合规检查、合规报告、合规宣贯管理模块等功能，实现合规管理事前预防、事中控制、事后监督，并将合规体系的运行和日常工作流程化、平台化。最终，通过建立合规管理信息报告、整合共享与分析平台，实现合规管理信息的采集、共享与智能分析。

结合全面合规体系的数字化改革，地方资产管理公司还可探索利用人工智能、大数据等先进技术手段，增强合规管理系统的智能化水平。例如，通过算法优化合规风险的自动识别和评估，利用机器学习对合规管理实践中的模式和趋势进行深入分析。[1] 与此同时，公司必须着力加强数据安全和隐私保护，确保合规信息处理过程中的数据安全性和隐私合规性，为地方资产管理公司的合规管理提供坚实的技术支撑。

现代化的合规管理不仅仅是建立一整套合规管理的制度，更要设置从上到下的合规管理组织机构，还应当考虑如何将合规管理各环节体现为可视化、可度量、可评价的合规管理系统。[2] 一方面，合规管理信息化能够提高管理效率，实现降本增效。另一方面，公司在信息化合规管理过程中形成的记录，可以帮助公司在监管机构或商业伙伴的调查、执法、合规性审计等场景中，证明公司遵守了相关法律法规和内部规范的要求。在发生合规风险事件时，信息化合规管理系统中对合规风险的识别、检查和事件报送等工作中形成的记录，可用于证明公司已经主动识别和防范风险并采取了一定的安全保护措施，有助于减轻甚至免除公司相关责任和名誉损失。[3]

---

[1] 王滨：《金融企业合规管理向数字化转型》，《中国金融》2023年第22期。
[2] 崔永东：《从法律激励视角看企业合规》，《法治研究》2023年第1期。
[3] 陈瑞华：《企业合规整改中的专项合规计划》，《政法论坛》2023年第1期。

(五)发挥首席合规官的统筹管理优势

在企业的合规管理框架内,尽管合规部门已经建立了横跨不同部门的交流协作、业务监督、合规咨询等多元化的协作机制,但为了保障这些体系能够高效运行,必须引入一个具有中心化协调功能的角色。在此背景下,首席合规官的设立显得尤为关键,他们在促进整个合规管理体系的协调与统一中发挥着不可替代的作用。在地方资产管理公司的业务往来中,合规管理的任务并不仅仅局限于审查合同、控制运营成本,或者是避免财务及声誉风险,而应该被定义为一种综合性、有组织的、预见性的管理活动,它需要结构化、系统化以及协调一致的处理方法。因此,确立首席合规官的职位,对于增强企业合规治理体系的整体效能来说是一项至关重要的战略决策。

在指定首席合规官的过程中,赋予其适当的管理权限至关重要,这也使他们能够有效地协调各方资源,推动合规活动的顺利进行。国际标准化组织在其发布的《合规管理体系要求及使用指南》(ISO 37301:2021)中明确规定,需要为负责合规体系运营的个体提供必要的授权。[1] 相应地,中国原银保监会在2022年8月22日颁布的《理财公司内部控制管理办法》中,也明确了在高层管理团队中设立首席合规官的重要性。该办法强调,首席合规官不仅应参与至关重要的业务决策过程,提供合法性和合规性的评估意见。[2] 这一职位的设立和相应的权力赋予,标志着首席合规官在维护企业合规性、指导企业遵守相关法律法规方面发挥着核心作用,也能够有力地确保企业运营在合法合规的轨道上稳健前行。

但考虑到该管理办法中未对首席合规官的职责进行详尽的描述,地方资产管理公司有必要根据自己的具体状况,在内部规定中明确首席合规官的职责界限,从而保障其在促进合规管理体系中扮演的关键角色能够得到充分发挥。具体来说,企业可以授权首席合规官担任跨部门合作的牵头人,

---

[1] See ISO 37301:2021, *Compliance Management Systems — Requirements with Guidance for Use*, https://www.iso.org/obp/ui/en/#iso:std:iso:37301:ed-1:v1:en, last visited at April 6, 2024.
[2] 《理财公司内部控制管理办法》(2022年8月22日),中国政府网,https://www.gov.cn/zhengce/2022-08/25/content_5725833.htm,最后访问:2024年4月6日。

以应对合规方面的紧急风险事件,或赋予其制定和实施风险防范策略的责任。这些具体措施不仅能够加强首席合规官在维护企业合规性方面的主导作用,还能够有效地推动合规文化在企业内部的根植与执行,从而确保企业的管理活动和业务运作都能在法律和道德的框架内进行。

五、结语

增强合规管理有效性是地方资产管理公司适应不断变化的监管环境、确保业务合法合规进行的关键。在当前金融市场复杂多变的背景下,合规管理不仅仅是遵循规则的被动行为,更是一种积极主动的管理策略,旨在引导公司稳健经营,促进高质量发展。为了走好合规经营之路,地方资产管理公司必须不断地提高合规管理的有效性,构建一个既符合自身实际情况又能适应外部环境变化的合规管理体系。因此,地方资产管理公司应当视增强合规管理有效性为一项持续的任务,积极探索和实践,确保其合规管理体系既能满足当前需求,又具备面对未来挑战的弹性和适应性。具体来说,公司需要不断完善合规管理制度,提升合规管理人员的专业素养,强化合规风险的识别和防控能力,并借助先进的技术手段提高合规管理的效率。通过这样的努力,地方资产管理公司能够在确保合规的基础上实现稳健经营和高质量发展。一个强有力的合规管理体系不仅能够帮助公司有效地应对各种合规风险,还能提升公司的市场竞争力,增强投资者和客户的信任,从而在复杂多变的市场环境中实现持续成功。

个人破产制度阐释与构建

论中国个人破产法律制度的构造与完善

——从法教义学的立场出发

曾 晶[*]

一、引言

随着市场经济的发展,个人破产案例不断增多。中国现行《企业破产法》主要着眼于企业法人,而对自然人破产的相关规定尚不完善,这在一定程度上削弱了法律对个人经济困境的应对能力。在社会经济迅猛发展的背景下,构建一个科学且合理的个人破产法律制度显得尤为迫切。个人破产法律制度的建立,不仅涉及债权人权益的维护,也关乎债务人的基本生活保障和社会的整体稳定。因此,明确个人破产的定义和特点,区分个人与非个人破产的条件,成为构建个人破产法律体系的关键步骤。此外,该法律体系的设计应涵盖破产申请与受理、债务人财产的调查与债权的申报、债务清偿、个人债务的集中清算以及债务的免除等关键环节。

为了确保个人破产这一法律体系的有效实施,中国应当考虑建立符合国情的自然人破产登记与信息披露机制,实施债权人会议制度,并根据个人财产自由和有条件免责的原则,完善中国的个人破产信用体系。这将有助于提升破产法律制度的实施效率,并确保债权人与债务人的合法权益得到妥善保护。本文将在探讨构建中国个人破产法律制度的基础上,分析其在实际操作中面临的主要问题,并提出解决方案,旨在为完善中国的个人破产法律制度提供理论依据和实践指导。

---

[*] 曾晶,深圳大学法学院副教授。

二、适用范围:自然人还是非自然人

在审视中国个人破产法律制度的适用范围时,首先需要界定自然人与非自然人在该制度中的法律地位。这是因为个人破产制度的有效运作和公平适用依赖主体范围的明确。自然人的破产能力与其民事行为能力紧密相关,一般而言,只有具备完全民事行为能力的自然人才能具有破产能力。此外,个人破产法律制度的构建需考虑社会经济秩序的整体状况,旨在帮助那些诚实守信但遭遇不幸的债务人,而非纵容非诚信行为。个人破产法律制度的核心在于为债务人提供一个法律框架,使其能够以公正和有序的方式解决债务问题,同时,确保债权人的合法权益得到有效维护。① 为了构建这个框架,可以参考美国个人破产制度的经验。美国的个人破产制度根据债务人的可预测性与不可预测性进行区分,这种分类方法对中国个人破产法律制度的构建具有重要的借鉴意义。在界定中国个人破产法律制度的适用范围时,应当综合考虑债务人的偿还能力、财产状况以及其履行债务的意愿和行为。这些要素是判断个人破产适用性的关键,它们能够帮助司法裁判者更准确地识别哪些债务人应当纳入个人破产法律制度的保护范围。具体来说,个人破产法律制度的适用可分为以下三种情况。

(1)当债务人具备偿还能力却拒绝履行其法律义务时,尽管其有经济实力偿还债务,却选择不履行责任,也不提供任何财产担保。在这种情况下,法律制度必须介入,通过剥夺其主体资格,强制执行其偿还义务,以确保债权人的权益得到充分保护。

(2)如果债务人有偿还能力,但故意隐匿或转移财产以逃避债务责任,法律的介入不仅要恢复其主体资格,还要追查并追回隐匿或转移的财产,确保这些财产能够用于清偿债务,从而保障债权人的合法利益。

(3)对于那些暂时或永久丧失偿还能力的债务人,即便他们无力继续履

---

① 殷慧芬:《个人破产立法的现实基础和基本理念》,《法律适用》2019 年第 11 期。

行债务,但只要其仍拥有足够多的财产,法律制度应当通过破产程序或其他法律手段,确保债权人能够从这些财产中获得应得的清偿。

在这些不同的情境下,法律的核心目标是通过合理和公正的程序,既保护债权人的合法权益,也维护社会经济秩序的稳定和公平。

值得注意的是,虽然自然人与非自然人在个人破产制度中的法律地位并不相同,但该制度的建立并非完全以自然人主体身份作为唯一基准。随着市场经济的发展和经济活动的多样化,非自然人参与个人破产法律制度的必要性也在日益凸显。因此,在确定破产申请的主体资格时,应综合考虑债务人是否面临无法清偿到期债务的情况以及造成这一状况的原因,厘清是资本不足以抵偿债务,还是明显缺乏清偿能力。中国个人破产法律制度的适用范围应与时代发展同步,既要满足自然人的破产保护需求,也要考虑非自然人的特殊情形。通过科学合理的法律设计,可以为各类债务人提供平等的法律保护,同时保障债权人的利益不受损害。

(一) 自然人在个人破产法律制度中的地位

在个人破产法律制度的框架下,区分自然人与企业法人的角色不仅是必要的,而且是理解整个制度的基础。自然人作为市场经济活动中的基本单元,其参与经济生活的多样性和复杂性使得其在个人破产法律制度中的地位与企业法人有着根本性的区别。其重要性具体而言表现在以下四个方面。[1]

(1) 个人破产制度的建立与市场主体的角色密切相关,自然人在市场经济中扮演着核心角色。这一制度不仅有助于保障交易的安全,还能维护市场秩序,促进经济的持续健康发展。通过为自然人提供破产保护,个人破产制度能够有效地减少因债务问题引发的社会不稳定因素,推动整体经济的良性循环。

(2) 个人破产制度的实施能够有效地降低企业破产案件的数量。通过明确个人破产法律制度的适用范围,法院可以更有针对性地处理破产案件,

---

[1] 李宏伟:《我国构建个人破产制度的现实困境与法治对策》,《中州学刊》2019年第11期。

从而减少企业法人破产案件的发生。这不仅减轻了法院的工作负担,还促进了市场竞争,提升了经济效率。

(3) 个人破产制度有助于实现市场主体地位的平等。在现行法律框架中,自然人与企业法人共同存在,并在市场经济活动中享有平等地位。《企业破产法》第二条的规定,明确了当前框架下的破产法律制度适用于企业而不包含自然人,这一规定并非为了排除其他个体,而是为了更精确地界定其适用范围,从而确保自然人在市场中与法人享有平等的法律保护和责任。个人破产制度还与执行程序有着密切的关联性。《企业破产法》第十六条规定,一旦人民法院受理破产申请,债务人对个别债权人的清偿行为将被视为无效。这表明,自然人作为破产债权的受益者,有权要求债务人按照法律规定履行责任。

(4)《企业破产法》还规定了共益债权与破产债权的相关规则。自然人在执行程序中可以享有共益债权和破产债权,其中,共益债权允许债权人优先从债务人的财产中获得偿还,破产债权则确保债权人在执行程序中的权益得到优先保障。这一系列规则的制定,旨在通过法律手段平衡各方利益,确保市场经济的稳定与健康发展。

综上可见,自然人在个人破产法律制度中的地位极为重要。确立自然人的法律地位,不仅可以维护债权人的利益,还能够为自然人提供必要的法律保护,确保其在经济困境中能够得到合理的债务解决途径。这对于实现社会公正和推动经济发展具有深远的意义。

(二) 非自然人在个人破产法律制度中的地位

在《企业破产法》的背景下,非自然人通常指的是那些没有资格申请破产的个体。在中国法律体系中,对这一概念的明确界定至关重要,因为它关系到企业法人与个人之间的关系,以及对市场经济秩序的影响。[1] 从制度运行的现实来看,企业法人作为追求利润的经济实体,在经营活动中产生债务是常见现象。当企业面临破产时,这些债务会被清算,导致企业法人资格的

---

[1] 汤维建:《制定我国〈个人破产法〉的利弊分析及立法对策》,《甘肃政法大学学报》2021年第6期。

终止。非自然人概念的设立,旨在维护企业间的正常合作秩序,确保经济的平稳发展。与之相对的,在非法人组织破产资格的问题上,尽管《企业破产法》没有对非法人组织给出明确的定义,但法律条文的解释空间为非法人组织在满足特定条件下申请破产提供了可能。这为那些没有法人资格但具有独立经济活动能力的实体提供了法律救济途径。

在破产主体范围的界定上,如果将非法人组织纳入破产主体的范围,必须审慎考虑其对企业合作和经济秩序的潜在影响。非法人组织的破产不仅涉及财产清算,还可能波及其合作伙伴的利益,因此,在立法时需要全面评估其对经济活动的影响。同时,也要慎重考虑破产法律制度的适应性。随着市场经济的发展,非法人组织的经济活动日益频繁,它们在个人破产法律制度中的地位也应得到相应的法律认可。这要求《企业破产法》在保持稳定性的同时,也要具备一定的灵活性,以适应经济活动的变化。非自然人在个人破产法律制度中的地位是一个复杂且敏感的问题。在制定相关法律时,需要平衡保护债权人利益与维护市场秩序之间的关系。法律制度的设计也应充分考虑经济实践的多样性,为不同类型的经济实体提供合理的法律框架。

(三)破产主体的界定:自然人与法人的区分

在破产法律制度体系中,确定破产主体的资格是执行该法律的关键。破产主体一般指的是因经营或消费活动导致经济困难的自然人。[①] 在此基础上还应将民事行为能力的限制纳入考虑范畴。不具备完全民事行为能力的个体,包括无民事行为能力和限制民事行为能力的个体,不能申请破产。这一规定的目的在于保护那些无法妥善管理自己财产的个体,确保他们在破产程序中的权益得到合理处理。此外,对于未成年人或其他需要特别保护的个体,其法定监护人有权代表他们申请破产。《民法典》的相关条款为法定监护人的这一权利提供了法律支持。

从企业法人破产资格的限制来看,现行《企业破产法》规定,担任企业法

---

① 杨晶、王昭武:《论破产欺诈行为刑民界分的认定标准》,《学术探索》2024 年第 4 期。

人的法定代表人、董事、监事等职务的个体，不能申请破产。这一规定反映了立法者在个人破产与企业法人破产责任之间作出的区分，以确保法律的适用性和有效性。破产主体的界定对《企业破产法》的公正执行至关重要。中国法律对破产主体的分类不仅保护了弱势群体的权益，也保证了法律的适用性和有效性。随着法律实践的深入，对破产主体的理解和应用预计将得到进一步的细化和完善。

（四）非自然人债务人的破产资格

《企业破产法》第二条为符合破产申请标准的企业法人定义提供了清晰的法律基础。中国现行的《企业破产法》也涉及了非自然人债务人的破产资格，包括一系列特定的法律实体。① 非自然人债务人主要包括个人独资企业的投资者、合伙企业的合伙人（含普通合伙人）、个体工商户以及农村承包经营户。这些实体虽然不具备自然人的身份，但在特定情况下可能涉及破产法律关系。

此外，破产申请的限制与潜在可能性也需予以关注。根据现行《企业破产法》，上述非自然人债务人在常规情况下可能无法直接提出破产申请。但在特定情况下，他们可能获得申请破产的许可。这种可能性包括债务人在破产程序启动后仍有足够的收入维持家庭基本生活，或其破产不会对家庭成员的基本生活带来负面影响。这也就涉及破产程序中的生活保障问题：法律特别关注非自然人债务人破产后的生活保障问题。确保债务人在破产程序启动后其家庭成员的基本生活需求得到保障，是破产法律制度的关键考量。在破产程序中，债务人的合理消费支出也应被适当考虑，以确保其基本生活不受破产程序的影响。

非自然人债务人的破产资格是一个涉及个体与法人之间权利义务平衡的复杂问题。现行《企业破产法》对非自然人债务人的破产申请设定了限制的同时，在特定条件下也提供了破产保护的可能性。随着法律实践的深入，对非自然人债务人破产资格的理解和应用预计将变得更加精细，以适应社

---

① 巴于茜：《个人破产失权制度与复权制度的理论基础与规范构造》，《江汉论坛》2024年第2期。

会经济环境的持续变化。

(五)小结:借鉴与本土化

美国个人破产法律体系的演变深受其悠久的法律传统的影响。[①] 19世纪通过的《资不抵债法》标志着美国个人破产法律制度的初步形成,允许债权人在债务人无力偿还债务时,通过法律程序申请企业破产,以确保债权得到偿还。在20世纪80年代和90年代,美国通过实施《企业破产法》和《财务管理法》,进一步完善了个人破产的法律架构。这些法律共同构成了美国个人破产制度的核心。在美国的个人破产法中,其适用范围主要针对自然人与非自然人,其中,自然人能够申请破产保护以获得重新开始的机会,而该法律的目的在于帮助那些负债沉重的个人取消大部分债务,从而摆脱债权人的追讨。美国《企业破产法》规定了多种破产形式,如第七章的资产清算和第十三章的债务延期偿付,这些方式主要适用于有固定收入的个人债务人。然而,对于非自然人(如公司等),破产清算后,它们将会彻底退出市场并丧失法律人格,因此,它们不适用个人破产法的免责规定。此外,尽管美国《企业破产法》强化了免责功能,但也存在例外情况,如果债务人在破产程序启动前一年内有转让、转移、损毁或隐匿财产等行为,就可能无法获得免责。总体而言,美国《企业破产法》更倾向于为自然人提供破产保护,而非自然人在该法律体系中有其特定的处理规则。

在构建中国个人破产法律体系时,我们应当参考美国的经验,并结合中国的法律传统和社会实际情况。中国在确定个人破产法律的适用范围时,应遵循自然人优先的原则,确保首先保护自然人债务人的合法权益,同时,应合理界定非自然人债务人的破产资格。中国个人破产法律体系的建立,既要汲取国际先进经验,也要符合中国的国情和法律实践。通过细致的分析和精心的设计,可以构建一个既能有效地维护债权人的利益,又能为诚实但遭遇不幸的债务人提供必要救济的法律体系。

---

① 王欣新:《个人破产立法中的观念转换与制度支撑》,《中国应用法学》2024年第2期。

三、申请与受理：破产申请的主体资格

自2021年3月起，《深圳经济特区个人破产条例》正式生效，在实施后的短短半年内，就接收了超过640宗个人破产申请案例，其中，将近300宗由于申请人不符合条例规定的条件而被驳回。[①] 这一现象引发了一个关键问题：究竟哪些债务人在符合哪些具体条件时，才能够获得个人破产制度的救助，以及债务人需要承担何种代价，这关系到破产申请主体资格的问题。中国《企业破产法》第二条规定，当企业法人面临无法偿还到期债务，且其资产不足以覆盖全部债务或明显缺乏偿还能力时，依法进行债务清算。该条款明确指出，破产申请的主体限定为非自然人，自然人主体则需寻求其他法律途径以获得救济。[②]

在司法实践中，破产申请主体主要分为两类：自然人债权人和非自然人债权人。对于个人债务清理程序，债权人须满足《企业破产法》规定的破产条件方能提出申请。在个人破产程序中，非自然人债权人在提出破产申请时，须通过民事诉讼程序向人民法院提出申请，并应持有与债务人相同的身份证明、户籍资料及财产证明文件，以确保申请过程的合法性及申请人资格的正当性。

除个体经营者以外，近年来大量自然人以个人名义直接参与商事活动，这部分商事主体一旦遭遇市场风险，需要以个人名义承担无限债务责任，不能获得与企业同等的破产保护，无法实现从市场的退出和再生。建立个人破产制度，是健全市场退出机制、优化营商环境、激发商事主体的竞争力和创造力的需要，也是防范化解金融风险、完善社会信用体系建设的需要。自然人和非自然人债权人作为破产申请的主体，其权利和义务均应受到法律的规范与保护。通过明确申请条件和程序，可以提升破产法律制度的效率和公正性。

---

① 唐荣、李文茜：《为"诚实而不幸"的创业者兜底》，《法治日报》2022年3月11日，第4版。
② 徐阳光：《个人破产法的范畴厘定与误区纠偏》，《中国应用法学》2024年第1期。

(一)破产申请主体资格的界定

根据《企业破产法》的相关规定,破产申请的主体资格被严格界定,以确保法律的公正性和有效性。虽然中国当前破产制度的设计主要针对的是企业法人,然而,根据《企业破产法》第一百三十五条之规定,对于非企业法人机构,如果在其他法律条文中有所规定,这些机构同样可以适用企业破产清算的相关程序。在中国的法律框架下,根据《合伙企业法(2006年修订)》的规定,合伙企业有权启动破产清算流程,且具备被正式宣告破产的资格。需要注意的是,普通合伙人在企业破产后,仍需对未偿债务承担无限责任。这意味着,尽管合伙企业能够依照法律规定寻求破产保护,普通合伙人却不能享受同等的破产救济。至于个人独资企业,尽管《个人独资企业法》未明确其能否适用破产程序,但最高人民法院的裁决已确认其破产清算的可行性。个人独资企业可以申请破产,且其投资人对企业遗留的未清债务同样负有无限责任。个人独资企业虽能获得破产法的庇护,但其投资人不在破产救济的范围内。总结来看,合伙企业和个人独资企业均符合《企业破产法》的适用条件,但它们并不属于个人破产制度的适用范畴。相反,普通合伙人和个人独资企业的投资人虽然不能从企业破产制度中获益,却应当被纳入个人破产制度的考虑范围。这一规定划分了不同类型的企业在破产法律适用上的界限。

此外,中国《民法典》对民事行为能力的限制进行了规定,明确指出限制民事行为能力人和无民事行为能力人不得自行申请破产。在特定情况下,如债务人的配偶、成年子女或其他近亲属,在得到债务人同意的情况下,也可以代为申请破产。[①] 破产申请主体资格的明确界定,对于确保破产法律制度的公正性和有效性至关重要。通过细化各类主体的申请条件,可以保障所有符合条件的经济实体和个人在面临财务困境时,都能依法获得破产保护。

---

① 曹启选:《构建个人破产制度的若干思考——以深圳探索经验为视角》,《中国应用法学》2024年第1期。

(二) 非自然人债权人的破产程序参与权

在破产法律框架下,非自然人债权人扮演着至关重要的角色,尽管他们直接申请破产的权利受限。根据现行法律,这些债权人必须通过民事诉讼程序,向人民法院提起确认之诉,或在适当的时机被纳入为共同原告或被告,以参与破产程序。非自然人债权人参与破产程序的途径通常涉及个人破产清算的申请。在中国的法律体系中,个人破产清算具有两个显著的特点。① 一是适用主体的多样性。企业债务集中清理程序主要适用于满足《企业破产法》第二条规定的破产条件的债务人,个人破产清算则更为广泛,不仅包括自然人债务集中清理,也包括个人破产清算。二是适用范围的广泛性。个人债务集中清理程序仅在债务人满足特定的破产条件时适用,个人破产清算程序则更为全面,不仅包括自然人债务的集中清理,还涵盖个人破产清算的各个环节。

需要注意的是:将非法人经济实体纳入个人破产法规的适用对象,显然是不恰当的。从根本属性上讲,这些实体缺乏自然人的生命特征,一旦其法律地位终止,就不存在生存延续的问题。相反,个人破产程序终结后,债务人仍须面对生活的挑战,继续在市场经济中活动。在组织架构、运营模式和财务管控方面,非法人经济实体与企业法人展现了显著的共通性,均表现出较强的规模化和正规化特征。从公众的认知习惯出发,个人通常指的是单独的自然人,组织则是多人联合构成的复合体。法律应当符合大众的认知,将非法人组织纳入个人破产法规内,可能会引起人们对法律概念的理解困惑,导致司法实践中的混乱。在民事法律体系中,非法人经济实体、个人独资企业与合伙企业被归类为相同的民事主体类型。因此,它们应当受到《企业破产法》的调整,这一做法与地方在个人破产实施中的具体做法保持一致,更为合理和妥当。

综上,中国个人破产法应将适用范围限定为民法意义上的自然人,这涉及实际存在的生物自然人和法律上构造的拟制自然人,而不应将非法人经

---

① 周颖:《消费信贷视角下个人破产免责的理念与规则》,《现代法学》2024年第1期。

济实体包含在内。尽管个人破产制度与企业破产制度在若干方面存在差异,但它们在立法宗旨、制度架构和内容上有着显著的相似性,总体而言,两者的共同点更为突出。

四、债务人财产调查与债权申报:债权人权利的界定

在解决了个人破产申报主体资格的问题之后,对债务人资产的审核与债权的申报也是个人破产程序中不可忽视的基本步骤。① 债权人提出破产申请往往是基于债务人未能履行合同义务或法定责任,而非对债务人资产状况的不了解。一旦债务人被宣布破产,他们必须向法院全面报告自己的资产,并接受详尽的资产审查,同时在债权人会议上接受询问。在此过程中,债权人享有一系列权利,包括但不限于委任管理人、资产状况查询、债权清单的制定与公示、债权申报规范、知情权、决策权、异议权、监督权和救济权。债权人可以请求法院在债权人会议上指派一名管理人,负责对债务人的资产进行审查和管理,并在会议上详尽地询问债务人的资产状况。债权人有权要求管理人编制并公示债权清单以及相关的债权文件和信息。法律应明确债权人申报债权的条件、程序、时限和费用,确保债权人了解破产程序、参与决策过程并提出异议。此外,债权人有权监督管理人和其他相关人员,并在发现不当行为时采取补救措施。

在资产审查过程中,管理人的角色至关重要。法院应指派专业人员担任管理人,并明确其职责和权限。管理人负责向法院报告债务人的资产和债权状况,并有权申请撤销不实的陈述。同时,破产申请人或第三方也应有权查询债务人的资产和债权状况,并提出相关申请。债权人在债务人资产审查与债权申报中的权利对破产法律制度的公正执行至关重要。确立明确的权利和法律框架,可以保护债权人的利益,并确保破产程序的透明度和效率。

---

① 周陈:《我国个人破产免责考察期制度的反思与重构》,《法商研究》2023年第6期。

(一) 债务人财产申报与债权人会议的职权

在个人破产法律框架内,债务人的财产披露与债权人会议的召开是保证破产程序透明度与公正性的核心要素。根据现行法律,管理人必须在首次债权人会议上向法院提交债务人的财产状况报告,这是债权人会议的关键职能之一。①

鉴于债权人与债务人之间可能存在的利益冲突,一些法院在实践中要求债权人会议对财产状况报告进行审议和投票。依据中国现行的法律,债务人的财产披露和债权申报并未被明确划入债权人会议的职能范畴,这与中国的实际国情和破产法律实践的需求存在差距。在个人破产程序中,债务人的财产披露和债权申报对确认破产原因至关重要。没有这些关键信息,人民法院就难以判断债务人是否符合破产条件。此外,只有在债务人的财产披露和债权申报完成后,管理人才能编制债权清单,并提交给债权人会议进行审查和投票。

目前,中国个人破产制度尚未明确规范债务人的财产披露和债权申报的具体程序,这在一定程度上影响了破产程序的效率和债权人权益的保护。因此,完善相关法律规定,明确债权人会议在债务人财产披露和债权申报中的作用,对于提升破产法律制度的执行效果具有重要意义。② 债务人的财产披露与债权人会议在个人破产程序中发挥着至关重要的作用。为了更好地适应中国国情,有必要对现行法律进行修订,确保债权人会议能够充分行使职权,有效地监督债务人的财产披露和债权申报,以保障债权人的利益并促进破产程序的公正执行。

(二) 管理人报告制度的构建与隐私保护

在个人破产法律框架下,管理人对债务人财产的审核结果需整理成财产报告,这一环节是管理人向法院汇报工作进展并接受债权人监督的重要

---

① 陈科林:《信义关系视角下破产管理人的法律地位》,《政治与法律》2023 年第 11 期。
② 史慧敏:《比较法视域下我国个人破产构建进路——以美国个人破产制度经验为借鉴》,《特区经济》2023 年第 9 期。

步骤。为确保债务人财产审核与债权申报的流程得以顺利进行,法律应明确管理人编制财产报告的责任,以及向法院报告债务人财产和债权状况的职权。① 此程序往往也会涉及债务人的诸多个人信息。

在个人破产案件中,保护债务人的隐私权同样重要。因此,财产审核和债权申报的具体细节不应公开,以避免侵犯债务人的隐私。同时,考虑到个人破产对债务人利益的重大影响,财产报告的编制也应防止泄露与债务人相关的敏感信息。如果债务人提交破产申请后,相关审核和申报事项未经过债权人会议的审议,管理人应依法向法院提交报告。借鉴国外的立法经验,如果管理人发现审核结果与实际情况不符,应有权请求法院撤销相关报告。中国立法也应考虑引入类似规定,以确保管理人在编制财产报告时能够妥善地处理债务人的隐私信息。

破产管理人的报告制度与债权人会议制度虽然在目的和功能上有所区别,但它们并非相互排斥,而应相互配合、互为补充。债权人会议制度旨在确保债权人对债务人行为进行监督,管理人报告制度则旨在确保管理人对管理的财产和债权状况有全面的了解。管理人编制财产报告的制度与债权人会议制度共同构成了个人破产法律制度的完整性,确保了程序的透明度和公正性。管理人报告制度的建立对于个人破产程序至关重要,它不仅保障了债权人的利益,也维护了债务人的隐私权。通过明确管理人的职责和权利,以及合理处理债务人的隐私信息,可以提高破产法律制度的效率,促进法律的公正执行。

(三)债权申报、确认与债务免除的程序

在个人破产法律框架内,债权申报是关键的组成部分,它涉及债权人向管理人提出债权,并请求在破产程序启动后由管理人确认其债权。对于破产程序启动前已确定的债权,债权人可以选择向管理人申报或直接向法院申请确认。管理人完成对已知债权人的登记后,债务人应将债权人的申报

---

① 朱腾飞:《我国个人破产立法的实践与思考——以"深圳个人破产重整第一案"为切入》,《法律适用》2023年第9期。

提交至法院。法院在接收到申报材料后,应作出裁定并通知已登记的债权人。未登记的债权人有权申请参加债权人会议,并要求管理人确认其债权。法院在收到债权申报表和相关证明文件后,应作出相应的裁定。法院有权对债务人放弃权利的行为进行审查,并依法确认债权是否成立及是否需偿还。[①]

对于破产程序启动后产生的新债权,债务人应向法院提交免除债务的申请,并附上必要的证据。破产管理人在收到免除债务的申请后,应及时审查并作出决定。若决定免除债务,管理人应制作免除债务决定书,并确保债务人和债权人在规定期限内提交给人民法院。人民法院在接到债务人和债权人提出的免除债务申请后,也应迅速作出裁定。债权申报、确认与债务免除的程序是个人破产法律框架中的核心环节,它们确保了债权人的利益得到妥善处理,并为债务人提供了"财务重生"的可能。明确规范这些程序可以提升破产法律制度的效率和公正性,促进经济的健康发展和社会的公平正义。

(四)撤销不实报告的法律程序

在个人破产案件处理中,债务人财产的调查和债权申报的准确性极为关键。管理人在编制财产报告时,若出现虚假记载或重大遗漏,必须向法院提交详细的书面报告,阐明情况。同样,一旦发现财产状况或债权申报存在不实,管理人有责任依法向法院报告,并采取恰当的措施。[②]

若管理人未能在规定时间内提交必要的书面报告,人民法院有权要求其补充提交。在管理人拒绝补充报告的情况下,法院可以根据债权人会议的决定或债权人的申请,撤销相关的财产调查与债权申报资料。《企业破产法》第一百三十条规定,如果管理人在债务人财产调查和债权申报的过程中未能尽到勤勉尽责的义务,人民法院可以要求管理人进行赔偿。破产程序结束后,若债务人有隐匿或转移财产等行为,对债权人造成损害,债权人有

---

① 李曙光:《中国个人破产立法的制度障碍及其克服》,《政法论坛》2023年第5期。
② 齐砺杰:《论小微企业破产程序中的"债务免责"指标及其实现进路》,《中国政法大学学报》2023年第6期。

权向法院申请撤销不实的报告。撤销不实报告的法律程序是确保破产法律公正执行的关键环节。通过明确规定管理人的责任和法院的权力,可以有效地遏制破产程序中的不诚信行为,保护债权人的合法权益,同时,维护破产法律的严肃性和权威性。

(五)个人破产中的高消费限制

在个人破产法律框架下,对债务人高消费行为的限制是确保其履行法律义务并保护债权人利益的关键措施。在破产程序中,债务人的财产是债权人追索的核心,因此,对债务人的消费行为进行适度限制是合理且必要的。① 根据相关法律规定,如果债务人参与高消费活动或进行非必需的财产处置,人民法院有权发出禁止令。为了防止债务人隐匿或转移财产,法院可以采取一系列限制措施,以确保债务人不会采取不当手段损害债权人的利益。

限制高消费是个人破产法律制度中的重要组成部分,它有助于确保债务人不会逃避债务责任。通过法律手段对债务人的行为和财产进行限制,不仅维护了债权人的合法权益,也提高了破产程序的公正性和效率。

五、债务人财产清偿:财产清算与分配的法律程序

在结束财产调查和债权申报之后,就进入了个人破产程序的核心环节——债务人的财产清算和债权分配。该流程的主要目的是确保债务人的资产能够得到公平合理的处理,以偿还债权人。根据《企业破产法》的规定,一旦人民法院受理破产申请,所有针对债务人资产的保全措施将被解除,执行程序也将终止,从而为资产清算提供了法律依据和操作空间。资产清算过程由管理人负责,他们将对债务人的所有资产进行全面盘点、登记和核实,制定资产负债表和资产清单,以确保清算过程的透明和公正。在债权偿

---

① 付翠英:《非法人企业破产的法律适用问题》,《法律适用》2023年第8期。

还的顺序上,《企业破产法》明确规定了破产资产的分配原则:首先,偿还破产费用和共益债务;其次,偿还债务人所欠职工的工资、社会保险费用和税款;最后,将剩余资产分配给普通破产债权人。破产资产的范围广泛,涵盖债务人拥有的全部资产,其他债权人因特定债务关系享有的债权,以及因债务人不当行为产生的罚款、罚金、没收资产和因违法或侵权行为获得的资产或赔偿。这一系列规定和操作步骤,共同构成了破产程序中的资产清算与债权分配体系,确保了在法律框架内实现债权人的合法权益。

债务人的资产清偿是个人破产法律制度中的一个关键环节,它确保了债权人能够在债务人的资产中获得公平的偿还。通过明确的法律规定和严格的执行程序,可以保障破产资产的合理分配,维护债权人和债务人的合法权益。[1]

(一)财产清算的法律程序

在个人破产法律体系中,财产清算是破产程序首要且关键的环节,对于整个破产案件的妥善处理起着至关重要的作用。其核心目标在于确保债务人的所有财产能够按照法律的规定和程序,进行公平、公正的分配。这样不仅可以最大程度上保障债权人的合法权益,还能防止债务人通过隐匿、转移或其他不当手段规避法律责任,试图逃避对债权人的清偿义务。通过严格的财产清算程序,法律能够有效地监督和控制破产过程中财产的流动,确保整个破产程序的透明度和公正性,从而为债权人提供合理的救济,同时也维护了破产制度的公信力和社会公平。[2]

破产程序启动后,管理人肩负起全面调查债务人财产的职责,并据此制订详细的清算计划。债务人也需要积极配合管理人的工作,履行其在财产清算中的义务。财产清算的过程包括对债务人所有财产的详细清点、登记、造册和核对,管理人必须编制资产负债表和财产清单,确保清算过程的完整性和准确性。破产财产的范围不仅包括债务人拥有的全部财产,还涵盖法

---

[1] 张梁:《商个人破产制度之构建:破产能力、特殊价值与侧重路径》,《中国市场监管研究》2023年第6期。
[2] 郭守标:《基于新经济时代构建我国个人破产制度及创新发展》,《理论观察》2023年第12期。

院裁定允许清偿的财产、与特定债权人相关的债权、因债务人不当行为产生的罚款和罚金,以及债务人因违法行为或侵权行为获得的财产或赔偿。通过这一系列严格的法律程序,财产清算旨在维护债权人的合法权益,并为破产案件的公平解决奠定基础。财产清算是个人破产法律制度中确保债权人得到公平清偿的核心环节。明确的法律规定和严格的执行程序可以保障债务人财产的合理分配,保护债权人和债务人的合法权益。

(二)债权清偿的形式与方式

在破产法律程序中,债权清偿不仅是债权人向债务人主张债务偿还的权利体现,也是确保这些权利在法律规定的范围内得到妥善处理的关键步骤。债权清偿主要分为两种类型:一般债权清偿和特别债权清偿。[1]

在一般债权清偿的过程中,债权人依照破产程序的规定,向债务人提出偿还要求,这一过程不需要债务人的同意,且一旦破产程序完成,债务人将面临相应的法律后果。在特别债权清偿的过程中,债权人则需向破产管理人申报其债权,并请求偿还。管理人负责对这些债权进行审核,并决定是否批准偿还。特别债权人应在规定的时间内完成申报,否则,可能会丧失其权利。破产财产通常会根据预定的比例(10%—50%)进行分配,这种比例分配是为了确保所有债权人在破产程序中获得相对公平的偿还。与此同时,整体分配的方式也可能被采用,即将破产财产拆分并以更高的比例(20%—80%)进行分配。最终,破产资产将根据债权人各自债权的比例进行分配,以确保每位债权人都能按照其合法债权的份额获得偿还。通过这些规定,破产法律程序力求在债务人的资产中公平分配,确保债权人能够在破产程序中得到合理的救济。

(三)破产程序终结与债权清偿的终结

在个人破产程序中,债务人财产的分配完成标志着破产程序的正式终结,这也是破产程序中的一个关键步骤。一旦人民法院宣布债务人破产,债

---

[1] 巴于茜:《个人破产制度中的信息披露规则研究》,《财经法学》2023年第6期。

务人不仅要面临财产被清算和分配的后果,还可能被列入失信人名单,这将对其职业资格和就业机会造成一定的限制。①

在破产管理人的职责中,制订财产分配方案至关重要,该方案须提交给人民法院进行审查,并由法院决定是否批准。与此同时,法院在受理破产申请时,会对债权进行确认,并处理在破产程序进行期间产生的债权,以确保所有债权能够得到公平合理的处理。如果法院驳回破产申请,在驳回之后产生的债权以及在其他法院作出相关判决后产生的债权,将不适用于破产程序的规定。对于债务人而言,如果在破产程序中能够诚实地申报财产、积极地配合管理人,并如实地向债权人和其他利益相关者披露信息,他们有可能获得债务的免除。然而,这并不意味着债务人的个人信用记录将遭受永久性的损害,虽然破产程序的完成会在短期内影响其信用状况。总之,破产程序的结束不仅涉及财产的分配和债权的确认,还对债务人的未来产生深远影响,因此,其各个环节的处理都至关重要。债权清偿是个人破产法律制度中的核心要素,它确保债权人能够在债务人的财产中获得公正的补偿。明确的法律规范和严格的执行程序可以确保破产财产的合理分配,同时保护债权人和债务人的合法权益。②

六、个人债务集中清理与免责:破产法律制度的关键构成

在个人破产的法律框架内,债务的集中清算与免责机制是对债务人权益的最终保障,也是推动整个制度程序运转的关键构成。该机制的根本目的是在法院的监管之下,保障债务人财产的公平分配,同时,合法地解除其债务负担。③

一旦个人破产申请被法院受理,随之启动的就是对债务人财产的全面

---

① 张丽琴、王正:《个人破产失权规则:地方实践比较及全国统一立法的启示》,《南方金融》2023年第7期。
② 江文涛、金玉:《我国自然人破产宣告的标准研究》,《新疆财经大学学报》2023年第1期。
③ 汪青松、张汉城:《论平衡性个人破产免责制度的构建》,《湖北社会科学》2023年第1期。

调查与评估过程。法院通常会指派一名破产管理人负责监督和执行财产清算工作,确认未偿还的债务,并最终决定是否免除债务人剩余的债务。在这一法律框架下,债务集中清算是核心议题之一,它与债务免除机制相辅相成,共同构建了一个完整的债务解决流程。债务人在申请破产后,须进行财产申报和评估,明确其财产状况,随后通过债权申报、调查和债权人会议等程序,为债务清偿和可能的债务免除奠定基础。如果在集中清算后,债务人的财产不足以清偿所有债务,可以向法院提出债务免除的申请,法院将依据法律进行审查,并决定是否免除其未来的偿还责任。这一机制不仅旨在保护债权人的合法权益,还为诚实但不幸的债务人提供了重新出发的机会,努力在债权人与债务人之间实现利益平衡。通过这样的设计,个人破产制度不仅有助于维护公平正义,还促进了社会资源的合理配置和经济的健康发展。

七、结语

基于法教义学的理论基础,本文对个人破产法律制度的适用条件、申请及受理的资格要求、债务人资产的审查程序以及债权人声明的关键步骤进行了深入分析。本文不仅探讨了债务清偿和个人债务的集中清算流程,还特别强调了在保障债权人合法权益的同时,为那些诚实但不幸陷入困境的债务人提供重新开始的机会,以实现双方利益的平衡。完善个人破产法律制度是一项长期且复杂的任务,依赖于立法者、司法者以及社会各界的共同努力与协作。本文希望通过持续的法律实践和深入的理论探讨,逐步构建一个更加公正和高效的个人破产法律体系,为社会资源的合理分配和经济的稳定增长提供坚实的法律基础。个人破产法律制度的健全,不仅对债务人恢复正常的经济生活具有深远的影响,也是市场经济健康发展的关键保障。一个完善的个人破产法律框架,能够在维护债权人权益的同时,为债务人提供必要的法律保护和重新开始的机会,实现法律效果与社会效果的和谐统一。展望未来,本文认为在法律实践中应不断探索和完善个人破产法律制度,以适应经济社会发展的新需求,推动法治社会的进一步深化和进步。

消费信贷中的个人破产免责边界与规则展开

曹胜亮　邱隽思[*]

一、引言

在市场经济体制中,及时偿还债务是保持市场信誉和维护金融稳定的关键要素,破产制度对于加强信用体系建设也起着至关重要的作用。随着中国经济步入新的发展阶段,居民的消费模式也在发生明显转变,个人消费对经济增长的贡献日益明显。习近平总书记在中共中央政治局第二次集体学习时强调,建立和完善扩大居民消费的长效机制,使居民有稳定收入能消费、没有后顾之忧敢消费、消费环境优获得感强愿消费。[①] 与此同时,个人在资产管理中的金融负债所占比重逐渐增加。从目前的市场消费模式来看,"先消费后偿还"的理念已在城市中的年轻群体中广泛流行,显示出中国信贷消费的快速增长趋势。信贷消费或提前消费已经变成了现代社会生活的一部分。截至2021年末,中国消费贷款总量已达到54.88万亿元,加之P2P平台和现金贷业务近年的迅猛发展,各式信贷产品的普及率接近90%。[②] 如果这类无序的消费习惯不能得到有效的管控,可能会触发严重的金融风险。在市场经济中,个人与企业法人的区别在于,后者在经营不善、无法偿还债务时,可以借助破产程序来解决债务问题。然而,个人则需承担无限的偿还责任,无法享受企业法人破产时的债务清算机制。

---

[*] 曹胜亮,武汉工程大学马克思主义学院院长、教授、博士生导师;邱隽思,湖北经济学院新闻与传播学院讲师。

[①] 王珂、原韬雄、白光迪:《消费市场实现"开门红"(经济新方位·大力提振市场信心)》(2023年2月3日),人民网,http://finance.people.com.cn/n1/2023/0203/c1004-32616774.html,最后访问日期:2024年7月31日。

[②] 李瑞存、周益:《论个人破产免责的模式展开与本土构建》,《西安财经大学学报》2023年第6期。

2019年6月22日,多部门联合发布的《加快完善市场主体退出制度改革方案》中,提出了逐步建立个人破产制度的目标。该方案首先确保个人因生产经营活动中的担保等原因产生的债务在法律的规范下可以得到合理的免责。随后,该方案将扩展至使符合条件的个人消费债务也能依法获得适当处理,最终目标是建立一个完整的个人破产体系。在制定个人破产制度的过程中,消费负债的免责问题已经成为制度设计的一个重要部分。观察《深圳经济特区个人破产条例》(以下简称《深圳条例》)的实施效果和最新学术研究可以发现,个人破产的重心已从投资引起的破产逐渐转向由消费引起的破产。在具体操作中,消费负债的免责成为债务人申请个人破产的主要驱动因素和首要需求。① 因此,从消费信贷作为消费负债的起点和免责的终点这一视角出发,探索个人破产中消费负债免责的理论合理性显得尤为重要。基于这一理论框架,应进一步明确这种免责在制度设计中的具体作用,以指导个人破产免责规则的形成。

二、社会信用风险视角下个人破产免责的理论基础

习近平总书记指出:"社会主义市场经济是信用经济、法治经济。"② 一个健全的社会信用体系构成了供需双方高效对接的关键保障,它为资源的合理配置提供了稳固的基石,并且是营造健康商业环境的一个核心要素。作为个人破产法的核心内容和基本特征,债务豁免是现代破产法力图实现的两大主要目标之一,与集中清偿具有同等重要性。③ 破产免责制度起源于"重新开始"(fresh start)的政策理念,旨在确保债务人能通过破产程序解决未能在破产清偿计划中清偿的剩余债务,而且在完成破产程序后,也无需用

---

① 丁燕:《现代个人破产法的基础、价值与选择》,《上海政法学院学报(法治论丛)》2021年第4期。
② 《加强信用经济研究》,《人民日报》2023年10月9日,第13版。
③ 《德国破产法》第一条规定,"给予诚实的债务人免除剩余债务的机会"是一项独立的破产程序目标。参见[德]莱茵哈克·波克:《德国破产法导论》(第六版),王艳柯译,北京大学出版社2014年版,第197页。《日本破产法》第一条规定,破产的目的包括"确保债务人得到经济重生的机会"。参见[日]山本和彦:《日本倒产处理法入门》,金春等译,法律出版社2016年版,第112页。

其未来的工资或财产收入来偿还申请破产前的债务。① 无论是基于历史经验的概括,还是对债权债务关系的经济学分析,债权人对于债务人无力偿还债务的行为提供理解和免责,是维护市场经济秩序和社会生活稳定的必要条件。在信用成为市场交易不可或缺的一部分时,减少经济活动中的不确定性和信息不对称,降低交易成本及风险变得尤为重要,这有助于使债权人与债务人在利益上由完全对立转向在更宏观层面上的潜在一致。

(一)基于历史发展下的个人破产免责理论之比较

观察信贷消费引发的债务风险的历史轨迹,最早可以追溯到欧洲。16世纪的欧洲经历了资本对外扩张和财产资源内部重新分配的过程,这一时期标志着机械化大生产时代的开启,同时也步入了资本主义社会。这个阶段,商品交易的活跃和商业活动对资本的追求催生了商业信用的发展及对金融信用的运用。到了17世纪,商人群体开始意识到,债务风险不完全是债务人主观因素的结果,客观的外在因素,如天气造成的农作物损失或海上风暴引发的船只沉没等,也是导致债务风险的重要原因。② 因此,采用监禁或其他负面惩罚措施对处罚债务人,并不能解决债权人遭受的损失无法回补的问题。基于这个认识,英国在1705年颁布的《企业破产法》对债务人采取了更为宽容的态度,允许对真正无力偿还债务的债务人实施债务免除,这标志着破产免责制度在法律上的首次确立。19世纪,经济衰退普遍地对法律体系提出了新的挑战。随着公司法的推行及有限责任制度的普及,英国在1861年的《企业破产法》中取消了对商人与非商人的区别,并在后续的法律演进中持续关注并调整破产免责机制。与其他国家对破产免责的认识不同,美国法律在面对经济大萧条带来的挑战时,更早地承认了对非商业人士的救济需要。1867年,在南北战争后的经济重建压力下,美国法

---

① 并非所有的破产前成立的债务均予以免除,剩余债务免除也受到诸如债权性质、申请免责的时间周期、债务人经济状况等因素的严格限制。See Charles J. Tabb, *Law of Bankruptcy*, 4 edition, West Academic Publishing, 2016, pp.947-948.

② 项焱、张雅雯:《从破产有罪到破产免责:以英国个人破产免责制度确立为视角》,《法学评论》2020年第6期。

律正式认可了商人的破产救济需求,这也得益于其健全的企业法律制度的支持。①

在同一时期,中国的商业活动开始蓬勃发展,但面对债权债务问题时,更多依靠的是私下调解和道德谴责等非正式手段。随着西方列强在华经商活动的增加,破产制度也随之被引入中国。② 1906 年,清政府制定了《大清破产律》,标志着中国历史上首次有了破产法律,同样允许商人申请破产。在该法律的实施过程中,区分债务人是有意诈骗还是意外亏损成为一个难以查证的问题,这导致了法律实施暂时被搁置。③ 尽管《大清破产律》未能长期施行,但在北洋政府和南京国民政府时期,中国仍持续探索和扩展破产制度的应用范围,尝试借鉴并修改西方的破产法律规则。然而,在实际操作中,真正适用破产制度的案例极为有限。立法过程中缺少必要的调研工作,也未充分听取商业从业者的意见。债权人的集体反对、债务人对法律制度规定的不熟悉,以及社会生活中既有的习俗未发生根本性变化,这些因素的共同作用,使得破产制度在中国社会中难以获得足够的生存空间,社会习惯并未完全准备好接纳这一制度的落地和发展。④

(二)基于经济社会分析下个人破产免责理论之证成

历史的进程清楚地表明,债务未清在法律上的处理和评价与社会经济的发展阶段有着密切的联系。在农业文明时期及资本主义初期,尽管法律已经不再因债务将债务人的生命和自由剥夺,破产制度的设计仍旧着重于如何使债权人能够汇集并统一执行债务人的资产,它成了保障债权人利益的众多机制之一。当债务问题超出单纯的个人与个人的范畴并波及整个社会时,对债务的评价也就超越了单纯的道德判断,更多地转向对经济因素的

---

① 韩长印:《破产理念的立法演变与破产程序的驱动机制》,《法律科学(西北政法大学学报)》2002 年第 4 期。
② 郑颖慧:《晚清移植大陆法系实践探讨——以商事立法为例》,载何勤华主编:《大陆法系及其对中国的影响》,法律出版社 2010 年版,第 378—392 页。
③ 段宝玫:《近代中国破产法制流变研究》,复旦大学出版社 2015 年版,第 57—59 页。
④ 蔡晓荣:《从负债应偿到破产免责:破产债务清偿责任衍进的中国法律史叙事》,《法学家》2013 年第 6 期。

考量。促成这种评价标准转变的,不仅仅是法律规范本身,更是信用机制对社会风险构造的重塑。

资本主义初期,信用主要体现在商业交易中,即一方向另一方提供商品、服务或资金的贷款或授信行为。信用交易的方式有助于扩展交易双方的能力范围,然而,这种扩展是以债务人自身的偿还能力为界限的,也要求双方之间有相互的了解和信任。① 为了解决陌生主体间的信赖问题,双方常采用如抵押财产、邀请信誉良好的第三方担保等增信手段,这样既减轻了授信方的风险,也将风险分散至抵押财产和其他担保主体。信用机制显著增强了资本的汇聚能力。然而,个别交易主体间的信用授予非常有限,加之存在信息不对称的问题,这种分散式的信用方式难以满足信用交易的广泛需求,从而促成了承担中介角色的银行的出现。银行将市场上多个主体的信用集中起来,再将这些汇集的资本提供给有需求的市场主体。以银行为核心的信贷体系的建立,为市场交易提供了庞大的资金支持,促进了市场经济的进一步发展。同时,银行及其他类似金融机构也成为市场风险集中的节点。②

在信贷体系的作用下,社会成员之间的经济风险变得更加紧密并不断被放大。与资本主义早期相比,一个成熟的信用体系在经济正常运行时能创造更大的经济价值,但在经济下滑期间则可能导致更大规模的风险。人们开始认识到:将破产视为犯罪行为是不公平的;虽然确实存在一些欺诈性债务人,但也有很多正直且不幸的债务人因经济周期的波动而无法偿还债务。同时,在债务人无力偿还甚至破产成为一种普遍现象时,金融机构持有的作为担保或用于偿还债务的资产迫切需要重新流入市场以实现变现。由供需关系决定,这些资产的价值也会大幅下降。债务人在债权人追讨的压力下可能选择隐匿身份,或者冒险筹集资金以偿还债务。这导致大量的违约风险被转嫁给金融机构,进而增加了金融机构面临的破产风险。在这种情况下,破产已经从道德判断转变为一种以财产清算和债务解决为核心的

---

① 赵磊:《商事信用:商法的内在逻辑与体系化根本》,《中国法学》2018年第5期。
② 方乐华:《市场主体信用制度的法学思考——社会法、消费者权益保护法视角》,法律出版社2017年版,第40—44页。

商业手段。同时,资产价值的大幅下跌意味着金融机构持有的资产越多,其遭受的潜在损失也越大,这还可能进一步促使资产价格下降。因此,与债务人达成和解,如提供还款延期、减少利息或本金的方案,对双方而言都具有一定的吸引力。为债务人提供免责机会以激励他们尽可能地履行还款义务,对于防止债务风险的蔓延和积聚更为有利。越来越多的债务人陷入生计困难,这不仅增加了社会管理的难度,还可能导致政府税收下降和经济活动陷入负面循环。相反,如果为债务人保留必要的生活条件和资源,鼓励他们重新开始,不仅能减轻社会的负担,而且有助于促进经济和社会向好的方向恢复。

(三) 基于整体福利增加下个人破产免责理论之建构

依据社会福利均衡模型①,若将社会总财富看作一个整体,这些财富实际上只是在不同个体间流动,并不因债务人的债务免除而减少。如果目标是通过法律制度的制定来引导民事和商事关系的进步,并推动社会经济的整体发展,债权与债务之间的基本关系就不应该被完全断裂。尽管破产免责制度表面上似乎违背了传统观念,但其深层的价值追求实际上对社会发展具有积极作用,这种促进作用是通过一个间接的、方向性的传导过程实现的,因此容易被误解。

破产免责制度实现了市场经济参与者共同追求的目标,即投资风险可控。个人作为市场经济的参与者承担有限责任的逻辑,与股东对公司承担有限责任的原理相同。因此,债权人应优先于股东承担风险;股东对企业的盈利关注度高于债权人,股东对避免企业风险的态度也比债权人更为强烈,所以,让股东享有有限责任是合理的安排。② 在很多情况下,债权人相对于债务人拥有更深入的潜在风险认识,原因在于他们与各种类型的债务人打过交道。此外,债权人可通过分散其投资策略来降低或缓解因单一债务人破产免责而可能引发的经济损失。因此,从市场交易的公平性角度考虑,那

---

① 艾佳慧:《法律经济学的新古典范式——理论框架与应用局限》,《现代法学》2020年第6期。
② 参见[美]理查德·A. 波斯纳:《法律的经济分析》,蒋兆康译,中国大百科全书出版社1997年版,第516—517页。

些在财务上失败的个人应与被市场淘汰的公司一样,享受破产保护,并对自己的债务承担有限的责任。

破产免责制度为债务人提供了摆脱经济困境的机遇,使他们能够重新参与经济活动,投身工作或业务中,从而为社会创造更多的财富。如果不能免除这些债务,债务人可能因为沉重的债务负担而长期无法恢复生产经营或重新融入社会,这将使得债务人更可能隐藏资产情况、阻挠债权的追索,最终间接地损害债权人的利益。① 剥夺债务人"重新开始"的机会,实际上是消除了他们创造价值的可能性。这样,债务人就仅仅成为社会资源的消耗者,而不再能作为价值的创造者。这种情况下,受到损害的不仅是债务人自身的未来发展机会,也涉及社会整体的发展和进步。

三、信贷消费视角下现行个人破产免责制度中的规定性失衡

在中国处理个人债务问题的历程中,一直倾向于过度保护债权人的利益,而对债务人的限制相对较严,导致债权人与债务人之间常常处于尖锐的对立状态。尽管《深圳条例》代表了一种创新的尝试,但它尚未能完全摆脱这种传统观念的束缚。在关乎债务人利益的免责制度设计上,仍表现出明显的不平衡。

(一)个人破产免责模式安排与信贷期限利益存在矛盾

全球范围内的个人破产免责通行做法,主要可以被划分为两大类:许可免责与当然免责。其核心差异在于对债务人免责的处理方式。在许可免责模式中,债务人须向法院递交免责申请,只有在法院审理并同意后,债务人的免责请求才能正式生效。这一模式是德国和日本等国家的主要实践方式。相比之下,当然免责模式更强调债务人的破产免责权利由法律自动保障,不需要经过法院的审批流程,除非违反了某些明确的限制条件,否则,债

---

① 尤冰宁:《个人破产的权利冲突与衡平》,法律出版社2023年版,第150—151页。

务人在法律上自然地拥有免责的权利。美国便是这一模式的代表。①《深圳条例》中采取的是许可免责模式,但在消费信贷破产情形下,其依然存在相当大的误区。

《深圳条例》在这方面采取了一种较为独特的方法,结合了许可免责的严格审查流程和当然免责的自然权利理念。根据《深圳条例》,债务人在考察期结束后须提交免责申请,并且管理人需要提交一份详细的调查报告。人民法院将根据债务人的申请和管理人的报告来决定是否免除债务人未偿还的债务。这种模式融合了德国破产法中的严格考察期规定和当然免责模式的灵活性,例如,在特定条件下考察期可以延长,这反映了一种对免责申请的严格审视态度。鉴于中国个人破产配套制度的逐步建立以及为避免消费信贷领域中债务人滥用免责机制逃避偿债的可能性,这样的考察期设置及其延长机制符合当前的实际需要。②

在目前实施的个人破产免责制度中,特别是对消费信贷领域的债务人而言,存在一种较为严格的规范。这些规定要求债务人仅在一定期限的考察期之后才能正式提出免责申请。这种做法是否真正与个人破产免责的初衷相符,是一个值得深入讨论的问题。本质上,免责机制旨在实现债务人重启生活的同时确保债权人的利益受到保护,通过在合理范围内限制债权人权利的行使,为债务人提供发展的空间,鼓励其积极参与破产处理的过程。若免责条件设置过于严格,可能会在过程的早期阶段就削弱债务人寻求救助的动力。在这种情况下,严格的规定可能不利于激发债务人配合随后的考察流程并遵守规范。而且,债务人必须从提交破产申请的那一刻起履行其免责义务,却需等到破产清算三年后才能申请免责。这样的做法不利于早期为债务人提供其权利和潜在违规行为的警示。如果允许债务人在提交破产申请的同时就能申请免责,可以更好地提前对其进行警示,促使其在整个过程中维持合规行为。在这个过程中,严格的申请条件加剧了债务人的心理压力,可能不利于个人破产免责制度的有效实施和持续应用。对消费

---

① 王欣新:《破产法》,中国人民大学出版社 2019 年第 4 版,第 378 页。
② 卢林:《深圳经济特区个人破产条例草案建议稿附理由》,法律出版社 2016 年版,第 289 页。

信贷中的债务人来说,及时获得"重生"的机会至关重要。如果制度不能在申请阶段明确救济的时间或免责的具体节点,而是仅增加债务人的行为和财产约束,这可能会加重其已有的经济和心理负担,影响到"诚实但不幸"的债务人获取"经济重生"的机会。因此,制度设计需要更加人性化和灵活,以确保个人破产免责制度既保护债权人的利益,也真正帮助债务人实现经济上的重新开始。

(二) 个人破产免责的实体范围混淆影响债务人破产规划

在全球范围内,个人破产免责的适用范围和模式因地区法律差异而异。通常,法律会通过排除某些债务类型来界定免责的适用范围,这一做法确保了免责条件的明确性。从相关立法例的梳理来看,当前普遍主要从债务的性质及债务人的行为两方面进行限制。首先,并非所有债务都符合免责条件,有些特定类型的债务,如与公共利益相关的税收和罚款,由于其反映了国家对社会秩序的维护或对非法行为的处罚,因此不适合被纳入免责范围。其次,另一类特定债务包括那些与个人道德责任相关的债务,例如法定抚养费、扶养费以及因侵权行为所需支付的损害赔偿。这些债务不仅因特定人身关系而产生,而且常常包含对债务人的主观评价,如故意行为导致的损害,因此这些债务通常也不包括在免责条款中。再次,还有一些特定的政策性债务,例如美国的学生贷款和日本的员工相关费用,这些由于特定国家政策或特定破产制度设计而形成的债务也不适用于破产免责。从消费信贷产生的债务性质分析来看,这类债务显然不属于公共利益范畴。居民基于超前消费的观念向银行或金融机构借款,这种行为是典型的民事法律行为,不受公权力直接干预。最后,消费信贷债务不涉及特定的个人身份,而是基于债务人的个人信用进行,因此它也不具备人身相对性,也没有涉及债务人的主观恶意。同时,这类债务并不是基于特定国家情况或特定破产法律制度设计的政策性债务。因此,从债的本质上讲,消费信贷产生的债务不应被排除在破产免责的合理适用范围之外。中国《加快完善市场主体退出制度改革方案》中也明确提出了"逐步推进建立自然人符合条件的消费负债可依法合理免责,最终建立全面的个人破产制度"①。这种差异化的免责规定,体现了对消费信贷中个人破产免责的谨慎考虑,旨在平衡债权人的权益保护与债务人重获自由的机会。在很多情况下,消费信贷产生的债务可能更容易获得免责,这一政策意向也强调了对消费信贷债务合理免责的必要性,以促进个人破产制度的完善和发展。

个人破产免责范围的另一条件限定为:个人破产免责制度并不是对所有债务人开放的;它专门设定以保护那些诚实但遭遇不幸的债务人。② 这意味着免责的授予是基于对债务人行为的细致审查,主要是评估债务人是否存在欺诈或具有恶意的行为。在现行的个人破产免责立法中,行为禁止的规定可以归纳为三种主要类型。第一,为防止债务人反复利用免责制度逃避债务,美国和日本的法律分别规定债务人在六年和十年内已经依法获得过破产免责的,不得再次申请免责。这项措施旨在防止债务人通过消费信贷的过度消费后,重复利用破产免责机制,从而导致金融市场和催收行业的风险不断增加。第二,包括债务人在履行破产法规定的义务中的怠慢,如未进行消费信贷额度的诚实申报或使用虚假身份证明等,这些行为会妨碍破产程序的正常进行。第三,涉及债务人故意进行的侵害债权人利益的行为,包括浪费、赌博以及其他高风险行为,这些行为被明确禁止是为了确保能准确地掌握债务人的财产状况,旨在阻止债务人通过各种手段减少破产资产或逃避债务责任,以保证破产程序的公正性和有效性。

《深圳条例》采纳并详细规定了上述三种免责禁止行为的情况,但现行条款仍存在一些应用上的混淆。第一类是关于混淆破产禁止与免责适用的问题,具体来说,根据《深圳条例》第十四条,如果债务人的未清偿债务期限不超过 8 年,其免责申请将不被受理。此外,对于那些已经受理但债务人还未被宣告破产的案件,应当驳回。这一规定实际上将破产申请与免责申请紧密绑定,使两者的独立价值界限变得模糊。③ 在个人破产程序中,尽管多

---

① 《加快完善市场主体退出制度改革方案》(2019 年 7 月 16 日),中国政府网,https://www.gov.cn/zhengce/zhengceku/2019-07/16/5458016/files/bbaef6612fed4832b70a122b39f1d5bd.pdf,最后访问:2024 年 4 月 14 日。
② 刘静:《个人破产制度研究——以中国的制度构建为中心》,中国检察出版社 2010 年版,第 141 页。
③ 欧元捷:《论个人破产建构的中国逻辑——以破产与免债的界分为起点》,《山东社会科学》2020 年第 3 期。

数涉及消费信贷的债务人主要追求的是破产后的免责许可,债权人对债务人进行财产清算和债务清理的需求也同样重要。因此,设置一定时间限制内不允许重复申请免责的政策性禁令,其主要目的应是防止债务人滥用免责机制逃避债务,而不是限制他们申请破产本身。这种细微但关键的区别需要在立法和实践中得到更清晰的界定,以确保破产和免责制度能够更公正、有效地运作。

第二类是《深圳条例》在处理免责条件与期限延长方面显示出一定的规定上的模糊性,尤其是在免责禁止的条件与考察期限延长的情况中。具体来看,《深圳条例》第九十八条明确指出,债务人如果怠于履行义务或侵害债权人的利益,将不会获得免责许可。该条例第九十六条规定,在考察期间,债务人必须履行人民法院规定的各项义务,如有违反,法院有权延长考察期限。这两条规定虽然涉及不同的具体措施,却在实际应用中存在交叉和重叠,特别是在处理因消费信贷产生的债务人违规行为时,这种法律文本上的不明确可能导致实施中的困惑:在违反义务的情形下,是应该直接拒绝免责请求,还是仅仅延长考察期限?这种不明确性不仅可能导致法律执行的随意性,还可能增加债务人对破产申请过程中考察期限不确定性的犹豫和抵触,进而影响债务人的破产规划和债权人的权益保护。[①] 为提高制度的透明度和预见性,需要对这些规定进行进一步的澄清和优化,确保债务人和债权人都能在明确的法律框架内操作。

(三) 个人破产免责程序性规定践行不足造成信贷债务关系失衡

在解决消费信贷背景下的个人破产免责问题时,不仅需要明确实体事项,程序的有效执行和严格监控也至关重要。个人破产免责过程包括债务人破产免责的事前决策以及免责后的回转程序两个关键阶段,这两个阶段都对防止债务人滥用制度、损害债权人利益发挥着重要作用。《深圳条例》对这些程序进行了详细规定,旨在通过严格的程序控制确保系统的公正性。

---

① 汪青松、张汉成:《论平衡性个人破产免责制度的构建》,《湖北社会科学》2023年第1期。

然而,这种做法在实际执行中可能走向另一个极端,变得过于严苛,这不仅可能导致执行上的困难,也可能使得整个制度的应用效果受到怀疑。如此严格的规定可能在理论上看似完备,但在实践中可能会因为缺乏灵活性而难以适应复杂多变的现实情况。

首先,在个人破产免责的预决策过程中,确保债权人的参与是一个关键的程序性要求。根据权利理性原则,涉及消费信贷的债务人破产涉及银行或金融公司的核心利益,因此,这些机构无疑应该被纳入免责决策过程。然而,从实践的角度考虑,若缺乏有效的政府或法律介入,债权与债务关系往往难以在个人破产阶段达成一个公正有效的免责协议。这表明,只有通过加强法律框架和公权力的参与,才能确保破产免责过程的公正性和效果,避免让债权人在过程中失去话语权。[①] 因此,在由法院主导的个人破产免责决策程序中,确保债权人能够有效地参与并发挥其应有的作用是至关重要的。按照《深圳条例》,在债务人申请免责时,必须等到考察期结束后,由管理人进行细致的调查以确定是否存在不可免责的债务。此过程还涉及征询债权人和破产事务管理部门的意见,之后由管理人负责向法院提交书面报告。最终,法院将依据这些信息决定是否免除债务。在这一过程中,虽然法院、债务人、管理人和债权人各有明确的职责,看似合理,但实际操作中债权人的具体意见对最终免责决定的影响程度并不明确,也未规定如何处理债权人提出的反对免责意见。特别是在消费信贷领域,债权人对债务人的财务状况有深刻了解,并直接面临债务人无法偿还信贷债务的风险,在这种情形下,重复借贷、多头借贷、高利贷等行为可能导致消费信贷市场面临巨大的风险。当前的规定可能无法充分保障债权人在免责过程中行使其意见权,减少了债权人影响免责决策的实际可能性。这不仅可能削弱制度的公平性,还可能对整个市场的稳定性产生负面影响。

其次,在个人破产制度中,事后免责回转程序不仅对债务人的潜在欺诈行为施加约束,同时也限制了债务人主动申请破产免责的意愿。根据个人破产法的立法目的,债务人一旦获得破产免责资格,这在一定程度上表示其

---

① 徐阳光:《个人破产立法的英国经验与启示》,《法学杂志》2020年第7期。

信用得到了法律的肯定,被视为诚信的自然人。然而,这种免责资格并非终生有效的"免死金牌",并不意味着债务人将来完全免除任何债务追索。事实上,如果出现法定的特定情况,这种免责资格是可以被撤销的,这一点在法律中有明确规定,以保证制度的公正性和债权人的利益。《深圳条例》中明确规定,债权人或其他相关利害关系人如发现债务人通过欺诈手段取得债务免责,有权向人民法院提出申请,以撤销相关的免责裁定。然而,这一规定未明确指出申请撤销的时效限制,实际上为债权人提供了无限期的追责可能。这种不限时效的追责权对信贷消费领域的破产债务人构成了持续的威胁,因为一旦被追责,不仅债务本金可能重新计算,连带的利息和其他费用的处理也将变得复杂。此外,处理消费信贷产生的不良债权——如通过打包销售或催收、执行等方式——可能涉及长时间跨度和广泛的影响范围。这不仅包含显著的信用风险,还可能导致高额的社会成本。① 因此,缺乏明确的撤销时效规定不仅可能增加债务人的心理压力,而且可能对市场秩序的稳定产生不利影响。为了维护金融市场的健康和稳定,确保所有参与方的利益得到公平处理,制定明确的时效规定和详细的债务和利息处理机制显得尤为重要。

四、中国信贷消费中个人破产免责的现实转向与制度设计

在债权人和债务人处理债权债务关系的众多方式中,破产被视为一种全面、集体且具有终局性的解决方案。《中共中央、国务院关于新时代加快完善社会主义市场经济体制的意见》明确要求健全破产制度,推动个人破产立法。② 对于那些在消费信贷中的自然人来说,借助公共力量的救济或通过私人救济途径继续主张债权并实现债权回收,通常缺乏吸引力。③ 如果债务

---

① 周颖:《消费信贷视角下个人破产免责的理念与规则》,《现代法学》2024年第1期。
② 林平:《最高法谈破产审判:个人可破产、可重整,更可再创业》(2024年3月8日),澎湃新闻,https://www.thepaper.cn/newsDetail_forward_26599847,最后访问:2024年7月31日。
③ 郭靖祎:《个人破产立法中的制度规则衔接问题研究》,法律出版社2022年版,第208—209页。

人缺乏重新开始的机会,他们很可能会失去配合破产程序并积极偿还债务的动力。在这种情况下,债务人可能会采取藏匿财产或逃避法律执行等措施,以保障破产后的基本生存需求。因此,对于那些诚实但不幸的债务人,国家提供一定范围内的债务减免不仅是对其基本人权的保护,也是实现社会正义的必要措施。一个以诚信为基础和目标的免责制度,也应在诚信原则的指导下构建。

(一)现实转向:由侧重公平清偿转向重生救济和个体尊重

在中国的传统商事交易中,长期以来存在一种大企业观的主导思想,这导致小微企业和个人破产及其相应的法律制度建设未能得到充分关注,破产立法及其法律的完善主要集中在企业主体上,而非包括个人破产在内的更广泛领域。[1] 随着中国金融信贷行业的持续发展和社会主义市场经济体制的逐步完善,以及全国统一大市场和高标准市场体系的逐渐形成,目前,单一的企业破产法已经不足以满足经济社会发展的需求。企业破产法主要关注企业破产清算流程,其立法重点是处理市场上无法有效运营的"僵尸企业",通过促使这些企业退出市场,实现市场主体的正常更替和资源的有效重新配置。同时,数据和算法技术的广泛应用,网络科技和普惠金融的推动,使得网商、微商等新型商业个体迅速崛起。这些商业个体在新兴市场中展现出前所未有的生机和活力,对国家宏观经济的发展也产生了显著影响。在这一背景下,市场参与者的形象已不再是无形的企业实体,而是具体的、活跃的商业自然人。[2] 因此,除了破产法对市场秩序的传统社会功用之外,对于这些个体的尊重和保护也显得尤为重要。当前的实践和发展趋势表明,仅仅依靠现行的企业破产法已经难以满足市场的需求。个人破产制度的缺失不仅限制了对这些新兴市场主体的全面支持,也忽视了对个体市场参与者尊严和权利的保护。因此,制定和实施个人破产法显得迫切且必要,应当通过立法重构和弥补现有法律的不足,以适应经济发展的新需求和保

---

[1] 张阳:《个人破产何以可能:溯源、证立与展望》,《税务与经济》2019年第4期。
[2] 张梁:《数字经济下商个人的发展趋势及其制度回应》,《法律科学(西北政法大学学报)》2024年第2期。

障债务人的合法权益。

在中国的传统破产法律体系中,普遍认知的企业破产法是调整破产法律关系的唯一法律。企业一旦宣布破产,其法人人格便终止,且无任何后续发展机会。这种情况导致破产法律的制定和实施长期倾向于确保企业债权人的权益得到公平清偿,而对于债务人的救济关注较少,法律制度的设计也未充分考虑债务人的需求。受此影响,个人破产法律的讨论也倾向于强调其严格性。例如,有观点提出,考虑到中国社会信用体系尚未完善、个人债务情况复杂以及诚信环境需要进一步提升,个人破产制度在初期应当设定为一个较为严格的框架。[①] 尤其是在消费信贷领域,社会上对超前消费的接受程度不高,对于一些负债过高的消费者持反对甚至排斥的态度。这种社会心态和法律环境的组合使得现行的个人破产免责制度在实践中可能过于偏向债权人,忽略了债务人"重获新生"的机会,导致处理债务问题的法律机制在保护债权人和帮助债务人之间出现不平衡现象。当前,全球个人破产立法的趋势正逐渐向宽松方向发展,这与中国个人破产法律的严苛性立法模式形成了鲜明对比。这种严格模式不仅背离了国际趋势,也与中国历史上的法律实践经验不符。《民法典》侵权责任编的制定过程,正是通过平衡受害者和加害者之间的法律权益来达成的,旨在保护受害者的合法权益,同时,不过分限制加害者的合理自由。[②] 但此处强调的现实转向并非要求将债务的公平清偿降到一个比较低的位阶,公平清偿应是破产法追求的核心目标之一,这一点是毋庸置疑的。考虑到中国的制度惯性和立法经验,应将个人破产免责制度从目前偏重债权人利益的模式调整为更加平衡的模式,即在确保债权人权益的同时,也支持债务人的"重生"和"重返社会"的机会。

(二)完善以债务人表现为评价标准的实体规则

为债务人设立免责机制是为了保障他们的基本生活权利和提供一个重新开始的机会。然而,破产法并非一个简单的慈善措施,如果过度倾向于保

---

① 赵万一、高达:《论我国个人破产制度的构建》,《法商研究》2014年第3期。
② 王泽鉴:《侵权行为》,北京大学出版社2016年版,第88页。

护债务人的权利,可能会不公平地损害债权人的利益,并可能扰乱正常的商业和信贷交易秩序。在消费信贷领域尤为明显,有时债务人可能会故意挥霍财产,从而无法清偿债务并逃避法律责任。因此,免责制度的设计必须慎重,旨在防止不诚信行为者滥用该制度,确保它不成为逃避债务的避风港。[1]

在处理个人破产申请和审查过程中,债务人必须充分证明自己的诚实和信用。为此,人民法院和管理人需进行详细的调查和核实,以确保有欺诈行为或存在明显道德风险的债务人不能获得免责机会。这种调查核实工作并不是对债务人信用的全面评价,而是一种基本的审查,主要用来判定债务人是否有欺诈行为。[2] 诚实要件规定,债务人必须全面而真实地申报自己的财产状况,禁止故意隐藏或减少可分配资产,并需要主动配合相关的财产监督、调查与管理活动。违反这些规定的债务人将被视为不诚实,并在法律上不会获得债务免责。

第一,在现代社会经济关系的复杂背景下,公民的财产状况变得越来越不透明,特别是在消费信贷领域,债务人的借贷行为可能并不完全是基于其财务困境。因此,个人破产程序的有效执行需要债务人的全面配合,特别是在程序启动后,债务人必须详尽申报其所有财产及相关权益。为增强破产程序的透明度和公平性,确保债务人在提交破产申请时不进行财产隐匿或转移,法律应规定债务人必须详尽申报在启动破产程序前一定期限内的所有财产变动。这包括但不限于财产的赠与、债权的放弃,以及其他可能导致财产减少的行为,如一次性大额资金支出等。同时,为了确保申报的准确性和完整性,可以引入第三方进行实质性审查,并对债务人是否存在故意减损财产的行为进行实质判断。根据现行的立法实践,在破产程序启动前,债务人必须如实申报其财产变动情况,通常这一申报时限被设定为一至三年。特别是在《深圳条例》中,具体要求为破产申请前两年内的财产变动需要详细申报。这一规定有助于防止债务人在破产前进行不当的财产转移,确保破产程序的透明性和公平性。未来的立法也可以借鉴《深圳条例》的这一做法,规定债务人必须申报破产申请之日前两年内的所有财产变动。这包括

---

[1] 自然人破产处理工作小组:《世界银行自然人破产问题处理报告》,殷慧芬、张达译,中国政法大学出版社2016年版,第52页。
[2] 丁燕:《现代个人破产法的基础、价值与选择》,《上海政法学院学报(法治论丛)》2021年第4期。

但不限于资产转让、大额支出及财产的其他形式的处置。如果债务人未能如实申报这些信息,其行为应被视为不诚实行为,从而其失去申请免责的资格。

第二,除了诚实问题,那些非由不幸事件引起破产的债务人,同样不应享受债务免除。考虑到详尽列举个人破产原因的困难,法律一般采用概括性的方式来定义不符合免责条件的破产情况。特别是,《深圳条例》第九十八条第三款明确规定,债务人因奢侈消费或赌博等行为累积大量债务或导致财产显著减少的情形,并不被视为不幸的破产,不满足免责的资格。这种规定有助于区分那些因不幸情况而破产的债务人与那些因个人不负责任的消费行为而破产的债务人。

第三,处理个人破产案件时,在排除了那些不可免责的债务后,接下来应考虑债务人的清偿能力,这是通过评估其扣除可免责债务部分与可分配财产及收入的比例来确定的。如果债务人的财务资源仍然足够偿还所有债务,通常不应批准其破产免责。在债务人非因不幸原因而破产时,采取和解或重整方式处理债务问题比直接破产清算更为合适。[①] 因此,除了要求债务人如实申报财务状况外,还需设置机制精确地评估其偿债能力,比如,通过清偿能力测评或收入测评等方法。在实际操作中,应遵循两个基本原则。一是在评估债务人的偿债能力时,应确保评估标准不低于债务人及其家庭成员维持基本生活的最低标准,以保障债务人及其家庭的基本生活需求。这是为了保证债务人在履行债务的同时,其基本生活权益不被侵犯。可以采用"概括+列举"的方式来明确这一范围,这样有助于降低债权人与债务人之间的过度争执,并且限制法官在作出判断时的广泛自由裁量权。[②] 二是在评估债务人的偿债能力时,应当采用两个核心的财务指标进行量化:首先,将债务人的可支配收入与当地居民的人均可支配收入进行比较;其次,考虑债务人在扣除必需的生活开支后,其剩余的超额收入与其总债务额的比例。这两个比例可以为判断债务人是否具备偿还债务的能力提供一个清

---

① 靳岩岩:《论个人破产法上免责考察制度的法律构造》,《财经法学》2022年第1期。
② 宋海鸥:《个人破产免责制度的中国建构:制度证成与方案设计》,《南方金融》2022年第10期。

晰的框架。如果这两个比例均高于预设的特定标准，表明债务人拥有一定的清偿能力，因此，从法律和道德的角度来看，不应免除其债务责任。反之，如果其中的任一比例不符合标准，这表明债务人缺乏足够的经济能力来清偿其债务。在这种情况下，允许债务人申请免责将有助于其从财务困境中恢复，也避免了对其生存基本权益的过度损害。

（三）优化以司法裁判保障破产免责可控的程序设计

在调整个人破产免责制度时，重要的是在救济债务人和保护债权人之间找到合适的平衡点。这不仅要求避免设立过于严苛的免责条件，以防制度名存实亡；也需防范制度过于宽松，避免不诚信者滥用制度，从而影响正常的信贷市场，如导致自然人获得信贷的机会减少或信贷成本急剧上升。[1] 有效的做法是通过司法程序对债务人的具体表现和行为进行详尽评估。司法裁判应考虑债务人的整体经济行为及其对财务困境的贡献度，确保裁决的公正性与合理性。这种评估方法能够更精确地区分债务人是否真正需要债务救济，同时保证债权人和其他利益相关方的权益得到尊重和保护。基于这些考虑，中国采用许可免责的程序设计是理想选择。

债务豁免是个人破产免责制度的关键目的，旨在为经历破产程序的自然人提供从财务困扰中复苏的机遇。首先，在个人破产的处理过程中，债务人需要在满足特定的考察期要求或得到债权人的明确同意之后，才能够免除未还清的债务。这与自动免责模式不同，在许可免责模式下，免责的批准通常须在考察期结束后通过一系列的审核和认可程序来完成。在中国，关于谁应该有权决定债务人是否得以免责，常见的决策主体包括法院、行政机构和债权人。考虑到中国的经济社会发展状况和公众对个人破产的普遍认知，由法院拥有最终决定权更为合适。中国个人破产制度建设仍处于初级阶段，其配套的法律和机构框架尚未完全建立。这涉及个人破产相关法律的制定、破产管理机构的组建以及个人破产制度与其他相关法律体系的整合。因此，有必要强化人民法院在个人破产免责流程中的中心角色，特别是

---

[1] 陈夏红：《破产法札记》，法律出版社2021年版，第48—52页。

在制度规划和执行结果的控制方面,确保整个破产免责过程的公正性和效率。其次,在个人破产免责的法理构建中,许可免责模式得到了广泛支持,此模式强调决定免责的权力应归法院,而非行政机关,且不应依赖"债权人的同意"①。这种安排有利于发挥法院的专业判断优势。在整个个人破产程序中,从受理到作出免责决定,法院都能基于其对案件的深入了解和对债务人财务状况的全面掌握,确保决策的公正性和有效性。最后,设计个人破产制度的宗旨是平衡债务人利益与更广泛的社会利益,以实现公共利益最大化。在中国的法律实践中,法院中心主义影响深远,赋予法院在社会公共利益判断中的决策权,与广泛的社会期望及法律文化传统相符,这也确保了个人破产免责制度的公正性和合理性。

在破产法的历史发展中,"债权人同意"曾广泛地被视作债务人获得免责的前提条件。然而,随着社会公益理念的深入影响,许多国家的立法逐步废除了这一做法,转向更为中立和公正的司法决定过程。尽管如此,在中国的社会和制度环境尚未完全成熟的背景下,在处理个人破产免责案件时,人民法院仍然必须充分考虑债权人的意见。债权人是个人破产免责中承担直接经济损失的主体。在当前中国的司法实践中,多数个人破产案件实现债务人免责,通常基于已完成的部分财产分配和破产清算,采用和解或在获得债权人同意的基础上进行,而法院的作用主要是对这些免责结果给予形式上的认可。因此,为了更好地保护各方利益,确保程序的公正性和透明性,在未来对个人破产程序的完善中,应当制定更细致的规定。

此外,在债务追讨和交易过程中,债权人会密切关注债务人的历史行为和当前表现,因为这直接关系他们的利益回收。债权人通常对债务人的财产和债务变动有细致的了解,这是由于他们需要评估自己的债务回收可能性。然而,这些信息通常因债权人维护自身利益考量而各自分散保存,且缺乏有效的汇总和整合机制,使得信息的整合和监督存在困难。在个人破产程序启动前,债权人对债务人的了解通常更为深入,因为这一阶段债权人直接与债务人的财务状况相关。随着个人破产程序的深入,尤其是在漫长的

---

① 徐阳光:《个人破产免责的理论基础与规范构建》,《中国法学》2021年第4期。

行为考察期内,债权人对债务人的监督能力受限,且持续监督的高成本可能干扰债权人的正常生活和业务运作。为解决这一问题,建议将监督债务人行为的责任转交给人民法院或专职的管理人,比如由破产管理机构或不良资产管理公司来承担此项任务。如果这些机构能够成熟稳定地运行,它们将更适合承担持续监督债务人的责任。这样的安排能够确保监督活动的专业性和连续性,同时降低债权人的负担,提高程序的效率和公正性。这也有助于确保债权人在破产程序中的权益得到更有效的保护和实现。

五、结语

习近平总书记鲜明地提出,"改革是由问题倒逼而产生,又在不断解决问题中得以深化"。① 近年来,随着中国个人破产制度逐步进入落地实施阶段,其中的免责机制作为制度的核心部分,引发了广泛的社会讨论。从消费信贷的角度考虑,"自然人在满足一定条件下的消费负债可以依法得到合理免责",这一原则作为构建中国个人破产制度的核心内容之一,不仅有助于控制金融风险,还能鼓励经历破产的消费者重新开始,具有重要的制度价值。参考《深圳条例》的实施情况,当前的免责制度在立法上呈现出一定程度的失衡,主要问题在于过分强调保护债权人的核心利益,而相对忽略了债务人重新开始生活的需求。这种失衡在免责模式选择、免责的具体内容以及免责程序的实施等方面表现得尤为明显。虽然建立个人破产制度的客观条件已经成熟②,但是受到父债子偿、诚实守信等传统观念的影响,社会大众对于个人破产债务免责的理念和机制还存在一定程度的接受难度。关键在于建立坚实的个人破产免责理论基础,进而确定选择免责模式的逻辑。最终目的是确保个人破产免责制度能够充分发挥其功能,既能有效地保护债务人的基本权利,又能充分维护社会公共利益。

---

① 赵长茂:《坚持问题导向:中国改革成功的一条重要经验》,《中国纪检监察》2018年第21期。
② 王欣新:《破产法修改中的新制度建设》,《法治研究》2022年第4期。

域外比较与国际视野

论跨境资产交易中的非对称管辖条款
——法律冲突与解决之道

杜 涛[*]

一、引言

随着全球经济的快速发展和跨国企业的日益增多,跨境资产交易在国际商业活动中变得越来越普遍。由于各国法律制度的差异性,如何在法律框架内有效地处置和交易跨境资产,成为一个复杂而重要的课题。[①] 在跨境资产交易过程中,跨国企业、金融机构及其他市场参与者面临着前所未有的挑战。这些挑战包括不同国家的法律适用差异、管辖权争议、司法合作的复杂性以及跨境判决的执行难度等。这些问题不仅增加了跨境资产交易的法律风险,也对国际私法的理论与实践提出了新的要求。

非对称管辖条款(asymmetric jurisdiction clauses)是一种在国际商事合同中广泛应用的条款,其特点是在合同双方之间不对等地分配管辖权。例如,在跨国贷款协议或投资协议中,债权人往往希望通过合同条款来确保自身的法律权益受到保护,其中,非对称管辖条款成为一种常见的选择。这些条款通常赋予债权人在多个司法管辖区提起诉讼的权利,从而提高其在跨境资产交易中的法律地位。然而,这种不对等的管辖权安排也带来了诸多法律冲突,尤其是在不同国家对非对称管辖条款的认定和执行态度存在显著差异的情况下。这种不对等的安排通常是由强势一方提出并主导的,旨

---

[*] 杜涛,华东政法大学国际法学院院长、教授、博士生导师。
[①] 《不良资产的处置与价值分析》,德勤中国,https://www2.deloitte.com/cn/zh/pages/finance/articles/disposal-and-value-analysis-of-non-performing-assets.html,最后访问:2025年2月24日。

在通过法律手段为其争取更为有利的地位。① 对于跨境资产的处置和交易而言,非对称管辖条款能够在一定程度上提供法律保护和操作便利,但同时也可能引发诸多法律冲突和实践问题。② 因此,研究跨境资产交易中的非对称管辖条款,探讨其法律冲突与解决之道,具有重要的理论意义和实践价值。

跨境资产交易涉及多方利益和复杂的法律关系,非对称管辖条款的使用更是增加了其中的复杂性。具体而言,非对称管辖条款在跨境资产交易中的应用主要面临以下三个问题。第一,非对称管辖条款可能导致法律适用的不确定性。在不同法域中,法院对非对称管辖条款的认定和执行态度可能存在较大的差异,从而引发法律适用的冲突。第二,非对称管辖条款可能影响司法公正性。由于该条款通常由强势一方制定并有利于其自身利益,可能导致对另一方的不公平对待,损害司法公正性和契约平等性。第三,非对称管辖条款在执行的过程中可能面临实践操作的障碍。例如,在执行外国法院判决时,不同的国家和地区对于非对称管辖条款的态度不同,可能影响判决的承认与执行。这些问题的存在,使得我们需要对非对称管辖条款的法律冲突进行系统研究,并探索有效的解决路径。

目前,国内外学术界对非对称管辖条款的研究已经取得了一定的成果,但总体上仍存在研究不足的问题。国外学者在非对称管辖条款方面的研究较为深入,主要集中在其法律效力、适用条件及其在国际商事合同中的作用等方面。例如,国际知名学者加里·博恩(Gary Born)在其著作中详细分析了非对称管辖条款在国际仲裁中的适用问题,并提出了许多具有建设性的意见。③ 国内学者在该领域的研究相对较少,主要集中在非对称管辖条款的基本理论探讨和个案分析方面,缺乏系统的理论研究和全面的实证分析。此外,很少有学者将非对称管辖条款与跨境资产交易结合起来进行系统研

---

① Ian Borman and Eliana T. Franco, "Asymmetric jurisdiction clauses within the scope of the Hague 2019 Convention"(January 31, 2024), Winston & Strawn, https://www.winston.com/en/insights-news/asymmetric-jurisdiction-clauses-within-the-scope-of-the-hague-2019-convention, last visited at February 24, 2025.

② Tolek Petch, "The Treatment of Asymmetric Jurisdiction Clauses in Financial Contracts in France and England", *UCL Journal of Law and Jurisprudence*, Vol. 5, 2016.

③ Gary Born, *International Arbitration and Forum Selection Agreements: Drafting and Enforcing*, 4th ed., Kluwer Law International, 2013.

究。在跨境资产交易的过程中,非对称管辖条款的应用理应受到必要关注。

因此,本文将在已有研究的基础上,进一步探讨非对称管辖条款在跨境资产交易中的应用,分析其引发的法律冲突,并提出解决路径,以期填补这一研究的空白,推动相关领域的学术研究和实践发展。

二、非对称管辖条款的基本理论

非对称管辖条款是一种在国际商事合同中广泛应用的条款,指双方当事人不对等地分配管辖权的条款。这种条款通常赋予强势一方在争议发生时可以选择多个法院提起诉讼的权利,而弱势一方只能在特定的法院提起诉讼。[1] 非对称管辖条款的核心特征是不对等性,即双方在争议解决途径上享有的权利和义务并不对等。非对称管辖条款赋予当事人多样的选择权:强势一方通常可以选择在其所在地、合同履行地或其他对其有利的司法管辖区提起诉讼,从而使其在诉讼中占据更有利的地位。非对称管辖条款体现了契约自由的原则,即合同双方在平等自愿的基础上,可以自行约定争议解决的方式和管辖法院。虽然这种条款在表面上看似有失公平,但在商业实践中被视为是双方博弈和利益衡量的结果。[2]

非对称管辖条款在不同法域中的法律基础和适用情况有所不同。一般来说,这种条款的效力和执行取决于各国的法律规定和司法实践。在大陆法系国家,如法国、德国、意大利等,法院对于非对称管辖条款的态度较为谨慎。这些国家的法律强调合同双方的平等和公正,通常要求管辖条款必须对双方都公平合理。如果一方在管辖选择上明显处于劣势,法院可能会认为该条款无效。[3] 例如,法国最高法院曾在一项判决中认定,非对称管辖条

---

[1] Brooke Marshall, *Asymmetric Jurisdiction Clauses*, Oxford University Press, 2023, Chapter 1, "Introduction", pp. 1-26.

[2] Louise Merrett, "The Future Enforcement of Asymmetric Jurisdiction Agreements", *International & Comparative Law Quarterly*, Vol. 67, No. 1, 2018.

[3] Stephen Moi, et al., "Asymmetric Jurisdiction Clauses—the EU's Highest Court Gives Its View" (April 14, 2025), Mayer Brown, https://www.mayerbrown.com/en/insights/publications/2025/04/asymmetric-jurisdiction-clauses-the-eus-highest-court-gives-its-view, last visited at May 7, 2025.

款因其不对等性违反了公平原则,因而无效。① 在普通法系国家,如英国、美国和澳大利亚,法院对非对称管辖条款的接受程度较高。这些国家的法律强调契约自由,认为只要双方在自愿的基础上达成协议,非对称管辖条款应当被视为有效。② 在英国,法院在多起案件中确认了非对称管辖条款的有效性。例如,在 Mauritius Commercial Bank v. Hestia Holdings Limited 一案中,英国高等法院认定非对称管辖条款有效,认为这种条款是当事人商业博弈的结果,具有法律效力。类似地,美国和澳大利亚的法院也普遍认可这种条款,视其为当事人自主选择争议解决方式的体现。例如,澳大利亚在国际商事合同中广泛接受非对称管辖条款,认为其符合契约自由的原则,并在商业实践中被广泛应用。这些国家的法院认为,只要双方在平等自愿的基础上订立合同,并且条款没有违反公共政策,非对称管辖条款就应该被视为有效。这种态度反映了普通法系国家对合同自由和商业灵活性的高度重视。③

一些国际公约也对非对称管辖条款的效力进行了规定。最为著名的是《纽约公约》(Convention on the Recognition and Enforcement of Foreign Arbitral Awards),该公约旨在促进国际仲裁裁决的承认和执行。《纽约公约》并未明确禁止非对称管辖条款,但要求各国法院尊重当事人之间达成的仲裁协议,包括其中的管辖安排。此外,《海牙选择法院协议公约》(Hague Convention on Choice of Court Agreements)也对管辖条款的效力进行了规定,尽管其主要关注的是对称的选择法院协议,但对非对称管辖条款也有一定的影响。④

---

① "Scope and validity of asymmetric jurisdiction clauses in France"(December 7, 2015), Herbert Smith Freehills, https://hsfnotes.com/arbitration/2015/12/07/scope-and-validity-of-asymmetric-jurisdiction-clauses-in-france/, last visited at February 24, 2025.

② Louise Merrett, "The Future Enforcement of Asymmetric Jurisdiction Agreements", *International & Comparative Law Quarterly*, Vol. 67, No.1, 2018.

③ Osborne Clarke, "Choice of courts: Are asymmetric jurisdiction clauses still a good idea post-Brexit?"(March 10, 2023), Osborne Clarke, https://www.osborneclarke.com/insights/choice-courts-are-asymmetric-jurisdiction-clauses-still-good-idea-post-brexit, last visited at February 24, 2025.

④ "Asymmetric jurisdiction clauses & the Hague Choice of Court Convention: time to shape up? (Etihad Airways v Flöther)"(April 20, 2021), Stephenson Harwood, https://www.shlegal.com/news/asymmetric-jurisdiction-clauses-the-hague-choice-of-court-convention-time-to-shape-up-(etihad-airways-v-flöther), last visited at February 24, 2025.

在 2022 年 1 月 24 日之前，中国法院对非对称管辖条款的效力认定缺乏统一的司法审判规则指引。例如，在恒生银行有限公司与林建华等金融借款合同纠纷案[上海金融法院(2019)沪 74 民初 127 号]和马来西亚进出口银行有限公司与沈阳神羊游乐园有限公司金融借款合同纠纷案[最高人民法院(2017)最高法民终 636 号]中，法院支持了此类条款的效力。然而，在另外一些案例中，法院对此类条款的效力持否定态度，如浙江省高级人民法院审理的绍兴皓宜贸易有限公司与法国达飞海运集团等海上货物运输合同纠纷案[(2016)浙民辖终 294 号]。最高人民法院于 2022 年 1 月 24 日发布的《全国法院涉外商事海事审判工作座谈会会议纪要》明确肯定了涉外商事领域中非对称管辖协议的法律效力。纪要规定，除属于民事诉讼法已规定的专属管辖特定事项外，若当事人以显失公平为由主张非对称管辖条款无效的，人民法院不予支持。① 在该纪要发布之前，非对称管辖条款的效力已经在各地人民法院中得到认可。例如，福建省高院在(2020)闽 72 民初 239 号案件中，对《个人担保书》第九条的非对称管辖条款予以认可。该条款规定，债权人可以选择在香港法院或其他有管辖权的法院提起诉讼。一审法院在裁定中指出，《个人担保书》的 9.1 条和 9.4 条为非对称排他管辖条款，即仅在债权人选择香港法院起诉时，香港法院享有排他管辖权，但不排除债权人选择香港以外的其他法院起诉的权利。本案原告选择厦门海事法院起诉，符合合同约定及内地法律规定。该案例被最高人民法院选为 2020 年全国海事审判典型案例之一，并指出"本案认定非对称管辖权条款有效，体现了对当事人意思自治的充分尊重，符合国际商事海事交往的发展趋势和实践需求"。此外，北京高院在(2020)京民终 321 号案件中也对非对称管辖条款的有效性予以认可。在该案中，A 信托和 B 公司签订的《保证合同》第 7.2 条约定，保证人同意香港法院拥有排他管辖权，并不会主张任何其他法院更适当或更方便。北京高院认为，这属于 B 公司通过《保证合同》对己方起诉的管辖法

---

① "Supreme People's Court Issues New Guidance on Cross-Border Commercial & Procedural Legal Issues"(January 28，2022)，Supreme People's Court Monitor，https://supremepeoplescourtmonitor.com/2022/01/28/supreme-peoples-court-issues-new-guidance-on-cross-border-commercial-procedural-issues/，last visited at February 24，2025．

院进行选择,同意其只能向香港法院提起与合同有关的诉讼,系 B 公司依法行使和处分其诉讼权利,在不违反级别管辖及专属管辖的情况下,该管辖协议条款合法有效。① 中国法院在处理涉外商事合同中的非对称管辖条款时,充分尊重当事人的意思自治,承认其法律效力,这一态度为跨境商事活动提供了更为明确的法律指引和保障。②

三、非对称管辖条款在跨境资产交易中引发的法律冲突

(一) 非对称管辖条款在跨境资产交易中的应用现状

非对称管辖条款在跨境资产交易中具有广泛的应用,特别是在金融、投资和跨境交易合同中。其核心特点是赋予债权人更多的选择权,以便在多个司法管辖区内提起诉讼或仲裁,从而增加追讨债务的灵活性和成功率。这些条款的设计初衷是为了在跨境交易中保护债权人的利益,确保其在不同法域内能够有效地行使权利。

1. 跨境金融交易中的应用

在金融交易中,非对称管辖条款被广泛应用于国际贷款协议、债券发行和衍生品交易等合同中。这些金融工具通常涉及大量资金和复杂的法律关系,因此需要有效的风险管理措施来保障债权人的利益。在国际贷款协议中,银行或其他金融机构通常是债权人,而借款人可能是跨国公司或国家政府。为了确保在借款人违约时能够迅速采取法律行动,贷款协议中常常会包含非对称管辖条款。例如,贷款协议可能规定债权人可以在借款人注册地、主要营业地或任何拥有借款人资产的国家提起诉讼,而借款人只能在特定的一个或几个司法管辖区提起诉讼。这样,债权人在面对借款人违约时,能够灵活地选择最有利的司法管辖区提起诉讼,从而提高追讨债务的成功

---

① "Beijing Financial Court upholds validity of asymmetric arbitration clause" (March 31, 2023), Herbert Smith Freehills, https://www.herbertsmithfreehills.com/notes/arbitration/2023-03/beijing-financial-court-upholds-validity-of-asymmetric-arbitration-clause/, last visited at February 24, 2025.
② 覃曦菡:《非对称仲裁条款在中国的效力认定》,《北京仲裁》2021 年第 3 期。

率。在国际债券发行中,债券持有人通常是分散在全球各地的投资者,为了统一处理争议,债券发行协议中常包含非对称管辖条款。例如,协议可能规定债券持有人可以在其所在国家提起诉讼,而发行人只能在特定国家的法院应诉。这种安排确保了债券持有人在追讨债务时的便利性和有效性。在衍生品交易中,交易对手方之间的法律关系和资金流动更加复杂,非对称管辖条款的应用更为必要。例如,在掉期交易协议中,条款可能规定交易的一方可以在多个司法管辖区提起诉讼,而另一方只能在其注册地或营业地提起诉讼。这种安排有助于保护交易对手方的利益,确保在争议发生时能够迅速地采取有效的法律行动。[①] 例如,某跨国银行向一家发展中国家的企业提供了一笔巨额贷款。贷款协议中规定,银行可以选择在借款人所在地、银行总部所在地或任何拥有借款人资产的国家提起诉讼,借款人则只能在借款人所在地的法院进行诉讼。然而,该司法管辖区的法院对非对称管辖条款的认定存在争议,最终导致判决的执行面临障碍。通过分析该案例,可以看出跨境资产交易中的非对称管辖条款虽然赋予了债权人更多的选择权,但在法律适用和判决执行方面可能会引发复杂的法律冲突。

在国际金融衍生品交易中,合同双方使用了非对称管辖条款来确保债权人在多个司法管辖区内拥有提起诉讼的权利。当交易对手方违约时,债权人选择在一个法域内提起诉讼,然而,该法域法院对非对称管辖条款的效力持保留态度,并最终拒绝执行基于该条款作出的判决。通过这一案例可以看出,在跨境资产交易中,非对称管辖条款虽然可以为债权人提供更多法律选择,但也可能因法律体系的差异而导致判决执行的困难。

2. 国际投资协议中的应用

在跨境投资协议中,非对称管辖条款同样得到了广泛应用,特别是在私募股权投资、风险投资和联合投资协议中。这些投资通常涉及高额资本投入和复杂的法律结构,需要确保投资者在面临投资标的违约或其他争议时,能够迅速采取法律行动。

---

① Brooke Marshall, "Asymmetric Jurisdiction Clauses and the Anomaly Created by Article 31(2) of the Brussels Ⅰ Recast Regulation", *International & Comparative Law Quarterly*, Vol. 71, No. 2, 2022.

在私募股权投资协议中,投资者通常要求在多个司法管辖区内拥有诉讼权,以便在投资标的出现违约或其他争议时,能够迅速地采取法律行动。例如,协议可能规定投资者可以在投资标的注册地、主要营业地或投资者所在国家提起诉讼,而投资标的方只能在特定国家的法院应诉。这种安排确保了投资者在面临风险时,能够迅速地采取有效的法律行动,保护其投资利益。在风险投资协议中,投资者通常面临更高的风险,因此需要更加灵活的法律保护措施。非对称管辖条款可以确保投资者在投资标的出现问题时,能够迅速地采取法律行动。这种安排有助于降低投资者的法律风险,确保其在面临争议时能够迅速采取有效的法律行动。[①] 在联合投资协议中,多个投资者共同投资一个项目,非对称管辖条款有助于协调各投资者的法律行动。例如,在一项跨境私募股权投资中,投资者与目标企业签订了投资协议。协议中包含一项非对称管辖条款,规定投资者可以在多个司法管辖区提起诉讼,而目标企业只能在其注册地的法院进行诉讼。由于目标企业所在国的法律对非对称管辖条款的接受程度较低,投资者在该国法院提起诉讼后面临诸多的法律挑战。法院认为该条款违反了公平原则,最终裁定无效。这一案例显示了在跨境资产交易中,非对称管辖条款可能因不同国家的法律体系差异而面临法律效力的风险。

3. 跨境交易合同中的应用

在跨境交易合同中,非对称管辖条款被广泛应用于国际货物买卖合同、服务合同和技术转让协议等合同中。这些交易通常涉及多个国家的法律体系,需要确保合同各方在面临争议时能够迅速采取法律行动。

在国际货物买卖合同中,卖方通常希望在多个司法管辖区内拥有诉讼权,以便在买方违约时能够迅速采取法律行动。例如,合同可能规定卖方可以在买方所在国家或卖方所在国家提起诉讼,而买方只能在特定国家的法院应诉。这种安排确保了卖方在面临违约时能够迅速采取有效的法律行动,保护其利益。在跨境服务合同中,服务提供方通常希望在多个司法管辖

---

① Tolek Petch, "The Treatment of Asymmetric Jurisdiction Clauses in Financial Contracts in France and England", *UCL Journal of Law and Jurisprudence*, Vol. 5, 2016.

区内拥有诉讼权,以便在服务接受方违约时,能够迅速采取法律行动。例如,合同可能规定服务提供方可以在服务接受方所在国家或服务提供方所在国家提起诉讼,而服务接受方只能在特定国家的法院应诉。这种安排确保了服务提供方在面临违约时能够迅速采取有效的法律行动,保护其利益。在跨境技术转让协议中,技术提供方通常希望在多个司法管辖区内拥有诉讼权,以便在技术接受方违约时,能够迅速采取法律行动。例如,协议可能规定技术提供方可以在技术接受方所在国家或技术提供方所在国家提起诉讼,而技术接受方只能在特定国家的法院应诉。这种安排确保了技术提供方在面临违约时,能够迅速采取有效的法律行动,保护其利益。

(二)非对称管辖条款在跨境资产交易中的功能

在跨境资产交易中,非对称管辖条款的首要目标是保护债权人的利益。这些条款通过赋予债权人在多个司法管辖区内提起诉讼的权利,确保其在面临债务人违约时,能够迅速采取法律行动。例如,在银行贷款协议中,银行可以在借款人注册地、主要营业地或任何拥有借款人资产的国家提起诉讼。这种安排提高了银行追讨债务的成功率,确保其债权能够得到有效保护。[1]

非对称管辖条款赋予债权人更多的选择权,使其能够根据具体情况选择最有利的司法管辖区提起诉讼。这种灵活性在跨境资产交易中尤为重要,因为不同司法管辖区的法律体系、法院效率和执行力度存在差异。例如,在一个司法管辖区内,法院可能对债权人更有利,执行力度更强,在另一个司法管辖区内,法律程序可能更为复杂、耗时。因此,债权人可以根据具体情况选择最有利的司法管辖区,提高追讨债务的成功率。

在跨境资产交易中,非对称管辖条款有助于债权人应对法律风险。由于不同国家的法律体系和司法实践存在差异,跨境资产交易面临的法律风险较高。例如,一个国家的法院可能对非对称管辖条款的效力持否定态度,

---

[1] Zhiqiong June Wang and Jianfu Chen, "From Alternative Dispute Resolution to Pluralist Dispute Resolution: Towards an Integrated Dispute-Resolution Mechanism in China", *International Journal of Law in Context*, Vol. 16, No.2, 2020.

而另一个国家的法院可能对该类条款持支持态度。通过选择在多个司法管辖区内提起诉讼,债权人可以分散法律风险,确保在一个司法管辖区内的法律障碍不会影响其整体追讨策略。

非对称管辖条款有助于提高法律行动的效率。在跨境资产交易中,债权人往往面临时间紧迫的压力,需要迅速采取法律行动,以避免债务人转移资产或采取其他不利措施。例如,在一个司法管辖区内,法院可能处理案件的速度较快,法律程序相对简便,而在另一个司法管辖区内,法律程序可能较为复杂、耗时。通过选择最有利的司法管辖区,债权人可以提高法律行动的效率,迅速追讨债务。①

(三)非对称管辖条款在跨境资产交易中引发的法律冲突

1. 管辖权冲突

非对称管辖条款在跨境资产交易中引发的最直接法律冲突是管辖权冲突。非对称管辖条款允许强势一方在多个司法管辖区提起诉讼,而弱势一方只能在特定的法院提起诉讼,这种不对等安排可能导致不同法域法院对同一案件主张管辖权,进而引发管辖权冲突。② 在非对称管辖条款的框架下,强势一方可能在多个司法管辖区同时提起诉讼,导致多重诉讼的发生。③ 这不仅增加了争议解决的复杂性,也增加了各法域法院之间的协调难度。不同法域的法院可能因不同的法律规定和司法实践,对非对称管辖条款的有效性和管辖权问题持不同态度。这可能导致多个法院主张对同一案件拥有管辖权,进而引发管辖权竞争。

2. 判决承认与执行冲突

在跨境资产交易中,即使某一司法管辖区的法院作出判决,其他法域对

---

① Alex Mills, "The Privatisation of Private (and) International Law", *Current Legal Problems*, Vol. 76, No. 1, 2023.
② Sarah Garvey, "Hague 2019: Extending the Lifespan of Asymmetric Jurisdiction Clauses?" (February 19, 2024), Mayer | Brown, https://www.mayerbrown.com/en/insights/publications/2024/02/hague-2019-extending-the-lifespan-of-asymmetric-jurisdiction-clauses, last visited at February 24, 2025.
③ Michael Joachim Bonell, "The Law Governing International Commercial Contracts and the Actual Role of the UNIDROIT Principles", *Uniform Law Review*, Vol. 23, No. 1, 2018.

该判决的承认与执行仍可能面临法律冲突。非对称管辖条款在判决承认与执行方面引发的冲突首要体现为不同法域对外国判决的承认和执行标准存在差异。例如,某些法域可能要求判决符合当地的公共政策或不违反当地的强制性法律规定,否则将不予承认和执行。这种法律标准的差异可能导致某些法域拒绝承认和执行基于非对称管辖条款作出的判决。即使判决符合法律标准,不同法域的法律程序差异也可能构成判决承认与执行的障碍。例如,一些法域可能要求判决在执行前必须经过特定的法律程序或得到当地法院的确认,这可能增加判决执行的复杂性和不确定性。①

3. 准据法冲突

非对称管辖条款还可能引发准据法冲突。在跨境资产交易中,不同法域对合同条款的解释和适用标准可能存在较大差异。例如,一些法域可能认为非对称管辖条款违反公平原则而无效,而另一些法域则可能认为该条款体现了契约自由原则,应当被视为有效。这种准据法的冲突可能导致同一合同在不同法域面临不同的法律适用和解释,从而增加法律适用的不确定性。

(四)非对称管辖条款在跨境资产交易中的影响

在跨境资产交易中,不同国家和地区的法律体系存在显著差异,对非对称管辖条款的认定和执行态度也不尽相同。不同法域之间的这种差异,增加了跨境资产交易中的法律适用复杂性,使得同一份合同在不同国家可能产生截然不同的法律后果。在跨境交易中,非对称管辖条款常常导致管辖权争议。例如,在跨境金融交易中,债权人可能选择在对其有利的国家提起诉讼,而债务人则被迫在其所在国的法院应诉。这种不对等的安排可能导致多重诉讼,增加了各国法院之间的协调难度,最终加剧了跨境法律冲突。

即使在一个司法管辖区内作出的判决被认为有效,其他国家对该判决

---

① James Carter, Adam Ibrahim, Jamie CurleDan, et al., "Brexit: Choice of Law, Jurisdiction, Enforcement, and Service" (November 27, 2020), DLA Piper, https://www.dlapiper.com/en-lu/insights/publications/2020/11/brexit-choice-of-law-jurisdiction-enforcement-and-service, last visited at February 24, 2025.

的承认和执行仍然存在不确定性。在跨境资产交易中,判决的跨境执行往往受到各国法律的限制。例如,一些国家可能拒绝执行违反其公共政策或强制性法律规定的外国判决。在这种情况下,非对称管辖条款赋予的多重选择权可能反而成为债权人的负担,因为他们不得不在多个法域内履行复杂的法律程序,以确保判决的执行。

跨境资产交易还受到各国文化和法律理念差异的影响。这些差异不仅体现在法律条文上,也反映在司法实践中。例如,在一些国家,契约自由和商业博弈被高度重视,非对称管辖条款被广泛接受,在另一些国家,公平原则和对弱势一方的保护可能导致法院对这些条款持更加保守的态度。这些文化和法律理念的差异,使得跨境资产交易中的非对称管辖条款在不同的国家可能面临不同的命运。

通过以上分析可以看出,跨境因素对非对称管辖条款的影响是深远且复杂的。这些因素不仅增加了跨境资产交易的法律风险,还对条款的实际应用和执行效果产生了直接影响。因此,在研究非对称管辖条款时,有必要深入考虑跨境因素的作用,特别是在法律适用、管辖权争议、判决执行以及文化和法律理念差异方面的影响。这种分析将有助于更好地理解跨境资产交易的复杂性,并为相关法律实践提供更为全面的指导。

四、跨境资产交易中非对称管辖条款法律冲突的解决之道

非对称管辖条款在跨境资产交易中引发的法律冲突,需要通过多层次、多途径的措施加以解决。① 国际私法为解决跨境法律冲突提供了基本的理论框架和方法。在处理非对称管辖条款引发的法律冲突时,遵循国际私法的基本原则是重要的理论基础。首先,最密切联系原则要求在法律冲突的情况下,选择与争议事项具有最密切联系的法律进行适用。在跨境资产交

---

① Vasily Bakumenko, "Asymmetric Jurisdiction Clauses: Grounds for Validity within Different Jurisdictions", *Russian Law Journal*, Vol. 8, 2020.

易中,这一原则可以帮助确定最适合的管辖法院和适用法律,从而减少法律冲突。其次,意思自治原则是国际私法中的核心原则,强调合同当事人有权选择适用的法律和管辖法院。尊重当事人达成的非对称管辖条款,是意思自治原则的体现,可以有效地降低法律冲突的发生概率。最后,在适用国际私法解决法律冲突时,应考虑公平原则,确保各方当事人的合法权益得到平等保护。尽管非对称管辖条款在本质上是不对等的,但其设计和执行应尽量避免显失公平,以确保合同的公平性和正义性。①

解决跨境资产交易中的法律冲突,还需要国际公约与国内法的协调应用。国际公约为解决跨境法律冲突提供了统一的法律框架,国内法则在具体实施和执行中发挥重要作用。国际公约在促进法律适用和判决执行方面具有重要作用。例如,《纽约公约》和《海牙选择法院协议公约》为非对称管辖条款的承认与执行提供了法律依据和保障。通过签署和实施这些国际公约,各国可以在法律适用和判决执行方面实现一定程度的协调和统一,减少法律冲突的发生。例如,《纽约公约》是国际仲裁领域最重要的公约之一,旨在促进外国仲裁裁决的承认与执行。尽管《纽约公约》主要关注仲裁裁决,但其对非对称管辖条款的间接影响不容忽视。公约要求各缔约国法院尊重当事人之间达成的仲裁协议,包括其中的管辖安排,从而间接地支持了非对称管辖条款的执行。《纽约公约》规定,仲裁裁决在各缔约国之间具有强制执行力,各缔约国法院应尽量承认和执行外国仲裁裁决。虽然公约未明确涵盖非对称管辖条款,但其促进国际仲裁裁决执行的原则,有助于增强非对称管辖条款在国际仲裁中的法律效力。再如,《海牙选择法院协议公约》专门针对国际商事合同中的选择法院协议,旨在促进这些协议的承认与执行。公约要求各缔约国法院尊重当事人之间达成的选择法院协议,并承认和执行基于该协议作出的法院判决。尽管公约主要关注对称的选择法院协议,但其原则和机制同样适用于非对称管辖条款。公约规定,各缔约国法院应尊重当事人之间达成的选择法院协议,包括非对称管辖条款,从而为其法律

---

① Trevor C. Hartley, "Basic Principles of Jurisdiction in Private International Law: The European Union, the United States and England", *International & Comparative Law Quarterly*, Vol. 71, No. 1, 2022.

效力提供了保障。公约要求各缔约国法院承认和执行基于选择法院协议作出的判决,减少了不同法域之间的法律冲突,提高了判决执行的确定性。[1]

在具体实施中,各国应通过立法和司法实践,确保国际公约在国内法律体系中的有效应用。第一,通过立法明确非对称管辖条款的法律效力,减少司法实践中的不确定性。在相关法律中明确规定,除非显失公平或违反公共政策,非对称管辖条款应被视为有效。这可以为法院在审理相关案件时提供明确的法律依据,减少判决的随意性和不确定性。[2] 第二,通过发布司法解释,详细说明非对称管辖条款的适用条件和标准,提供具体的操作指南,提高法律的透明度和可操作性。第三,通过立法简化外国判决的承认与执行程序,减少不必要的程序性障碍。例如,可以规定对基于非对称管辖条款作出的判决,在满足基本法律标准的前提下,应尽量予以承认和执行,同时,建立跨境执行的合作机制,加强各司法管辖区之间的协调与合作,促进外国判决的顺利执行。[3] 第四,通过签署双边或多边司法合作协议,建立司法合作机制,促进各国在法律适用和判决执行方面的合作,建立常设的司法合作机制,定期举行会议和交流,解决在跨境资产交易中出现的法律问题,提高合作的效率和效果,通过推动国际公约的普及和实施,促进各国在法律适用和判决执行方面实现统一和协调。

在跨境资产交易中,通过采用灵活的争议解决机制可以有效地减少法律冲突,例如:选择仲裁作为争议解决机制,双方当事人可以避免不同法域法院之间的管辖权冲突,并确保仲裁裁决在《纽约公约》框架内得到全球承认与执行;选择以调解方式解决争议,双方当事人可以在中立第三方的主持下,自主地协商解决争议,降低法律冲突的发生概率。[4] 综上所述,解决非对

---

[1] Bruno Zeller & Leon Trakman, "Mediation and Arbitration: The Process of Enforcement", *Uniform Law Review*, Vol. 24, No. 2, 2019.

[2] Paul B. Stephan, "Enforcement of International Law", in Francesco Parisi, ed., *The Oxford Handbook of Law and Economics: Volume 3: Public Law and Legal Institutions*, Oxford University Press, 2017, pp. 465-481.

[3] Iryna Bogdanova, "The International Enforcement of Human Rights", in *Unilateral Sanctions in International Law and the Enforcement of Human Rights: The Impact of the Principle of Common Concern of Humankind*, Brill | Nijhoff, 2022, pp. 161-222.

[4] Yvonne Guo, "From Conventions to Protocols: Conceptualizing Changes to the International Dispute Resolution Landscape", *Journal of International Dispute Settlement*, Vol. 11, No. 2, 2020.

称管辖条款在跨境资产交易中引发的法律冲突问题,需要通过国际私法原则、国际公约与国内法的协调应用、国内法律体系的改进以及国际合作与协调等多种路径解决。采取这些措施可以有效降低法律冲突的发生概率,确保非对称管辖条款在跨境资产交易中的顺利实施。

五、结论

跨境资产交易中的非对称管辖条款引发了众多法律冲突和实践问题,本文深入分析了非对称管辖条款的定义、特点及其在跨境资产交易中的应用,揭示了这些条款在法律适用、司法公正及判决执行等方面引发的冲突。为了应对这些冲突,本文提出了若干解决路径,包括加强国际公约的签订和实施、完善国内法律体系、促进司法合作与交流以及采用灵活的争议解决机制。

非对称管辖条款广泛应用于国际商事合同中,其特点在于合同双方在管辖权分配上的不对等性,通常赋予强势一方更多的诉讼选择权,而弱势一方只能在特定的法院提起诉讼。这种安排虽然为强势一方提供了法律保护和操作便利,但也导致了诸多法律冲突和实际操作问题。例如,不同法域对非对称管辖条款的认定和执行态度存在较大差异,可能引发管辖权冲突、判决承认与执行冲突以及准据法冲突。这种法律标准的差异可能导致某些法域拒绝承认和执行基于非对称管辖条款作出的判决,即使判决符合法律标准,不同法域的法律程序差异也可能构成判决承认与执行的障碍。在准据法冲突方面,不同法域对合同条款的解释和适用标准可能存在较大差异。

尤其是在当前全球化背景下,跨国企业在处置资产时需要面对的不是单一国家的法律,而是一个多元且复杂的法律环境。在这一背景下,非对称管辖条款的合理使用和有效执行,将直接影响跨国企业的风险管理和法律战略。因此,本文的研究对于推动跨境资产交易的发展,以及提高跨国企业在全球市场中的竞争力,具有重要的实践意义。未来的研究可以进一步探讨跨境资产交易中的其他法律问题,如跨境破产、债务重组中的国际合作机制等。此外,随着全球经济的持续发展和跨境交易的日益频繁,跨境资产交易中的法律冲突可能会更加复杂化。因此,进一步加强国际合作与法律协调,探索更加有效的争议解决机制,将是未来研究和实践的重要方向。

金融宏观审慎监管体制的国际比较

王明文*

一、引言

在金融宏观审慎监管内涵不断完善的当下,金融监管体制的复杂性陡然上升,如何在宏观审慎监管下对系统性风险进行监测与管理,以及实现宏观审慎监管与微观审慎监管、行为监管之间的协调,成为重要的议题。当下,中国强调金融市场进一步开放,这对政府金融监管水平和能力提出了新的要求。宏观审慎监管、微观审慎监管、行为监管旨在实现不同的监管目标,但三者可能会带来监管冲突或监管空白,进而加剧金融风险。为此,需要就宏观审慎监管、微观审慎监管、行为监管如何化解冲突、发挥互补作用展开研究。美国、英国自2008年金融次贷危机后进行了监管体制改革,它们在金融宏观审慎监管体制方面的经验对中国深化金融体制改革具有重要意义。如何通过金融宏观审慎监管对系统性风险进行监测与管理,以及借鉴宏观审慎监管与微观审慎监管、行为监管之间协调的国际经验,对完善中国金融监管体制大有裨益。

二、主要国家金融监管体制的演变概况

放眼全球,不同国家和地区的金融行业发展极不均衡,其金融监管体制也表现各异。整体而言,美国、英国的金融业发达程度较高,其金融监管体

---

* 王明文,曲阜师范大学法学院教授、博士生导师。

制在全球范围内也颇为成熟,尤其是在经历 2008 年次贷危机后,美国、英国的金融监管体制均进行了重要改革,两国的金融监管体制演变情况颇能反映当前对金融业及其规制体系的前沿理解。与美国、英国相比,中国一直在探索符合自身发展需求的金融监管体制,属于在发展中国家中金融监管体制颇具代表性的国家。故此,本部分将依次论述美国、英国、中国的金融监管体制之演变。

(一)美国金融监管体制的演变

在 2008 年金融危机前,美国金融监管实行的是多层次、分业的模式,这一模式不属于全球四种主要金融监管模式,但又兼具四种模式中的部分特征。[①]

金融危机后,美国尝试建立宏观调控与微观监管的金融监管体制用以提升金融监管水平。2010 年,美国参众两院通过《多德-弗兰克华尔街改革与消费者保护法案》,标志着美国宏观监管体系的建立。在面对金融危机带来监管无力的问题上,美国通过强化美联储和金融稳定委员会的宏观审慎监管职能,以期能够强化宏观审慎监管能力。

金融稳定委员会在职能上较之以往的协调机构有着明显进步,其可以对货币、证券、期货、住房、信用等相关机构进行多方面综合检查,投票决定金融机构的具体行为,如某银行的倒闭是否会对金融市场产生冲击,或美联储某一政策是否对整体金融秩序产生负面影响。美国金融监督委员会建立了系统的金融风险预警机制,同时通过分析资本充足率、流动性、风险性等因素加强监管,降低金融风险发生率。相比于美联储,美国金融监督委员会针对审慎监管政策具有制定权和建议权,通过职责划分识别应对风险,推动不同监管部门有效配合,加强协调,降低审查、执法的行动差距,并通过合理的支付、结算等行为对公共设施实施监督,加强特定监管。

(二)英国金融监管机构的重组

在 2008 年金融危机前,英国采用的是财政部、金融服务部和英格兰银行

---

① 高田甜、陈晨:《金融监管体制:国际比较、发展趋势与中国选择》,《上海金融》2013 第 10 期。

组成的三元监管模式,但这一模式在金融危机的冲击下显得岌岌可危,严重影响了英国金融市场的稳定和民众的信心。基于此,英国于 2009 年针对金融监管开启了较大规模的改革。

在"双峰型"金融监管理论的影响下,英国将金融监管分为审慎监管和行为监管,审慎监管由英格兰银行新设的审慎监管局(Prudential Regulation Authority,PRA)负责,金融行为的监管则交由金融危机后独立设置的金融行为监管局(Financial Conduct Authority,FCA)负责。[①] 英国政府认为,鉴于审慎监管与行为监管的技巧和目标不同,在《2012 年金融服务法案》中展现的英国金融监管体制采用的是"超级央行 + 双峰监管"模式,在这一模式下,央行不仅负责宏观审慎监管,还能够协调宏观审慎监管、微观审慎监管、行为监管。在业务范围上,在英格兰银行内部设立金融政策委员会(Financial Policy Committee,FPC),撤销原先的金融稳定委员会。金融政策委员会由英格兰银行和金融监管局主要负责人以及政府代表组成,目的是提升系统性金融风险防范能力。在《2016 年英格兰银行与金融服务法案》中明确指出英格兰银行应处于英国金融和经济的核心,为此,英国议会加强对央行的监督与问责。该法案同时明确,审慎监管局是独立管理机构,不受英格兰银行的管理,其将整合英格兰银行内部有着相同职能的机构,并通过审计局对央行进行审查,增加其治理和监管能力。审慎监管局负责审慎监管,包括针对各类金融机构的监管,从稳定性、延续性方面研判金融风险,提前介入;金融行为监管局则负责行为监管,从金融机构的经营行为、金融消费者权益保护、金融市场运行等方面着手进行监管。但是,审慎监管局与金融行为监管局并非完全独立运作,英格兰银行对审慎监管局和金融行为监管局在业务上进行指导,可以针对具体内容发布相应的命令,而宏观审慎监管职能在改革后被英格兰银行完全吸纳。

在监管思路上,英国的"双峰型"金融监管模式是通过将宏观审慎监管、微观审慎监管与行为监管分立,构建金融监管机构的专业性。同时,为了有

---

① 钟震、董小君:《双峰型监管模式的现状、思路和挑战——基于系统重要性金融机构监管视角》,《宏观经济研究》2013 年第 2 期。

效地应对微观审慎监管的不足,英国现行的金融监管模式除了评估当前的金融风险之外,还将预期可能存在的金融风险纳入评估,通过评估决定是否提前介入市场,以期达到稳定金融市场的目的。对那些可能对英国金融市场造成巨大破坏的金融机构,审慎监管局和金融行为监管局将进行分类处理。

在监管沟通协调机制上,英格兰银行通过金融政策委员会协调宏观审慎监管与其他监管的关系,为提升危机处理能力,相关机构通过签署合作备忘录加强协作,建立特殊风险处理机制。

(三)中国金融监管体制的建立与发展

2008年后,次贷危机、金融业混业经营、金融风险混合等因素相互叠加,使得中国面临着系统性的金融风险,如何防范和化解重大风险成为金融监管的重要方向,为此,中国进行了针对性的改革。2009年,中国加入巴塞尔委员会,同年,央行启动对宏观审慎管理政策的系统性研究[①],确立了中国正式转向宏观审慎监管。2011年,央行引入差异准备金率制度,这一制度是中国宏观审慎监督制度的启示。在这之后,为了应对外源性金融风险和防范国内金融风险,中国一方面将差异准备金率制度升级为宏观审慎监管体系,另一方面在2017年成立了国务院金融稳定发展委员会,希望通过这一委员会的成立对金融监管进行统一协调。在2018年的国家机构改革中,原银监会和原保监会进行了合并,成立了原银保监会,统合了重合的监管领域,提高了监管资源的利用效率,中国分业监管体系逐渐走向整合,形成统一的微观审慎监管框架,至此,"一行三会"的金融监管格局变为了"一委一行两会"。

2023年,国务院提请第十四届全国人民代表大会第一次会议审议的《国务院机构改革方案》中宣布,不再保留原银保监会,在原银保监会的基础上组建国家金融监督管理总局。这一机构同时将中国人民银行对金融控股公

---

① 杨雪斌、姜俊羽、王红梅:《宏观审慎监管的历史变迁、国际经验与实践进路》,《宏观经济研究》2024第3期。

司的日常监管,"一行一会"对金融消费者的保护职责划入。在证券领域,证监会调整为国务院直属机构,将原属发展改革委的企业债审核职能划入证监会,强化资本市场的监管职责。在党中央层面,组建中央金融委员会和中央金融工作委员会,不再保留国务院金融稳定发展委员会,这两个委员会代表着党对金融工作的全面领导,通过两个委员会负责金融稳定与发展、金融党建等工作。这些改革措施形成了中国当前的金融监管体制,即央行负责宏观审慎监管,国家金融监管总局、证监会负责微观审慎监管,但行为监管此时尚未被视为独立职能,仅由国家金融监管总局行使。

三、多国金融宏观审慎监管体制的对比分析

(一)系统性风险监测与管理的比较

美国次贷危机和英国北岩银行事件暴露了英美两国在改革前宏观审慎金融监管的不足,为此,美英两国分别通过《多德-弗兰克华尔街改革与消费者保护法案》《2012年金融服务法案》设立了前述机构,以求弥补在宏观监管上的不足,防止出现系统性风险。中国在 2017 年组建了国务院金融稳定发展委员会,在 2023 年组建了中央金融委员会和中央金融工作委员会,负责金融稳定和发展的顶层设计、统筹协调,这些措施都是中国强化金融稳定框架的尝试。

在面对系统性风险时,最为重要的是通过提前识别与预测为后续监管干预提供充足的空间。美国金融稳定监督委员会通过设立系统性风险委员会分析评判可能对美国金融稳定构成威胁,并向副部长级委员会提交相应的工作报告。对具有系统重要性的非银行机构,该委员会可以将其纳入美联储的监管范围,对严重威胁金融稳定的机构,可以强制拆分或进行资产剥离。[①] 英国金融政策委员会与美国金融稳定监督委员会相比权力较小,其专注于识别、监测和管理可能的系统性风险。在面对系统性风险时,金融政策委员会

---

① 王刚、徐慕紫:《美国金融稳定监督委员会组织架构及运作情况介评》,《金融法苑》2011 年第 1 期。

可以向央行或财政部提出建议。

当前,中国系统性风险监测机制建设处于起步阶段,2018年《关于完善系统重要性金融机构监管的指导意见》和2020年《系统重要性银行评估办法》的颁布,奠定了中国系统性风险监测的基础,但相关机制尚未成熟,如何在系统性风险监测争取到的窗口期更好地处理相应的风险企业或行为则是一个重要命题。中国应当尝试设立独立的系统性风险监测机构,对于通过联合设立系统性风险监管的方式,应当充分认识到这一模式存在各自为政、监测空白的危险性。

(二) 宏观审慎监管工具比较

在美国新的宏观审慎监管体制下,银行的资本要求得到强化,然而,与其他发达国家相比,美国的宏观审慎监管工具明显较少[1],资本要求成为最重要的工具之一,并通过引入压力测试强化资本要求。为应对美联储针对银行资本充足率的检查,银行不得不提高资本留存,这一措施有效地限制了银行的杠杆率,这使得大型银行较难成为系统性金融风险的传导源[2]。

与美国相比,英国的宏观审慎监管工具更加灵活丰富。为了有效地处置系统性金融风险,英国金融政策委员会可以选择逆周期资本缓冲、差异化资金要求两种工具,并作出相应的决策,要求微观审慎监管或行为监管机构实施。对于其他监管工具,金融政策委员会有权利向其他监管机构作出建议,其他机构不执行则需要就此作出公开解释,这一措施能够有效地增加市场透明度。

中国当前宏观审慎监管工具虽已自成体系,但仍有较大的完善空间。目前国际通行的28项政策工具中有21项没有在中国得到使用,逆周期调节成效有限,对于全球系统性风险的管理方式主要采取控制跨境资本流动。为此,中国可以借鉴各国已经成熟的资本要求作为宏观审慎监管的核心工具,引入压力测试、强化资本要求、加强国际合作等方式,保证金融机构能够

---

[1] 马骏、何晓:《货币政策与宏观审慎政策的协调》,《金融研究》2019年第12期。
[2] 杨雪斌、姜俊羽、王红梅:《宏观审慎监管的历史变迁、国际经验与实践进路》,《宏观经济研究》2024年第3期。

抵御潜在的系统性危机。中国与美国均为银行业大国,在银行风险上应当有充足的认识,美国以资本要求为核心的监管方式固然符合中国的行业现状,但欧洲在面临债务危机时推出的欧洲金融稳定基金也应当得到重视。

(三)宏观监管与行为监管协调机制的比较

美国的《多德-弗兰克华尔街改革与消费者保护法案》将宏观审慎监管职能一分为二,既强化了美联储的宏观审慎监管职能,使其可以监管系统重要性金融机构、金融市场基础设施建设等,又通过消费者金融保护局获得行为监管的职能。与美联储相比,金融稳定监督委员会并不直接对金融机构进行监管,而是促进政策协调,推进非银行金融公司的综合监管,对特定机构提高监管标准,乃至对严重威胁金融稳定的机构进行拆分。在此机制下,宏观监管与行为监管协调不再是通过美联储内部框架解决,而是交由独立委员会以多数投票机制对问题进行表决。在这一决策机制中,美联储董事会主席与消费者金融保护局局长均为投票成员,使得在协调机制中,美联储与消费者金融监管局处于平等地位。这一独立监管协调机构不仅能为宏观监管与行为监管提供协调平台,而且通过财政部部长兼任委员会主席的方式确保消费者金融保护局的独立,避免央行通过宏观监管职能过度集中权责,使行为监管沦为陪衬。

在英国,根据《2016年英格兰银行与金融服务法案》,英格兰银行应处于英国金融和经济的核心,微观审慎监管与宏观审慎监管职能部门均隶属于央行。作为典型的"双峰型"金融监管模式,英国还设立了独立于央行的金融行为监管局负责行为监管,此时,若有监管协调需求,则需通过联席会议或共同签署备忘录实现。金融政策委员会作为宏观审慎监管的主体,需要就系统性风险进行识别、监测与处置;金融行为监管局作为金融机构行为监管的主体,需就所有金融机构的行为进行监管。为了使宏观审慎监管与金融行为监管能够相互配合,一般情况下,英格兰银行与金融行为监管局以联席会议和备忘录签署的方式推动二者进行协调。在决策机制上,当金融政策委员会因为需作出宏观审慎监管决策而召开会议时,金融行为监管局负责人作为无表决权的列席人员参与会议;在协调机制上,金融行为监管局通过多个备忘录与审慎监管局在数据流动、联合监管、争议解决方面建立了相应的协调议事机制,以确保沟通顺畅;在人员选择上,英格兰银行与金融行为监管局负责人的提名均出自财政大臣。这一模式实现了审慎监管与行为监管的分离,使得金融稳健目标和金融消费者利益保护得以通过不同的机构与工具独立实现。

中国与英美在宏观审慎监管与行为监管协调机制上虽存在共性,却依然存在差距。根据2023年《党和国家机构改革方案》[①],新组建的中央金融委员会与美国金融监督委员会在定位、职能上较为相似,属于独立监管协调委员会,宏观审慎监管与行为监管均可通过协调委员会协调。但在行为监管上,中国与美国仍存在差距,美国的消费者金融保护局虽设置于美联储之下,但其拥有独立的行政地位,而中国的行为监管是在原银保监会的基础上组建国家金融监管总局,通过划入金融消费者保护和投资者保护职责设立内设部门实现的。作为国家金融监管总局的内设机构,金融消费者权益保护局不具有行政上的相对独立性,使得审慎监管与行为监管出现混淆,仍无法满足金融监管的需求,但考虑到中国金融行业的发展和开放,构建独立的行为监管系统是金融监管有效的前提[②]。综上,中国目前虽将行为监管作为一个独立职能交由国家金融监管总局行使,然与英美两国相比,中国金融行为监管负责人无法直接参与宏观审慎监管决策,宏观监管缺乏体系化协调机制,机构设置容易造成金融稳健目标和金融消费者利益保护目标混淆。因此,不论是效仿美国模式下在美联储下设消费者金融保护局并赋予独立的行政地位,还是英国模式下在审慎监管系统外独立设置金融行为监管局的做法,都有助于推进中国宏观监管与行为监管协调机制的建立与发展。

(四)宏观监管与微观监管协调机制的比较

美国在进行金融改革后,其监管仍呈现出多头态势,金融控股公司与银行业的监管由美联储负责,联邦保险办公室等负责与各州共同对保险业展

---

① 《中共中央 国务院印发〈党和国家机构改革方案〉》(2023年3月16日),新华社,http://www.news.cn/politics/zywj/2023-03/16/c_1129437368.htm,最后访问:2024年4月28日。
② 王勋、黄益平、陶坤玉:《金融监管有效性及国际比较》,《国际经济评论》2020年第1期。

开监管,这些机构互不统属,使得美国的微观审慎监管依然处于多头态势。在这一模式下,美国宏观监管与微观监管协调则是通过人员组成实现。美国金融稳定监督委员会共有10人具有投票权,除美联储主席、财政部部长等成员外,涉及微观审慎监管的成员分别来自证券交易协会、商品期货交易委员会、联邦房地产金融机构、联邦保险办公室。这一机制虽能有效地衔接宏观监管与微观监管,但不可否认的是,传统的分业监管极易带来监管真空,而美国金融稳定监督委员会的规模并不足以及时地协调监管力量处置风险。

英国央行下属三大委员会中的审慎监管委员会负责微观审慎监管,作为制定微观审慎规则的机构,审慎监管委员会需对金融机构的稳健性进行监督,为金融市场的良性竞争提供保障。在实现宏微观审慎监管的协调配合方面,英国采取的是人员交叉任职的方式,两个委员会在人员组成上仅有五位专业顾问与外部成员不同,剩余的六位英国央行官员均同时就职于审慎监管委员会和金融政策委员会。这一模式能够使决策者在专业人员的辅助下制定政策,为政策协调和统筹监管预留了充足空间,但不可否认的是,英国这一大央行模式存在部门独立性不足、央行权力过大等问题。

中国自2023年进行机构改革后,形成了"一委一行一局一会"的金融监管格局。与英美两国相比,中国的宏观监管与微观监管协调尚有完善的空间。从组织架构上看,中国和美国均在宏观审慎监管与微观审慎监管部门之上设立协调机制,英国则是在央行下设立审慎监管委员会和金融政策委员会,这种模式与国家金融市场规模和央地职能分工有关,但不可忽视的是,中美模式由于监管分散化的缘故,容易出现监管空白,故中国应当参考英国设置独立的宏观审慎监管与微观审慎监管部门,而后在两部门上设立协调机制,确保金融监管无死角。在人员安排上,中国杂糅了英美两国模式的共性。2018年,中国央行主要负责人通过党政交叉任职的方式,形成双首长制的局面,同时,由分管财经工作的副总理兼任协调机制负责人,形成了既有独立协调机制又进行交叉任职的宏观监管与微观监管协调模式。这一经验在2023年国家机构改革后并未得到延续,中央金融工作委员会的负责人由分管财经工作的副总理变为国务院总理,原分管财经工作的副总理变为副主任兼办公室主任。这一变化与原模式下央行负责人任副主任兼办公室主任的做法相比,无疑削弱了央行在宏观审慎监管协调机制中的主导权,使得宏观审慎监管与微观审慎监管的地位逐渐平等,也表明中国正逐步学习吸纳美国宏观审慎监管协调机制的经验。这一转变无疑是让宏观审慎监管协调机制回归制度设计初衷的定位,但中国财政部门参与宏观审慎监管协调机制的程度和美国相比仍然不足,应当通过制度建设加强财政部门在监管协调中的地位。

四、域外对比视野下中国金融宏观监管体制的精进

(一) 宏观审慎监管与协调制度重构

在机构设置上,中国应吸收英国"双峰型"金融监管模式的经验,应当将分散在各个部门的宏观审慎监管、微观审慎监管和行为监管职能进行整合,设立专业化的独立部门。宏观审慎监管职能应当交由中国人民银行独立行使,微观审慎监管职能应当吸纳现国家金融监管总局和证监会的相关职能后交由国家金融监管总局负责,而行为监管应当从现国家金融监管总局中独立,整合证监会的投资者权益保护职能,形成新的国家金融行为监管局。

从各国金融宏观审慎监管的经验来看,在权力配置方面,各国均秉持专业化、分散化的态势,并未将监管权与协调权置于一处,同时,将议事协调、政策制定与执行通过立法的形式进行确认。美国金融稳定监督委员会与英国金融政策委员会均是在这一思想下的产物,二者虽然均有本国议事协调权力,但就具体事物的落实和对金融机构监管的权力均交由监管机构。

考虑到中国国情,在宏观审慎监管协调体制上应当重组国务院金融稳定发展委员会,与党的中央金融委员会合署办公。一方面,中央金融委员会的设立是加强党中央对金融工作集中统一领导的必然需求;另一方面,议事协调机构需要通过法治化手段展开宏观审慎监管,需要行使政府对市场监管的权力,国务院金融稳定发展委员会机构设置的缺失将无法有效地通过行政手段协调中国宏观审慎监管。

（二）以立法推动宏观审慎监管体制

英美两国推进本国金融宏观监管体制改革均是立法先行，这不仅是各国的实践经验[①]，更是当下法治政府发展的必然要求。中国已就金融宏观审慎监管体制起草了金融稳定法草案并向社会征求意见。草案内容仍有较大局限：一是金融稳定委员会职权仍不足以适配中国当前宏观审慎监管体制协调需求，加之宏观审慎政策指引具体操作规则仍有进一步细化空间，使得宏观审慎协调监管范畴不足；二是对新类型金融活动监管协调不足，中国应当进一步扩大宏观审慎监管机构职权，细化宏观审慎政策指引具体操作规则，将更多的金融活动纳入宏观审慎监管范畴，确保监管无死角。

（三）建立独立的系统性风险识别监测机制

中国当前的系统性风险识别监测机制由相关部门各自独立展开相应评估，这一模式存在各自为政、监测空白的可能。为了弥补这一缺憾，使系统性风险识别监测效用最大化，应当参考英美相关经验，要求相关机构就可能构成系统性风险的事件、行为或机构向宏观审慎监管协调机制汇报，对具有系统重要性的机构可以通过制定更为严格的监管措施，对严重威胁金融稳定的机构可以强制拆分或进行资产剥离，注重财政部门在后续宏观审慎政策上的作用，及时就相关风险进行通报，确保风险数据的流通，推动财政部门更深层次地参与宏观审慎监管，利用财政手段有效化解系统性金融风险。

（四）宏观审慎监管协调机制制度化

美国金融稳定监督委员会与英国金融政策委员会作为宏观审慎监管协调机构，均没有政策的具体执行权，就中国实践与金融稳定法草案的设计可知，中国当下也希望构建同样的协调机制，若想这一机制能够具有成效，则

[①] 范从来、林键、程一江：《宏观审慎管理与微观审慎监管：金融监管政策协同机制的构建》，《学术月刊》2022年第9期。

需要设计相应的配套政策。

第一,构建信息共享和沟通协调机制。从英美两国宏观审慎监管协调机制的实践经验来看,出于分立监管权和协调权的需要,不同部门间的信息必然会出现流通不畅的情况,通过促进监管信息的流动,可以有效地降低金融风险。当前,中国的联席会议等机制经过长期实践已臻完善,但仍存在金融基础设施割裂、数据互通性不足等问题。为此,中国需要通过设施建设,完善数据互通的程度。同时,协调机制需就参与人员作出一定的改革。中国在当下对金融消费者的权益保护仍然不足,宏观审慎监管协调机制与行为监管存在割裂,应将金融消费者权益保护部门负责人纳入协调机构的组成人员中,促进宏观审慎监管与行为监管的互通。

第二,设置合理的冲突预案。在监测系统性风险时,应当注重提前识别与预警,为金融风险处置预备提前空间。同时,应当预先设置政策优先级,在宏观审慎目标、微观审慎目标与行为监管发生冲突时,应当确定优先实现何种目标。在当前的国际实践中,一般认为当三者发生冲突时应当优先保障宏观审慎目标的实现,因为金融风险必然带来个体利益的贬损,个体的金融风险并不必然带来全盘金融风险。

(五)保证金融宏观审慎监管工具的开放性与丰富性

宏观审慎工具是推动监管机构达成目的的重要手段,然而,从中国对宏观审慎工具的运用上看,中国在宏观审慎监管工具运用上仍存在较大的完善空间,传统的宏观审慎工具运用不足[1]。

对于宏观审慎工具创新而言,欧盟在应对2010—2012年主权债务危机时提供的经验值得参考[2]。欧洲金融稳定基金这一机制在金融稳定法草案第二十八条得到明确[3],在中国地方债务风险和住房债务风险交织的当下,

---

[1] 苏丽霞、朱立轩:《全国人大代表杨小平:建议加快构建宏观审慎政策框架》(2021年3月18日),中国金融新闻网,https://www.financialnews.com.cn/zt/2021lh/taya/202103/t20210308_213439.html,最后访问:2024年4月28日。

[2] 胡琨、刘东民:《欧债危机下欧盟银行规制与监管体系的转型与创新》,《欧洲研究》2013年第3期。

[3] 《中华人民共和国金融稳定法(草案)》第二十八条第一款:"国家设立金融稳定保障基金,作为处置金融风险的后备资金。金融风险严重危及金融资金的,可以按照规定使用金融稳定保障基金。"

欧盟这一制度有其现实意义。但是,中国尚未明确受助者在获得基金援助后的可持续性安排,这一点是中国稳定基金仍需进一步完善之处,因为处置和输血不是无限制帮扶,这些措施应帮助受助者重返市场或进行破产清算而不至于带来系统性金融风险。

五、结语

"金融监管必须集中统一、相互配合,不能各唱各的调"[①],宏观审慎监管体制以减少金融危机对经济稳定的影响为目标,自然需要通过各种协调机制,最大限度地发挥宏观审慎监管的作用。欲达成此目的,需通过立法手段推动宏观审慎监管的重构与协调机制的续造,并以系统性风险监测为契机,引入资本要求作为宏观审慎监管核心工具的思想,在充分利用传统宏观审慎监管工具的前提下,借鉴他国经验,结合本国国情,扩大工具箱内涵,为中国金融审慎监管体制的进一步发展提供政策支撑。

---

① 本报评论员:《坚定深化金融改革——三论做好当前金融工作》,《人民日报》2017年7月18日,第1版。

不良资产研究综述

钱 烈[*]

一、引言

金融市场的深度自由化,以及银行业信息技术的进步,共同推动了金融中介功能的增强。放松管制的趋势在全球范围内激发了银行间的竞争。这种加剧的竞争可能促使信贷机构承担更高的信用风险,尤其是当它们为了争夺市场份额而放松贷款标准时。[①]

衡量信用风险的关键指标是不良贷款占银行贷款总额的比例。这一比例不仅关系到银行资产的质量,也反映了金融机构持有的贷款和证券的潜在现金流可能无法得到全额偿还的风险。不良资产的增加通常会给银行安全性、流动性和盈利性带来损害,并导致银行抗击意外事件冲击的能力下降,进而增大整个银行系统的风险,导致金融和整个社会经济的不稳定。[②] 历史数据表明,高比例的问题贷款往往是银行倒闭的前兆[③],同时也会提高银行系统乃至整个金融领域的脆弱性[④]。自 2008 年金融危机爆发以来,不良贷款的增加已经严重影响了信贷机构的流动性和盈利性,进而破坏了银行系统的稳定。

---

[*] 钱烈,浙江金汇信托股份有限公司副总经济师。
[①] Michael Manove, A. Jorge Padilla and Marco Pagano, "Collateral versus Project Screening: A Model of Lazy Banks", *Rand Journal of Economics*, Vol. 32, No. 4, 2001; Sangjun Jeong and Hueechae Jung, "Bank Wholesale Funding and Credit Procyclicality: Evidence from Korea", *Panoeconomicus*, Vol. 60, No. 5, 2013.
[②] 陈学彬:《银行不良资产与金融风险和通货膨胀关系的博弈分析》,《经济研究》1997 年第 7 期。
[③] Anthony M. Santomero, "Commercial Bank Risk Management: An Analysis of the Process", *Journal of Financial Services Research*, Vol. 12, No. 2, 1997.
[④] J. P. Niinimaki, "Hidden Loan Losses, Moral Hazard and Financial Crises", *Journal of Financial Stability*, Vol. 8, No. 1, 2012.

尽管监管机构和银行已经采取了多种措施来控制和减少不良贷款,但这一问题仍是关注焦点。对不良贷款成因的深入理解,对于维护宏观经济和金融系统的稳定至关重要。许多研究已经探究了信用风险的驱动因素,特别是在全球经济危机之后。这些研究有的专注于单一类型的潜在因素,有的则探讨了宏观经济条件和银行特定因素之间的相互作用。不良贷款的增加可以作为银行危机的早期信号。[1] 银行资产质量的下降不仅会动摇银行系统的稳定,还可能削弱经济效率,影响经济繁荣。例如,日本在20世纪90年代"失去的十年"期间经济活动减少,政府延迟救助导致不良贷款增加,由于不良贷款占用本可用于生产性投资的资金,进而引发经济活动减少。[2] 有些学者则因不良贷款对经济产生的负面影响,将其称为"金融污染"。

本文回顾了现有文献中关于不良资产的相关内容。后文安排如下:第二部分是对不良贷款的定义的文献综述;第三部分是对不良贷款的产生因素的文献综述;第四部分是对不良资产回收影响因素的文献综述;第五部分是对不良资产估值方法的文献综述;第六部分是对不良资产处置的文献综述。文章最后提出了一些结论性意见以及进一步研究的路径。

二、不良资产的定义

(一)信贷视角下的不良资产

不良资产是指那些未能在预期时间内产生收益的资产。在金融行业,尤其是银行业中,这一术语通常用于描述贷款或信贷产品,它们未能按时收回利息或本金。不良资产通常被视为银行或金融机构的问题资产,因为它们影响了资产的盈利性和流动性。不良资产涉及的最大领域是银行体系,

---

[1] Carmen M. Reinhart and Kenneth S. Rogoff, "From Financial Crash to Debt Crisis", *American Economic Review*, Vol. 101, No. 5, 2011.

[2] Levon Barseghyan, "Non-Performing Loans, Prospective Bailouts, and Japan's Slowdown", *Journal of Monetary Economics*, Vol. 57, No. 7, 2010.

所以,一般情形下提及不良资产时,主要指银行体系产生的不良资产,即不良贷款。信贷资产最早按不同取向标准,或分为良性资产、一般性资产和不良资产三类,或分为优良资产、次良资产、有问题资产和不良资产四类。① 王隆昌把银行不良资产界定为银行盈利性资产中表现为低效益、负效益、综合风险系数较高、流动性系数为零的资产,以及投向明显不符合国家产业政策发展要求的资产,银行非营利性资产中超过标准营造、占用、摊提成本高于平均费用率的资产及非法财产。② 根据中国人民银行于2001年发布的《贷款风险分类指导原则》、原银监会2007年发布的《贷款风险分类指引》以及2019年《商业银行金融资产风险分类暂行办法(征求意见稿)》的内容,商业银行应对表内承担信用风险的金融资产进行风险分类,金融资产按照风险程度分为五类,分别为正常类、关注类、次级类、可疑类、损失类,后三类合称不良资产。

从国际上对于不良资产的认定视角来看,2014年以来,巴塞尔委员会下设的监管与实施工作组开始对各成员国贷款分类监管标准进行全面梳理,以减少各国贷款分类标准的差异性。2016年7月,在广泛调研的基础上,巴塞尔委员会发布《问题资产的审慎处理要求——不良资产风险暴露的定义和容忍度指引(征求意见稿)》。根据该指引,当贷款出现以下情形时,将被认定为不良贷款:出现逾期90天以上的重大风险;或出现巴塞尔协议Ⅱ中第452款规定的违约情形(若出现以下一种情况或同时出现以下两种情况,债务人将被视为违约:一是银行认定除非采取追索措施,如变现抵押品,借款人可能无法全额偿还对银行的债务;二是债务人对于银行的实质性信贷债务逾期90天以上。若客户违反了规定的透支限额或者新核定的限额小于目前的余额,各项透支将被视为逾期);或出现国际会计准则规定的损失情形;或有证据证明不变卖抵押物便无法全额还款(不论过期多少天)的贷款。这一不良贷款的定义综合考虑了会计和监管视角下不良贷款的内涵和外延。

除了银行体系外,还有非银类金融不良资产,主要指信托公司、券商资

---

① 肖燕:《银行信贷"不良资产"研究》,《金融与经济》1995年第4期。
② 王隆昌:《论国有商业银行不良资产的界定和成因》,《金融研究》1996年第12期。

管、基金子公司、金融租赁公司、财务公司、汽车金融公司、消费金融公司等非银行类金融机构开展租赁或借贷等业务而产生的不良资产。

（二）投资视角下的不良资产

目前，无论是理论界还是实务界，对于不良资产的表述与概念都有很多不同之处，也有许多称谓与解释，如不良资产、特殊资产、另类资产、困境/受压资产等，这就形成在很多情形下对于同一事物有着近似或者有差异性的表述理解。

1. 特殊资产

特殊资产（special assets）往往与特殊的资产相混淆。国内最早将除建筑物、厂房、机器设备等有形资产及工业产权、非专利技术、土地使用权等无形资产外的资产叫作特殊资产[1]；或定义那些特定企业或行业才拥有的具有专门独立用途的资产为特殊资产[2]。国有资产管理中特殊资产（或资金）的提法，最早来自国务院国资委发布的《关于加强中央企业特殊资金（资产）管理的通知》（国资发评价〔2012〕6号），包括职工互助基金、企业慈善基金会管理的资金、企业工会管理的资金、职工持股会管理的资金，以及企业代管的社会保险资金、企业年金、住房公积金等企业虽不拥有所有权但承担资金安全管理责任的资金（资产），属于企业所有但尚未并表的各类资金（资产）。

不良资产与特殊资产概念的混用始于2001年。在这一年，南阳商业银行成立了特殊资产管理公司。[3] 该公司的全称为南阳市银通置业有限责任公司。该公司成立的主要目的是专门管理和处置原南阳市财务开发公司和原南阳市商业银行的不良资产。特殊资产可以等同于不良资产，特殊资产是指处于特殊状态下的资产或用特殊手段处置的资产。特殊状态是为了区别于正常状态的资产，所以，可以把现实条件下不能给持有者带来预期收益的资产定义为特殊状态资产，简称特殊资产。这里的"特殊"是相对于正常

---

[1] 臧焕华：《如何进行特殊资产价值评估——对旅游景点折价入股的探讨》，《浙江金融》1993年第2期。
[2] 刘以迁：《论特殊资产的会计处理问题》，《中国乡镇企业会计》2011年第6期。
[3] 南阳商业银行：《依托特殊资产管理 创新不良资产剥离》，《济南金融》2001年第11期。

或者普通的特殊,体现了持有人的利益关注点。特殊手段是指将处于特定时期(配合四大银行上市的时期)通过特定的方式(政策性划拨)归属到特定机构(四大金融资产管理公司)处置的资产,定义为特殊手段处置资产,简称特殊资产,体现了特定时间段的特定称谓。可以看出,不良资产与特殊资产具有较大的相似性,这也是理论界与实务界在很多情形下将两者视同一致的原因。部分金融机构的资产保全机构也被称为特殊资产管理部。中国拍卖行业协会在2020年面向拍卖企业推出特殊资产认证培训课程。李晓鸣和彭露嘉认为,特殊资产是商业银行在不良资产管理实践中运用的一个概念,即把不良资产看作一种具有特殊属性的资产。[1] 特殊资产是基于价值管理的需要,对次级、可疑、损失类贷款以及非信贷类不良资产的概括定义。根据特殊资产的资金来源,可以将其分为不良资产、涉诉资产、企业改制及破产清算过程中需要变现的资产、商业贷款资产、特别机遇变卖资产、营销噱头资产[2]。国际上通常将特殊资产投资分为困境资产(distressed assets)投资和特殊机遇(special situations)投资两大类。

2. 另类资产

另类资产(alternative assets)是指在股票、债券及期货等公开交易平台之外的金融和实物资产,可以为投资者在较长的投资周期内达到资产稳健增长、分散风险的作用,是资产配置中重要的资产类别。另类投资这一术语的最早出处可以追溯到20世纪60年代末至70年代初期。当时,金融市场上的投资者开始寻求传统股票和债券以外的投资机会,以分散风险和提升回报率。1962年,格雷厄姆和多德在其经典著作《证券分析》(*Security Analysis*)中提到了非传统投资的概念,标志着另类投资的初步形成。另类资产涉及许多类别,如私募债、私募股权、风险投资、对冲基金、母基金(fund of funds)等诸多品种。另类资产只是现有资产类别中的另类投资。具体而言,大多数另类资产的价值来自债务或股票市场。例如,大多数对冲基金策略涉及购买和出售股票或债务证券。此外,对冲基金经理可能会投资价值

---

[1] 李晓鸣、彭露嘉:《特殊资产经营业务发展趋势研判及应对策略》,《农村金融研究》2013年第12期。
[2] 姜盼:《以特殊资产投资视角探讨企业重组商业模式》,《全国流通经济》2023年第7期。

来自股票或债务市场的衍生工具。① 近年来,另类资产行业持续增长,逐渐成了现代投资领域的主流。另类资产有一些不同的特点,这些特点让另类资产的投资决策和投资管理过程更加复杂。所以,从不良资产的概念与内容来看,另类资产与不良资产具有较大的区别,另类资产更贴近普通意义上具备正常特征的金融资产的概念范畴,这与不良资产在实质性内容上具有较大的差异。另类资产通常在市场上的流动性较差,但具有潜在的较高回报和多样化的投资策略。②

3. 困境资产

在金融和法律领域,困境资产通常指的是那些由于财务困境、违约风险或其他问题而大幅贬值的资产。这些资产可能包括无法偿还的贷款、贬值的房地产或其他商业资产,它们可能需要通过重组、清算或其他法律程序来恢复或实现其价值。③ 在投资领域,困境资产指的是那些因公司面临财务困境而被迫出售的资产,特别是实物资产,如工厂、业务单元、房地产或整个公司。④ 这些资产在所谓的紧急出售(fire sales)中被出售,通常以低于公允价值的价格成交。在这些情况下,由于财务压力,公司被迫以低价出售资产,这可能会产生负面的溢出效应,例如员工失业、供应商和客户受损,以及同一行业内健康公司的资产价值下降。此外,尽管不良资产的出售通常被视为负面事件,但在这些交易中,买家实际上可能会获得显著的收益,这是因为卖家在财务压力下削弱了议价能力,从而买家能够以较低的价格获取资产。

三、不良资产的产生因素

不良资产的产生与国际经济环境、国内经济状况以及银行自身有着密

---

① Mark J. P. Anson, Frank J. Fabozzi, and Frank J. Jones, *The Handbook of Traditional and Alternative Investment Vehicles: Investment Characteristics and Strategies*, Wiley, 2010.

② 邹永胜:《我国保险资金参与另类投资的法律监管研究——基于保险资金运用新政的视角》,华东政法大学硕士学位论文,2016年。

③ David Smith and Per Strömberg, "Maximizing the Value of Distressed Assets: Bankruptcy Law and the Efficient Reorganization of Firms", in Luc Laeven and Patrick Honohan, eds., *Systemic Financial Crises: Containment and Resolution*, Cambridge University Press, 2005, pp.232-275.

④ Jean-Marie Meier and Henri Servaes, "The Benefits of Buying Distressed Assets", *Journal of Applied Corporate Finance*, Vol.32, No.4, 2020.

切关系。① 外部原因主要有金融制度安排②、泡沫经济的崩溃③、国际金融危机④;国内原因主要有内部经济不景气、错误的经济政策⑤、金融体制缺陷⑥;银行自身的原因主要有非法经营⑦及道德风险⑧等。在成熟的市场经济体系中,商业银行面临的不良贷款问题通常源于宏观经济的周期性波动,或者是由于信息不对称引发的道德风险和逆向选择问题。⑨ 艾伦·白尔杰(Allen Berger)与罗伯特·德约恩(Robert DeYoung)在1997年发表了一篇深具影响力的学术文章。⑩ 他们以1985—1994年美国商业银行的数据作为研究对象,探讨了贷款品质、成本效率性以及银行资本之间的潜在因果链。他们对四个关于因果方向的假设变量进行了编码和验证,这些假设涉及不利运气、管理缺陷、资金投入不足以及道德风险。

(一) 宏观经济环境变化

宏观经济因素是决定经济体中不良贷款水平的关键因素⑪,如 GDP 增长率、失业率和通货膨胀率。研究宏观经济因素对信贷风险影响的模型主要关注商业周期与借款人偿还贷款能力之间的关系。对信贷风险与宏观经济因素之间关系的研究提供了宏观经济条件与不良贷款之间存在负

---

① 李小舟:《日本银行业不良债权的形成、影响及处理分析》,东北师范大学硕士学位论文,2009年。
② 傅钧文:《日本金融危机分析》,《世界经济研究》1998年第4期。
③ 宮崎義一、複合不況:《ポスト・バブルの処方箋を求めて》,中央公論新社1992年版。
④ 吴蓬生:《不良债权研究——兼论金融债险规避法与资产管理公司》,中国政法大学博士学位论文,2000年。
⑤ 刘海龙:《日本银行业不良债权问题研究》,华东师范大学博士学位论文,2005年。
⑥ 杨盛昌:《国有商业银行不良资产体制成因探究》,《云南大学学报(哲学社会科学版)》2011年第1期。
⑦ 吴宇:《日本金融机构不良债权问题探析》,河北大学硕士学位论文,2000年。
⑧ 俞乔、赵昌文:《政治控制、财政补贴与道德风险:国有银行不良资产的理论模型》,《经济研究》2009年第6期。
⑨ M. Dewatripont and E. Maskin, "Credit and Efficiency in Centralized and Decentralized Economies", *Review of Economic Studies*, Vol. 62, No. 4, 1995.
⑩ Allen N. Berger and Robert DeYoung, "Problem Loans and Cost Efficiency in Commercial Banks", *Journal of Banking & Finance*, Vol. 21, No. 6, 1997.
⑪ Amit Ghosh, "Banking-Industry Specific and Regional Economic Determinants of Non-Performing Loans: Evidence from US States", *Journal of Financial Stability*, Vol. 20, 2015.

相关的证据。① 这些研究结果表明,在经济积极增长时期,借款人的收入增加,因此,他们有能力偿还贷款。反之,当经济衰退时,由于失业率上升,可用收入减少,无能力偿还贷额上升,因此,借款人在偿还债务时会遇到问题。② 除上述因素外,影响不良贷款率的宏观经济因素还包括通货膨胀率、房地产价格、贷款利率和汇率。③ 经济政策不确定性④会影响信用风险,因为经济政策的频繁和模糊变化可能导致银行信贷资源分配错误或借款企业运营恶化⑤。例如,希腊银行业的不良贷款主要可以通过宏观经济变量(GDP 增长率、失业率、利率、公共债务)和管理质量来解释。⑥ 在当前账户与最近金融危机中不良贷款数量发展的相互关系中,其中的重点因子是宏观经济因素,而非不良条件下银行部门的盈利能力和流动性。⑦ 许多宏观经

---

① Robert G. King and Charles I. Plosser, "Money, Credit, and Prices in a Real Business Cycle", *American Economic Review*, Vol. 74, No. 3, 1984; Charles T. Carlstrom and Timothy S. Fuerst, "Agency Costs, Net Worth, and Business Fluctuations: A Computable General Equilibrium Analysis", *American Economic Review*, Vol. 87, No.5, 1997; Ben S. Bernanke, Mark Gertler and Simon Gilchrist, "Chapter 21 the Financial Accelerator in a Quantitative Business Cycle Framework", in *Handbook of Macroeconomics*, Vol. 1, Part C, Elsevier, 1999, pp.1341-1393.

② Vicente Salas and Jesús Saurina, "Credit Risk in Two Institutional Regimes: Spanish Commercial and Savings Banks", *Journal of Financial Services Research*, Vol. 22, No. 3, 2002; Rajiv Ranjan and Sarat Chandra Dhal, "Non-Performing Loans and Terms of Credit of Public Sector Banks in India: An Empirical Assessment", *Reserve Bank of India Occasional Papers*, Vol. 24, No. 3, 2003; Saurina Jesus and Jimenez Gabriel, "Credit Cycles, Credit Risk, and Prudential Regulation", International Journal of Central Banking, No. 2, 2006; M. Hashem Pesaran, Til Schuermann, Björn-Jakob Treutler and Scott M. Weiner, "Macroeconomic Dynamics and Credit Risk: A Global Perspective", *Journal of Money, Credit and Banking*, Vol. 38, No. 5, 2006; Mario Quagliariello, "Banks' Riskiness over the Business Cycle: A Panel Analysis on Italian Intermediaries", *Applied Financial Economics*, Vol. 17, No.2, 2007.

③ Roland Beck, Petr Jakubik, and Anamaria Piloiu, "Key Determinants of Non-Performing Loans: New Evidence from a Global Sample", *Open Economies Review*, Vol. 26, No.3, 2015; Dimitrios Anastasiou, Helen Louri, and Mike Tsionas, "Nonperforming Loans in the Euro Area: Are Core-Periphery Banking Markets Fragmented?", *International Journal of Finance & Economics*, Vol. 24, No. 1, 2019.

④ 经济政策不确定性指的是经济主体在预测财政、货币、监管和贸易政策未来走势时面临的困难。

⑤ Qinwei Chi and Wenjing Li, "Economic Policy Uncertainty, Credit Risks and Banks' Lending Decisions: Evidence from Chinese Commercial Banks", *China Journal of Accounting Research*, Vol. 10, No.1, 2017.

⑥ Wenling Lu and David A. Whidbee, "Bank Structure and Failure during the Financial Crisis", *Journal of Financial Economic Policy*, Vol. 5, No.3, 2013.

⑦ Karlo Kauko, "External Deficits and Non-Performing Loans in the Recent Financial Crisis", *Economics Letters*, Vol. 115, No.2, 2012.

济和宏观金融变量是欧盟国家不良贷款的领先指标,甚至可以提前数年预测,较高的GDP增长率、较低的通货膨胀率和较低的债务是未来不良贷款比率较低的强有力指标。① 不良贷款存量与GDP增长率、生产率和就业的负面影响有关,这是金融和企业部门未解决的脆弱性所致。②

不良贷款产生往往是由于经济长期停滞,以下几点尤为重要。第一,在不动产、建筑和批发零售业三个行业中,主要是在泡沫时期进行了过度投资和借贷等行为。然而,由于泡沫破裂后地价持续下跌,企业的资产负债表遭受了破坏(持有土地资产价值下降)。③ 同时,长期的经济低迷导致竞争加剧,这些行业的部分正常债权也转变为不良贷款。④ 第二,即使受泡沫破裂影响较小的企业,在长期的经济低迷和产业结构调整压力加大的情况下,不同行业规模和企业间的业绩差距也逐渐扩大,被称为"输家"的企业的贷款也转变为不良贷款。⑤ 第三,金融机构加强了对债务人分类和贷款资产等评估的严格性。⑥

(二)银行效率

不良资产问题与银行效率也有着重要关系。⑦ 在美国,如果商业银行的

---

① Karsten Staehr and Lenno Uusküla, "Macroeconomic and Macro-Financial Factors as Leading Indicators of Non-Performing Loans: Evidence from the EU Countries", *Journal of Economic Studies*, Vol. 48, No. 3, 2020.

② Raphael A. Espinoza and Ananthakrishnan Prasad, *Nonperforming Loans in the GCC Banking System and Their Macroeconomic Effects*, International Monetary Fund, 2010; Mwanza Nkusu, *Nonperforming Loans and Macrofinancial Vulnerabilities in Advanced Economies*, International Monetary Fund, 2011; Nir Klein, "Non-Performing Loans in CESEE: Determinants and Impact on Macroeconomic Performance", IMF Working Paper No. 2013/072, 2013; Maria Balgova, Alexander Plekhanov and Marta Skrzypinska, "Reducing non-performing loans: Stylized facts and economic impact", EBRD and Oxford, 2017.

③ 植田和男:「1990年代における日本の不良債権問題の原因」,載星岳雄『日本金融システムの危機と変貌』,日本経済新聞社2001年版。

④ 杨栋梁:《20世纪末日本不良债权问题探析》,《南开学报(哲学社会科学版)》2015年第1期。

⑤ 刘红:《日本不良债权长期化的原因探讨》,《日本研究》2008年第3期。

⑥ 渡辺孝:「不良債権問題の現実」,『山口経済學雜誌』2001年第2期。

⑦ Allen N. Berger and David B. Humphrey, "Interstate Banking and the Payments System", *Journal of Financial Services Research*, Vol. 1, No. 2, 1988; David C. Wheelock and Paul W. Wilson, "Explaining Bank Failures: Deposit Insurance, Regulation, and Efficiency", *Review of Economics and Statistics*, Vol. 77, No. 4, 1995.

成本效率降低,贷款违约率就可能上升。① 这种情况通常与那些难以有效地管理运营开支和贷款组合的银行经理有关。然而,在研究高效率银行的表现时,学者发现随着成本效率的提升,贷款违约率有所下降。这支持了所谓的"吝啬假说",即银行在短期内减少贷款承销支出并加强对贷款的审查,可能会面临未来贷款表现不佳的风险。除了高比例的不良资产之外,濒临破产的银行也往往具有较低的效率。许多研究发现,即使在没有倒闭的银行中,效率和不良资产之间也存在负相关关系。② 也有研究发现不良贷款水平与银行效率低下正相关。③ 这一结果与有关美国银行效率水平的研究④以及有关意大利银行成本效率的评估⑤相一致。在对斯里兰卡银行部门1999—2012年不良贷款影响因素的研究中发现,不良贷款与银行的规模和效率正相关。⑥ 此外,基耶·本特姆(Chiel Benthem)探讨了商业银行的运营效率、资本化与不良贷款之间的关系,结果显示运营效率的提升与更高水平的不良贷款相关,这反映出管理层的行为对不良贷款有重要影响。⑦ 维纳伊·坎德帕尔(Vinay Kandpal)通过因子分析的方法对50个可能影响不良贷款的原因进行分析,发现贷款机构缺乏与借款人的沟通、财务报表粉饰与造假、产业问题和借款人死亡与产生的不良资产有关。⑧ 佛朗哥·菲奥德利

---

① Allen N. Berger and Robert DeYoung, "Problem Loans and Cost Efficiency in Commercial Banks", *Journal of Banking & Finance*, Vol. 21, No. 6, 1997.

② Simon H. Kwan and Robert A. Eisenbeis, "An analysis of inefficiency in banking: A stochastic cost frontier approach", *Economic Review-Federal Reserve Bank of San Francisco*, No. 2, 1995;

③ Yener Altunbas, Ming-Hau Liu, Philip Molyneux and Rama Seth, "Efficiency and Risk in Japanese Banking", *Journal of Banking & Finance*, Vol. 24, No. 10, 2000.

④ Joseph P. Hughes and Loretta J. Mester, "A Quality and Risk-Adjusted Cost Function for Banks: Evidence on the 'Too-Big-to-Fail' Doctrine", *Journal of Productivity Analysis*, Vol. 4, No. 3, 1993.

⑤ Claudia Girardone, Philip Molyneux and Edward P. M. Gardener, "Analysing the Determinants of Bank Efficiency: The Case of Italian Banks", *Applied Economics*, Vol. 36, No. 3, 2004.

⑥ Nishani Ekanayake and Azeez Athambawa, "Determinants of Non-Performing Loans in Licensed Commercial Banks: Evidence from Sri Lanka", *Asian Economic and Financial Review*, Vol. 5, No. 6, 2015.

⑦ Chiel S. Benthem, *The relation among non-performing loans, operating efficiency, and capitalization in commercial banking*, MS thesis, University of Twente, 2017.

⑧ Vinay Kandpal, "Non-Performing Assets in India: A Critical Analysis of Public and Private Sector Banks", *Corporate Governance and Sustainability Review*, Vol. 4, No. 1, 2020.

西(Franco Fiordelisi)等人对提高欧盟银行的抗风险水平的多个因素进行了审视,并得出结论,效率的降低可能会导致银行未来风险水平的提高。① 同时,迪米特里奥斯·路易斯(Dimitrios Louzis)等人的研究发现,效率和绩效因素也对希腊银行部门的不良贷款产生了影响。② 拉齐娅·拉赫曼(Rathria Rachman)等人提出,运营效率对不良贷款并没有影响。③

（三）政府指令性政策

在东亚地区,政府对银行业的干预在某些国家是普遍的现象。这种干预往往涉及政府对银行业务决策的直接控制或影响,包括贷款决策、银行领导层的选定等方面。这些干预通常是出于政治、经济或社会的目的,而不一定是为了银行业务的最优化。④ 泰国和马来西亚存在政府对银行业的直接干预,这些国家通常会利用国有银行来推行政府的经济政策,例如支持特定的行业或地区发展,这在短期内可能会带来经济增长,但长期看可能会导致银行业的不健康发展和金融市场的扭曲。⑤

在中国的经济转型过程中,国有银行的贷款不仅成为政府调控经济的主要工具,还补充了政府财政的资金缺口。政府出于多种政治需求,对银行实施了"指令性贷款"和广泛的干预措施。根据中国社会科学院经济研究所课题组的估计,在20世纪90年代,政策性贷款约占国有银行贷款总量的35%。⑥ 樊纲等人提出,在商业化改革之前,由于专业银行与国有企业之间存在"兄弟关系",实际上并未形成严格意义上的市场化借贷关

---

① Franco Fiordelisi, David Marques-Ibanez and Phil Molyneux, "Efficiency and Risk in European Banking", *Journal of Banking & Finance*, Vol. 35, No.5, 2011.
② Dimitrios P. Louzis, Angelos T. Vouldis and Vasilios L. Metaxas, "Macroeconomic and Bank-Specific Determinants of Non-Performing Loans in Greece: A Comparative Study of Mortgage, Business and Consumer Loan Portfolios", *Journal of Banking & Finance*, Vol. 36, No.4, 2012.
③ Rathria Arrina Rachman, Yohanes Berenika Kadarusman, Kevin Anggriono and Robertus Setiadi, "Bank-Specific Factors Affecting Non-Performing Loans in Developing Countries: Case Study of Indonesia", *The Journal of Asian Finance, Economics and Business*, Vol. 5, No.2, 2018.
④ 胡祖六:《东亚的银行体系与金融危机》,《国际经济评论》1998年第Z3期。
⑤ Stephen Knowles and Arlene Garces-Ozanne, "Government Intervention and Economic Performance in East Asia", *Economic Development and Cultural Change*, Vol. 51, No.2, 2003.
⑥ 中国社会科学院经济研究所宏观学科课题组:《总量态势、金融风险和外部冲击——当前中国宏观经济分析》,《经济研究》1998年第3期。

系和还款压力。① 国有银行的不良资产积累,承载了大量经济转型的成本。同时,政府对国有银行的各种隐性与显性担保造成了国有银行不良资产的持续积累。② 童冬华等人构建了一个两阶段的动态博弈模型来研究政府与国有银行间的相互作用及其对银行运作的影响,研究表明国有银行不断出现的不良资产问题,主要是政府对银行的产权控制过度引起的,这种过度控制削弱了银行自主管理的能力,导致银行在资产质量管理上的失效。③

(四)道德风险

艾伦·白尔杰(Allen Berger)和罗伯特·德约恩(Robert DeYoung)的研究④,以及随后的一些学术工作,审视了所谓的道德风险理论。这一理念最初由威廉·R. 基顿(William R. Keeton)和查尔斯·莫里斯(Charles Morris)提出。⑤ 该理论认为,资本水平较低的银行可能会面临较高的不良贷款比率。这是因为银行管理者可能倾向于持有较高风险的贷款投资组合。他们这样做的动因是:在潜在的破产情况下,他们自身资本的损失会较小;在收入增长的情况下,他们却有机会获得更高的回报。雅诺什·科尔奈(János Kornai)在1986年提出,在国有经济体系中,政府常常通过财政补贴和贷款援助等手段,来援助那些处于亏损状态的国有企业。⑥ 这种做法可能导致所谓的"预算软约束"问题。约瑟夫·斯蒂格利茨(Joseph Stiglitz)认为,软预算约束促使商业银行采取机会主义策略,冒险追求更高的回报,增加了不良资产产生的可能性。⑦ 安德烈·施莱费尔(Andrei Shleifer)和罗

---

① 樊纲、张曙光、王利民:《双轨过渡与"双轨调控"(上)——改革以来我国宏观经济波动特点研究》,《经济研究》1993年第10期。
② 廖国民、刘巍:《银行体制、破产成本与政府担保——国有银行不良资产形成的一个分析框架》,《管理世界》2005年第3期。
③ 童冬华、陈金龙:《政府产权利益下不良资产生成机制探讨》,《上海立信会计学院学报》2006年第6期。
④ Allen N. Berger and Robert DeYoung, "Problem Loans and Cost Efficiency in Commercial Banks", *Journal of Banking & Finance*, Vol. 21, No. 6, 1997.
⑤ William R. Keeton and Charles Morris, "Why Do Banks' Loan Losses Differ?", *Economic Review*, Vol. 72, 1987.
⑥ János Kornai, "The Soft Budget Constraint", *Kyklos*, Vol. 39, No. 1, 1986.
⑦ Joseph E. Stiglitz, *Whither Socialism?*, MIT Press, 1997.

伯特·维什尼(Robert Vishny)将预算软约束问题归因于多种外部因素,包括社会主义国家的父权式关怀、国家追求就业目标或领导人追求政治支持。[1] 马蒂亚斯·德瓦特里邦(Mathias Dewatripont)与埃里克·马斯金(Eric Maskin)则将预算软约束视为一种内生现象,其根源在于时间不一致性问题,即对于一个尚未完成的低效投资项目,政府或贷款者可能会继续投资,因为继续投资的边际收益可能会超过项目终止带来的边际成本。[2] 商业银行面临的软预算约束有可能加剧借款人追求私利和违约的倾向,也就是说,这种预算约束不仅增强了银行自身的道德风险,也加剧了银行借贷方的道德风险。施华强和彭兴韵提出,中国国有银行面临的软预算约束不仅增加了银行的道德风险和机会主义行为,而且加剧了国有企业已经相当严重的软预算约束问题,进一步恶化了国有银行的不良资产状况。[3] 施华强进一步指出,由于国有银行的不良资产具有软预算约束的特性,国有企业的沉没成本和高昂的维持成本具有自我增长的趋势。[4] 地方政府对国有银行有过度利用的内在倾向,这种内生的软预算约束机制促成了国有银行不良资产的存量和流量呈现自我增长的内生性特征。在20世纪末,对于中国四大商业银行而言,尽管它们已经因背负巨额不良债务而实际上达到了破产的标准,但由于预期会获得政府的援助而不至于真正破产,因此它们继续轻率地发放贷款。这种行为导致了不良资产的持续增加,进一步削弱了金融体系的稳定性。[5]

(五)资产回报率

克里斯托弗·戈德莱夫斯基(Christophe Godlewski)探讨了不良贷款与资产回报率的相互关系,并发现资产回报率降低时,不良贷款的数量往往

---

[1] Andrei Shleifer and Robert W. Vishny, "Politicians and Firms", *The Quarterly Journal of Economics*, Vol. 109, No. 4, 1994.

[2] M. Dewatripont and E. Maskin, "Credit and Efficiency in Centralized and Decentralized Economies", *Review of Economic Studies*, Vol. 62, No. 4, 1995.

[3] 施华强、彭兴韵:《商业银行软预算约束与中国银行业改革》,《金融研究》2003年第10期。

[4] 施华强:《中国国有商业银行不良贷款内生性:一个基于双重软预算约束的分析框架》,《金融研究》2004年第6期。

[5] 段文斌、张红星:《转型期国有商业银行的软预算约束》,《南开学报》2005年第6期。

会上升,反之亦然。① 阿朴杜勒-卡德尔·布里加等人的研究中也确认了资产回报率与不良贷款之间的负相关性,并指出当资产回报率降低时,银行倾向于投资更高风险的项目,这导致不良贷款增加。② 瓦西莉基·马克里(Vasiliki Makri)等人2014年的研究同样发现资产回报率与不良贷款之间存在负相关关系③,而法赫德·艾哈迈德(Fawad Ahmad)和塔噶达斯·巴希尔(Taqadus Bashir)在2013年的研究中提出了相反的观点,认为两者存在正相关关系④。艾伦·白尔杰和罗伯特·德约恩的研究认为,盈利能力较强的银行较少涉及可能引起未来贷款违约的高风险投资,因此,不良贷款与银行的盈利能力呈负相关关系。⑤ 拉古拉姆·拉詹(Raghuram Rajan)指出,银行的信贷政策不仅为了追求利润,也为了建立良好的声誉,银行管理层会制定当前收益能够覆盖未来贷款违约的信贷政策,从而建立不良贷款与银行盈利能力之间的正相关关系。⑥

阮明惠(音)的研究发现,2009—2012年贷款增长率的上升导致了越南银行不良贷款的增加。⑦ 西米翁·基鲁伊(Simion Kirui)在研究中指出,不良贷款对肯尼亚商业银行的盈利能力产生了负面影响,并在2004—2013年降低了银行的盈利能力。⑧ 阿纳斯塔西奥·迪米特里奥斯(Anastasiou

---

① Christophe J. Godlewski, "Bank Capital and Credit Risk Taking in Emerging Market Economies", *Journal of Banking Regulation*, Vol. 6, No. 2, 2005.

② Abdelkader Boudriga, Neila Taktak and Sana Jellouli, "Bank Specific, Business and Institutional Environment Determinants of Banks Nonperforming Loans: Evidence from MENA Countries", Economic Research Forum, Working Papers No. 547, 2010.

③ Vasiliki Makri, Athanasios Tsagkanos and Athanasios Bellas, "Determinants of Non-Performing Loans: The Case of Eurozone", *Panoeconomicus*, Vol. 61, No. 2, 2014.

④ Fawad Ahmad and Taqadus Bashir, "Explanatory Power of Bank Specific Variables as Determinants of Non-Performing Loans: Evidence Form Pakistan Banking Sector", *World Applied Sciences Journal*, Vol. 22, No. 9, 2013.

⑤ Allen N. Berger and Robert DeYoung, "Problem Loans and Cost Efficiency in Commercial Banks", *Journal of Banking & Finance*, Vol. 21, No. 6, 1997.

⑥ Raghuram G. Rajan, "Why Bank Credit Policies Fluctuate: A Theory and Some Evidence", *The Quarterly Journal of Economics*, Vol. 109, No. 2, 1994.

⑦ Thi Minh Hue Nguyen, "Non-Performing Loans: Affcting Factor for the Sustainability of Vietnam Commercial Banks", (2015).

⑧ Simion Kirui, "The Effect of Non Performing Loans on Profitability of Commercial Banks in Kenya", Master Thesis, University Of Nairobi, 2014.

Dimitrios)等人对欧元区银行体系中不良贷款的各种决定因素进行了调查,并得出结论,资产回报率对不良贷款有显著的影响。① 拉齐娅·拉赫曼等人在研究中检查了影响印尼不良贷款的各种银行因素,并得出结论,由于高盈利银行拥有更好的贷款活动和有效的信贷监督系统,其不良贷款水平较低。② 维贾雅·库马尔(Vijaya Kumar)和帕拉维·基肖尔(Pallavi Kishore)对阿联酋银行体系中不良贷款的各种银行和微观经济因素进行了研究,发现资产回报率与不良贷款之间没有显著的关联。③

(六)资本充足率

银行资本对不良贷款的作用呈现出两种相反的趋势。一方面,资本较少的银行管理者更可能从事高风险投资,批准那些未经过充分信用评估和监督的贷款。④ 这些行为导致贷款违约率上升,从而揭示了银行资本与不良贷款之间的逆向关联。另一方面,拥有较高资本的银行更可能放宽贷款条件,因为它们意识到这些贷款不太可能使银行面临破产风险。因此,这些银行更愿意参与这类风险较高的信贷活动,表明银行资本与不良贷款之间可能存在正相关关系。⑤ 资本充足率反映了机构在面对巨大损失时的抵御能力和生存能力。当银行进行高风险贷款操作时,银行规模对不良贷款可能存在负面影响。⑥ 瓦西莉基·马克里(Vasiliki Makri)等人也指出了资本与不良贷款之间的逆向关系。福欧皮·康斯坦特(Fouopi Constant)和奥古斯丁·恩贡

---

① Anastasiou Dimitrios, Louri Helen, and Tsionas Mike, "Determinants of Non-Performing Loans: Evidence from Euro-Area Countries", *Finance Research Letters*, Vol. 18, 2016.
② Rathria Arrina Rachman, Yohanes Berenika Kadarusman, Kevin Anggriono and Robertus Setiadi, "Bank-Specific Factors Affecting Non-Performing Loans in Developing Countries: Case Study of Indonesia", *The Journal of Asian Finance, Economics and Business*, Vol. 5, No. 2, 2018.
③ Vijaya Kumar and Pallavi Kishore, "Macroeconomic and Bank Specific Determinants of NonPerforming Loans in UAE Conventional Bank", *Journal of Banking and Finance Management*, Vol. 2, No. 1, 2019.
④ William R. Keeton, "Does Faster Loan Growth Lead to Higher Loan Losses?", *Economic Review*, Vol. 84, No. 2, 1999.
⑤ Raghuram G. Rajan, "Why Bank Credit Policies Fluctuate: A Theory and Some Evidence", *The Quarterly Journal of Economics*, Vol. 109, No. 2, 1994.
⑥ Jin-Li Hu, Yang Li and Yung-Ho Chiu, "Ownership and Nonperforming Loans: Evidence from Taiwan's Banks", *The Developing Economies*, Vol. 42, No. 3, 2004.

西（Augustin Ngomsi）则发现不良贷款与资本充足率之间存在正相关关系。① 富兰克林·阿穆阿夸-门萨（Franklin Amuakwa-Mensah）和安格拉·博阿基耶-阿杰伊（Angela Boakye-Adjei）在研究加纳不良贷款的银行因素时，揭示了微观经济因素对不良贷款有负面影响，对银行资本则有正面影响。② 维贾雅·库马尔和帕拉维·基肖尔在分析银行因素时，指出不良贷款与资本充足率在银行部门中呈现负相关关系。③ 拉克西米·科尤（Laxmi Koju）等人在对尼泊尔银行部门的研究中也得出了资本充足率与不良贷款之间存在逆向关系的结论。④

四、影响不良资产的回收率的因素

（一）对公不良债权回收的影响因素

关于债券回收率决定因素的首批全面研究可追溯到20世纪90年代末，此后，随着越来越多的数据可供获取，相关研究数量不断增加。这些实证分析的主要结论有两个：一是回收率在不同债券之间存在很大的横截面变异；二是回收率随时间变动。前者主要与债券自身的特性相关（特异性效应），而后者似乎与经济周期相关（系统性效应）。

1. 横截面变异性

债务的类型与偿还的优先级对回收率也有较大的影响，拥有更高优先

---

① Fouopi Djiogap Constant and Augustin Ngomsi, "Determinants of Bank Long-Term Lending Behavior in the Central African Economic and Monetary Community (CEMAC)", *Review of Economics & Finance*, Vol. 2, 2012.

② Franklin Amuakwa-Mensah and Angela Boakye-Adjei, "Determinants of Non-Performing Loans in Ghana Banking Industry", *International Journal of Computational Economics and Econometrics*, Vol. 5, No.1, 2015.

③ Vijaya Kumar and Pallavi Kishore, "Macroeconomic and Bank Specific Determinants of NonPerforming Loans in UAE Conventional Bank", *Journal of Banking and Finance Management*, Vol. 2, No.1, 2019.

④ Laxmi Koju, Ram Koju and Shouyang Wang, "Macroeconomic and Bank-Specific Determinants of Non-Performing Loans: Evidence from Nepalese Banking System", *Journal of Central Banking Theory and Practice*, Vol. 7, No.3, 2018.

级和更高抵押物担保的债券具有更高的回收率。这些效应合理地反映了所谓"绝对优先规则",该规则规范了美国的破产程序[见美国法典第11部分第1129(b)条],明确规定在清算事件中,高级债权人应在低级债权人之前得到偿还。① 上述研究表明,高级担保债券的回收率显著高于无担保债券。明迪·里奥(Mindy Leow)和克里斯托夫·米斯(Christophe Mues)通过对英国住房抵押贷款的回收数据进行研究,发现抵押率与抵押物资产的预计回收价格对回收率具有一定的影响。②

图1表明,回收率深受违约债券的优先级和发行人所属行业的影响。格罗斯曼等人使用Fitch相关数据(1997—2000年)也证实了行业因素对回收率的影响,例如,资产密集型行业的回收率可达95%。③ 同时,同一行业中贷款和债券的回收率差异非常显著。例如,服务业公司的债券回收率(3%)与贷款(42%)相比差异较大。蒂尔·许尔曼(Til Schuermann)进一步证实了1970—2003年公用事业部门债券回收率更高的结论,并得出了类似关于技术和电信公司发行债券的结论。④

行业效应的主要经济解释与安德烈·施莱费尔和罗伯特·维什尼提出的资产可再部署性考虑⑤以及维拉尔·阿查里雅(Viral Acharya)等人使用的违约日期贴现至清算日期的债券价格有关⑥。一方面,实体资产比较多的

---

① Greg M. Gupton, Daniel Gates and Lea V. Carty, "Bank Loan Loss Given Default", Moody's Investors Service, November 2000, https://mx.nthu.edu.tw/~jtyang/Teaching/Risk_management/Papers/Recoveries/Bank%20Loan%20Loss%20Given%20Default.pdf; Til Schuermann, "What Do We Know about Loss given Default?", Social Science Research Network, 2004, https://ssrn.com/abstract=525702.

② Mindy Leow and Christophe Mues, "Predicting Loss given Default (LGD) for Residential Mortgage Loans: A Two-Stage Model and Empirical Evidence for UK Bank Data", *International Journal of Forecasting*, Vol. 28, No.1, 2012.

③ R. J. Grossman, S. OShea and S. Bonelli, "Bank loan and bond recovery study: 1997-2000", Fitch Loan Products Special Report, 2001.

④ Til Schuermann, "What Do We Know about Loss given Default?", Social Science Research Network, 2004, https://ssrn.com/abstract=525702.

⑤ Andrei Shleifer and Robert W. Vishny, "Liquidation Values and Debt Capacity: A Market Equilibrium Approach", *The Journal of Finance*, Vol. 47, No.4, 1992.

⑥ Viral V. Acharya, Sreedhar T. Bharath and Anand Srinivasan, "Does Industry-Wide Distress Affect Defaulted Firms? Evidence from Creditor Recoveries", *Journal of Financial Economics*, Vol. 85, No.3, 2007.

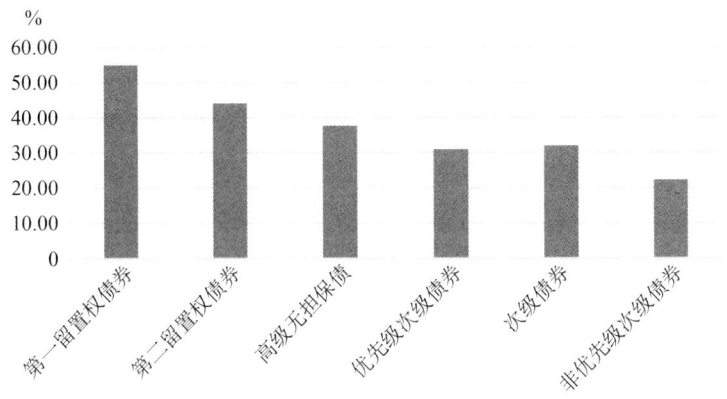

图 1　1983—2022 年各优先级债券交易的回收率

数据来源：穆迪。

产业部门的发行人债券回收率应较高；另一方面，在出现了大量困境期和违约事件的部门中运营的公司发行债券的回收率应较低。这是因为类似公司吸收大量被违约公司出售的资产的能力降低，违约公司资产供应和需求的失衡导致产业困境期间出现"抛售"，这反过来又导致该特定行业的回收率较低。

上述关于债券优先级、所属行业和违约类型对回收率影响的研究结果，通过诸如赖纳·扬科维奇（Rainer Jankowitsch）等人的研究[①]得到确认。该研究是迄今为止开展的关于债券回收率决定因素最为全面和系统的研究。文中将基于市场的回收率定义为债券从违约日期到违约后 30 日期间的平均交易价格。作者证明了大量债券特定特征的重要性，如债券息票、到期日以及相关信用违约互换的可获得性。此外，作者还强调了多种公司特定变量在结构信用风险模型中具有重要性，这些变量包括存在违约壁垒、投资和融资条款以及股本价值等。研究还报告了债券特定流动性指标与回收率之间存在联系。文中发现，在违约后市场中流动性较差且交易成本较高的债券，其对应的回收率通常较低。

---

① Rainer Jankowitsch, Florian Nagler and Marti G. Subrahmanyam, "The Determinants of Recovery Rates in the US Corporate Bond Market", *Journal of Financial Economics*, Vol. 114, No. 1, 2014.

2. 时间变化特征

正如马克斯·布吕什（Max Bruche）和卡洛斯·冈萨雷斯-阿瓜多（Carlos González-Aguado）在模型中特别考虑回收率的时间变化特征[1]，多项学术研究确认回收率与经济状况或未观测到的信用周期高度相关[2]。2003年有一项相当全面的研究发现，违约时的行业状况是回收率的稳定和重要的决定因素，还探讨了行业层面的困境如何影响企业层面的回收率。[3] 当行业陷入困境时（行业公司的年中位数股票收益率低于-30%），回收率较正常状态下的行业回收率低10%—20%。在经济衰退期间，回收率往往较低，通常远低于经济扩张期间的回收率，乔恩·弗莱伊（Jon Frye）使用穆迪的数据发现，在经济衰退期间的回收率比经济扩张期间低约1/3（参见图2）。[4] 马克·凯里（Mark Carey）使用模拟方法发现，经济衰退对损失分布的尾部有很大影响，尤其是对垃圾级别的资产。[5] 在经济衰退期间，垃圾级别债务的损失率在损失分布的尾部（99.90%—99.95%），至少比经济扩张期间高50%。相比之下，投资级别的差异较小。爱德华·奥尔特曼等人发现，当总体违约率较高时，回收率较低。[6] 这一结果也得到了其他研究结果的支持，即回收率与美国总体违约率呈现一定的相关性。[7]

---

[1] Max Bruche and Carlos González-Aguado, "Recovery Rates, Default Probabilities, and the Credit Cycle", *Journal of Banking & Finance*, Vol. 34, No.4, 2010.

[2] Jon Frye, "Depressing Recoveries", *Emerging Issues Series*, Federal Reserve Bank of Chicago, 2000; Edward I. Altman, Brooks Brady, Andrea Resti and Andrea Sironi, "The Link between Default and Recovery Rates: Theory, Empirical Evidence, and Implications", *The Journal of Business*, Vol. 78, No. 6, 2005; Viral V. Acharya, Sreedhar T. Bharath and Anand Srinivasan, "Does Industry-Wide Distress Affect Defaulted Firms? Evidence from Creditor Recoveries", *Journal of Financial Economics*, Vol. 85, No. 3, 2007; Mathieu Boudreault, Geneviève Thomassin and Thomassin, Tommy, "Recovery Rate Risk and Credit Spreads in a Hybrid Credit Risk Model", *Journal of Credit Risk*, Vol. 9, No. 3, 2013.

[3] Viral Acharya, Sreedhar T. Bharath and Anand Srinivasan, "Understanding the Recovery Rates on Defaulted Securities", CEPR Discussion Papers 4098, C.E.P.R. Discussion Papers, 2003.

[4] Jon Frye, "Depressing Recoveries", *Emerging Issues Series*, Federal Reserve Bank of Chicago, 2000.

[5] Mark Carey, "Credit Risk in Private Debt Portfolios", *The Journal of Finance*, Vol. 53, No.4, 1998.

[6] Edward I. Altman, Brooks Brady, Andrea Resti and Andrea Sironi, "The Link between Default and Recovery Rates: Theory, Empirical Evidence, and Implications", *The Journal of Business*, Vol. 78, No.6, 2005.

[7] Yen-Ting Hu and William Perraudin, "The dependence of recovery rates and defaults", working paper, Birkbeck College, 2002.

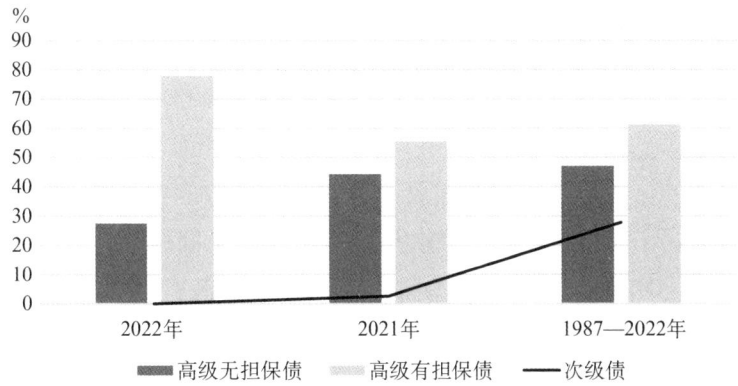

图 2 1987—2022 年各优先级的最终回收率

数据来源:穆迪。

此外,行业参与者、评级机构和中央银行也提供了大量的相关证据。① 然而,关于回收率预测模型中应考虑的系统性影响因素,除了违约率和违约概率外,研究并无定论。例如,上升的违约率通常预示着更低的回收率。这一经验发现常用违约公司出售的有形资产供给和需求失衡来解释。爱德华·奥尔特曼等人进一步指出,违约债券的供给和需求变化在决定平均回收率方面也起关键作用。②

至于其他反映商业周期的变量,研究结论并不一致。爱德华·奥尔特

---

① Richard Cantor and Praveen Varma, "Determinants of Recovery Rates on Defaulted Bonds and Loans for North American Corporate Issuers: 1983-2003", *Journal of Fixed Income*, December 2004, https://ssrn.com/abstract = 996023; Klaus Düllmann and Monika Gehde-Trapp, "Systematic Risk in Recovery Rates: An Empirical Analysis of US Corporate Credit Exposures", Bundesbank Series 2 Discussion Paper No. 200402, 2016, https://ssrn.com/abstract = 2793954; Yen-Ting Hu and William Perraudin, "The dependence of recovery rates and defaults", working paper, Birkbeck College, 2002; Edward I. Altman, "Default Recovery Rates and LGD in Credit Risk Modelling and Practice: An Updated Review of the Literature and Empirical Evidence: An Updated Review of the Literature and Empirical Evidence", in David A. Hensher and Stewart Jones, eds., *Advances in Credit Risk Modelling and Corporate Bankruptcy Prediction*, Cambridge University Press, 2008, pp.175-206; Nada Mora, "What determines creditor recovery rates?", *Federal Reserve Bank of Kansas City Economic Review*, Vol. 97, 2012.

② Edward I. Altman, Brooks Brady, Andrea Resti and Andrea Sironi, "The Link between Default and Recovery Rates: Theory, Empirical Evidence, and Implications", *The Journal of Business*, Vol. 78, No.6, 2005.

曼等人考察了 GDP 及其增长率的预测力,以及标普 500 指数的水平和增长率的预测力。① 结果显示,GDP 与平均回收率的相关性较差;加入 GDP 增长率后,相关性有所改善,但当它与违约率一起加入多元回归模型时,两个变量的预测力均不显著,对应的系数也带有负号,与直觉相反。类似地,用股指的绝对水平和增长率预测回收率的效果也较差。与之相反,娜达·莫拉(Nada Mora)发现,当实际 GDP 增长率和违约率同时加入模型时,前者变量的预测力明显弱于后者。② 文中还报告了股市收益率和违约率同时对回收率的预测力显著。虽然文献的总体结论是违约率是预测回收率最重要的系统性变量,但如果考虑反映经济不确定性的其他变量,这一结论可能会改变。这也是未来研究应当进一步探讨的一个问题。

3. 国内相关研究

《中国不良资产的处置》一文回顾了外国投资者购买中国不良资产的历程,并指出了美国所不具备的影响中国不良资产价值的诸多因素,如贷款是否有抵押物、企业性质是否是国有,这些因素都将影响对不良资产的评估。③

四大资产管理公司的成立拉开了国内研究对公不良债权价值影响因素的序幕,并逐渐梳理出如下价值影响因素:有限市场、使用状态、处置时间、保管费用、批量销售、买方压价以及相关损耗④;押品变现能力与变现时的市场⑤;处置模式与经济周期⑥;处置时间要求因素、资产本身的特质、交易市场和买方心理因素⑦;宏观环境、产业周期、区域经济、抵押物价值⑧;抵押率

---

① Edward I. Altman, Brooks Brady, Andrea Resti and Andrea Sironi, "The Link between Default and Recovery Rates: Theory, Empirical Evidence, and Implications", *The Journal of Business*, Vol. 78, No.6, 2005.

② Nada Mora, "What determines creditor recovery rates?", *Federal Reserve Bank of Kansas City Economic Review*, Vol. 97, 2012.

③ Richard Peiser and Bing Wang, "Non-performing loan resolution in China", *Journal of Real Estate Portfolio Management*, Vol. 8, No. 4, 2002.

④ 上海银信资产评估有限公司:《不良资产处置中资产评估的特点、方法及其结果运用》,《中国资产评估》2001 年第 4 期。

⑤ 朱晓强:《银行押品变现能力分析》,《中国资产评估》2008 年第 7 期。

⑥ 吕慧卿:《资产管理公司不良债权去化与效益评估之个案研究》,博士学位论文,台湾科技大学,2010 年。

⑦ 王树军、曹剑平:《不良贷款(债权)估值操作中常见问题分析》,《中国资产评估》2010 年第 10 期。

⑧ 刘润佐、周冠南:《不良资产支持证券投资分析》,《中国金融》2017 年第 2 期。

和区域经济环境①;债务人以及担保人偿债意愿②。

(二)个人不良债权回收的影响因素

1. 信用评分模型

信用评分模型是评估借款人信用风险和预测贷款回收率的重要工具。安德里亚·罗克(Andrea Rock)提出了一个信用卡信用评分模型,该模型考虑了与其他债权人的关系、收入、负债收入比、职业、居住与工作的时间长度、房屋所有权以及是否拥有支票或存款账户七项重要因素③。瓦尔特·厄普德格雷夫(Walter Updegrave)进一步扩展了这一模型,包括债权人数量、过去信用付款记录、是否有破产宣告、工作与居住时间长度、收入、职业、年龄、是否有支票或存款账户八项因素④。

2. 宏观经济因素

宏观经济环境对个人不良贷款的回收率有着显著影响。阿尔迪·哈伊里(Ardhi Khairi)等人指出,政府赤字和债务水平、量化宽松政策、隐性政府担保以及经济政策的不确定性都是影响债务人行为和债务回收效率的重要因素。⑤ 唐璐云等人通过对已经形成的个贷抵押类不良资产进行研究,认为经济区域、司法环境、抵押物瑕疵事项对不良资产的回收率有着重要影响。⑥

3. 债务人的特征

债务人的特征,如年龄、教育水平、婚姻状况、职业和收入等,也是影响贷款回收率的关键因素。有学者通过逐步逻辑回归分析,找出了十九项影响个人信用的因素,其中,年龄、是否有电话、居住现址的时间、地区差别、职

---

① 方闻莺:《基于信贷风险控制的不良贷款回收率研究——以 A 银行浙江省分行为例》,浙江大学硕士学位论文,2019年。
② 胡艳、王锦、张祎伟等:《变现率模型的构建在不良债权回收价值评估中的应用——以 GT 集团为例》,《中国资产评估》2020 年第 12 期。
③ Andrea Rock, "Sure Ways to Score with Lender", *Money*, Vol. 195, 1984.
④ Walter L. Updegrave, "How Lenders Size You Up", *Money*, Vol. 16, No.4, 1987.
⑤ Ardhi Khairi, Bahri Bahri and Bhenu Artha, "A Literature Review of Non-Performing Loan", *Journal of Business and Management Review*, Vol. 2, No.5, 2021.
⑥ 唐璐云、于潇、谭馥婧:《证券化评级视角下个贷抵押类不良贷款回收影响因素分析》,《金融市场研究》2022 年第 6 期。

业、是否在政府机关工作、工作年限、月收入、房屋所有权、之前贷款数额及贷款期间等十一项为显著变量。① 黄子慧采用主成分分析法对信用卡不良资产进行了研究,个人外部因素、个人内部因素、个人职业以及评价因素是影响信用卡不良资产的主要原因。② 亚历山大·马劳利(Alexandra Marouli)等人认为,债务人的行为响应是影响不良贷款回收率的关键因素。③ 该研究通过模拟债务人对不同法律措施(电话沟通、法外通知、法院命令和查封)的反应,建立了一个基于债务人行为的不良贷款组合定价模型。模型显示,债务人对这些措施的反应模式(如反应时间的众数和中位数)直接影响回收现金流。

4. 法律和制度框架

法律和制度框架对不良资产的回收同样至关重要。里斯坦·斯蒂耶波维奇(Ristan Stijepović)强调了债务重组的法律框架和程序的重要性。④ 完善的法律和制度框架有助于减少非执行贷款市场中的信息不对称问题。债务催收机构在评估不良贷款的回收率时,应该尽可能多地从银行的回收数据中提取相关信息,这些措施旨在通过减少不确定性来提高回收率。这一发现也在安东尼·贝洛蒂(Anthony Bellotti)等人的研究中得到证实。⑤

5. 贷款的特征

贷款的特定属性,如贷款规模、是否有抵押品以及贷款类型,也会影响回收率。亚历山大·马劳利等人的研究指出,有抵押品的贷款可以通过有效的查封措施来提高回收率。⑥ 此外,贷款规模和贷款期限也会影响债务人

---

① A. Steenackers and M. J. Goovaerts, "A Credit Scoring Model for Personal Loans", *Insurance Mathematics and Economics*, Vol. 8, No.1, 1989.
② 黄子慧:《不良债权特性分析——以信用卡为例》,台湾中正大学硕士学位论文,2008 年。
③ Alexandra Z. Marouli, Eugenia N. Giannini and Yannis D. Caloghirou, "A Non-Performing Loans (NPLs) Portfolio Pricing Model Based on Recovery Performance: The Case of Greece", *Risks*, Vol. 11, No.5, 2023.
④ Ristan Stijepović, "Recovery and Reduction of Non-Performing Loans—Podgorica Approach", *Journal of Central Banking Theory and Practice*, Vol. 3, No.3, 2014.
⑤ Anthony Bellotti, Damiano Brigo, Paolo Gambetti and Frédéric Vrins, "Forecasting Recovery Rates on Non-Performing Loans with Machine Learning", *International Journal of Forecasting*, Vol. 37, No.1, 2021.
⑥ Alexandra Z. Marouli, Eugenia N. Giannini and Yannis D. Caloghirou, "A Non-Performing Loans (NPLs) Portfolio Pricing Model Based on Recovery Performance: The Case of Greece", *Risks*, Vol. 11, No.5, 2023.

的还款能力和意愿。毛晓婷经过有序逻辑斯蒂模型的分析得出结论：债务的特征、债务人的特征和债务人的行为这三个方面对违约损失率产生显著影响。[1]

6. 回收策略

银行的回收策略和措施在贷款回收过程中起着至关重要的作用。有效的回收策略可以显著提高回收率，降低贷款损失。例如，债务重组策略（包括债务展期、减免以及债务与股权的转换）对提高回收率具有重要影响。克劳迪奥·斯卡多维(Claudio Scardovi)详细讨论了全面主动管理不良贷款的方法，强调了债务重组策略在提高回收率中的作用。[2] 郑青等人认为，信用不良资产的 ABS 估值时应当选用合适的静态池，设置差异因素调整项对资产池与静态池的差异进行调整，并充分考虑特殊事件的影响。[3] 同时，发起机构的催收程度对信用卡不良资产的回收率有重要影响。[4]

7. 数据驱动的预测模型

随着大数据和机器学习技术的发展，基于数据驱动的预测模型在预测和优化不良贷款回收率方面展现出巨大潜力。琼·多纳托(June Donato)等人通过两阶段的方法预测信用卡持卡人的破产时间，第一阶段使用决策树找出破产的相关因子，第二阶段以反向传播神经网络模式预测持卡人破产的时间。[5] 也有研究指出，使用机器学习技术可以提高不良贷款债务回收的效率和组合估值的准确性。[6]

---

[1] 毛晓婷：《小额贷款违约损失率估计模型研究》，西南财经大学硕士学位论文，2020年。
[2] Claudio Scardovi, *Holistic Active Management of Non-Performing Loans*, Springer International Publishing, 2016.
[3] 郑青、王令哲、王俊颖：《信用卡不良 ABS 估值准确性研究》，《金融市场研究》2021年第5期。
[4] 毛可、管莉莉：《信用增级：商业银行不良资产证券化的关键》，《会计之友（上旬刊）》2008年第6期。
[5] June M. Donato, Jack C. Schryver, Gregory C. Hinkel, et al., "Mining Multi-Dimensional Data for Decision Support", *Future Generation Computer Systems*, Vol. 15, No.3, 1999.
[6] Jose Tupayachi and Luciano Silva, "Better Efficiency on Non-Performing Loans Debt Recovery and Portfolio Valuation Using Machine Learning Techniques", in Jorge Vargas Florez, Irineu de Brito Junior, Adriana Leiras, et al., eds., *Production and Operations Management*, Springer Proceedings in Mathematics & Statistics, vol 391, Springer International Publishing, 2022, pp.33-53.

五、不良资产估值方法

(一) 不良资产评估思路的发展

爱德华·奥尔特曼构造了线性判别模型,通过回归分析来计算不良债权的可回收价值。① 罗伯特·默顿(Robert Merton)最先提出运用期权对不良债权(银行贷款)进行评估,认为将贷款与期权两方面结合考虑即为这笔贷款的可回收价值。② 威廉·米勒(William Miller)在《商业银行评估》(*Commercial Bank Valuation*)中认为,在估算不良资产时,应充分考虑贷款回收的可能性和抵(质)押物变卖的市场价值等问题,而不应简单地采用现金折现模型。③ 伊曼纽尔·巴尼亚(Emanuel Bagna)认为,可以采用现金流法来估算不良资产的价值,不良资产的价值取决于未来的可回收现金流。④ 根据日本政府金融厅于 2002 年 10 月 30 日公布的《金融再生计划——通过解决主要银行的不良贷款问题促进经济复苏》的要求,主要银行在管理大额借款人时需要采用 DCF 方法进行不良贷款拨备的计提。⑤ 费希尔·布莱克(Fischer Black)等人对信用评级方法的各个方面进行了较为深入的剖析,指出了用该方法评估不良资产存在的普适性问题,并提出了相应

---

① Edward I. Altman, "Financial Ratios, Discriminant Analysis and the Prediction of Corporate Bankruptcy", *The Journal of Finance*, Vol. 23, No. 4, 1968.
② Robert C. Merton, "Theory of Rational Option Pricing", *The Bell Journal of Economics and Management Science*, Vol. 4, No. 1, 1973.
③ William D. Miller, *Commercial Bank Valuation*, Wiley, 1995.
④ Emanuel Bagna, "Valuation of Non-Performing Loans under Discussion", *International Journal of Business and Management*, Vol. 15, No. 12, 2021.
⑤ 关于不良贷款估计金额的计算方法,根据日本《金融商品会计准则》(2002 年 1 月 22 日,企业会计审议会)的规定,要求对一定的债权采用现金流量估算法进行估计。日本注册会计师协会在其《金融商品会计实务指南》(最终修订于 2002 年 9 月 17 日)中阐述了有关应用方法在会计实务上的注意事项。此外,日本注册会计师协会还在其关于银行等金融机构审计的实务指南——银行等审计特别委员会报告第 4 号《关于验证银行等金融机构自我评估资产的内部控制以及审计贷款准备金和不良贷款拨备的实务指南》(最终修订于 2000 年 4 月 30 日)中,提到对于要注意的债权及破产风险的相关债权中,对于可以合理估计将来现金流的债权可以应用现金流量估算法计提不良贷款拨备,并将其视为审计上合理的处理方式。

的改进方案。① 随着经济的快速发展,传统的不良资产定价方法暴露出种种缺陷。吴艳霞等将实物期权理论引入不良资产定价的研究,给出了一种反映不良资产真实价值的定价方法②。

(二) 国内不良资产评估方法的进展

在国内,资本市场的快速发展催生了对不良资产价值评估的重大诉求。目前,评估界将不良资产评估分为两类:一类是从债务人的视角出发估算不良资产的价值,其代表方法为假设清算法和现金流法;另一类是从不良债务自身出发,从影响不良资产回收率的因素入手分析偿债能力,代表性方法为专家打分法和市场比较法。③ 就具体方法而言,目前国内研究最多的是假设清算法,不同的学者从不同的角度对假设清算法进行了研究和改进。程凤朝认为,非市场价值类型更符合不良资产评估的内在要求。④ 许多学者围绕着不良资产价值的评估方法提出了观点,包括:采用息前税后收益法及模拟清算法⑤,将专家经验因素纳入评估范围⑥,基于大数据的同质不良资产的定价模型⑦,采用模糊理论对不良资产进行定价⑧,考虑资产包的可回收价值⑨,嵌入拍卖过程的博弈分析⑩,结合物权资产拍卖、假设清算法、层次分析法的分块式计算模型⑪,以及探讨 BP 神经网络模型在金融不良债权中的应用⑫。

---

① Fischer Black, and Myron Scholes, "The Pricing of Options and Corporate Liabilities", *Journal of Political Economy*, Vol. 81, No. 3, 1973.
② Yanxia Wu and Mingzhe Zheng, "Pricing Research on the Real Estate Mortgaged Non-Performing Based on Real Options", in 2010 International Conference on E-Product E-Service and E-Entertainment, 2010.
③ 周自明:《资产评估学教程新编》,浙江大学出版社 2015 年版。
④ 程凤朝:《金融不良资产评估方法与价值变现研究》,湖南大学博士学位论文,2005 年。
⑤ 雷仲篪:《不良贷款的评估思路与方法》,《中国资产评估》2002 年第 3 期。
⑥ 王建军:《我国债权类不良资产市场化定价问题研究》,中国科学技术大学博士学位论文,2006 年。
⑦ 马宇超、陈暮紫、陈浩等:《大规模同质不良资产组合回收率定价研究》,《管理科学学报》2010 年第 2 期。
⑧ 胡迁菠:《不良资产回收率定价和市场化实习报告》,首都经济贸易大学硕士学位论文,2013 年。
⑨ 金发奇、刘彩虹:《金融不良资产价值评估方法研究》,《山东财政学院学报》2014 年第 5 期。
⑩ 严伟新:《刍议不良资产批量转让定价》,《现代金融》2014 年第 12 期。
⑪ 刘璃初:《含物权担保的不良资产估值问题研究》,《中国资产评估》2015 年第 8 期。
⑫ 郑宇航、龙洋阳、陈若琦:《金融不良债权评估风险与控制对策》,《中国资产评估》2019 年第 4 期。

(三) 国外不良资产评估方法的进展

国际机构在对不良资产估值时,普遍采用违约损失率(loss given default,LGD)作为主要评估指标。穆迪公司基于多因素模型建立了违约损失率分析模型 LossCalc™[1]。托尼·贝洛蒂(Tony Bellotti)和乔纳森·克鲁克(Jonathan Crook)构建了 Tobit 模型和决策树模型,并对回收率响应变量进行了 Beta 和分数 Logit 转换,以预测基于 1999—2005 年英国 55 000 张违约信用卡数据集的违约损失率[2]。他们认为,在预测性能方面,普通最小二乘回归与宏观经济变量相结合的效果最好。拉法埃拉·卡拉布雷塞(Raffaella Calabrese)提出了混合连续-离散模型,其中的边界值 0 和 1 由伯努利随机变量建模,回收率的连续部分由 Beta 随机变量建模[3]。该模型被用于预测意大利银行 1985—1999 年的贷款违约率。与分数响应模型[4]以及对数-对数、逻辑和互补对数链接函数的线性回归相比,混合连续-离散模型取得了最佳性能。

公司债务 LGD 模型面临的一个主要挑战在于其不寻常的分布特性:公司债务 LGD 通常呈现出双峰分布,其峰值接近于 0 和 1 的边界值。这种分布特性使得传统的参数化模型在处理公司债务 LGD 时往往效果不佳。相比之下,非参数机器学习方法在处理这种复杂分布时表现出更好的适应性和准确性。有学者应用四种线性模型(包括普通最小二乘回归、分数响应回归、反高斯回归和带有 Beta 转换的反高斯回归)以及两种非线性模型(回归树和神经网络)来建模美国 1985—2008 年 3 751 份违约银行贷款和债券的违约损失率,结果显示分数响应回归略优于普通最小

---

[1] Greg Gupton and Roger Stein, "LossCalc™: Model for predicting loss given default (LGD)", Moody's KMV, 2002.

[2] Tony Bellotti and Jonathan Crook, "Loss given Default Models Incorporating Macroeconomic Variables for Credit Cards", *International Journal of Forecasting*, Vol. 28, No.1, 2012.

[3] Raffaella Calabrese, "Predicting Bank Loan Recovery Rates with a Mixed Continuous-Discrete Model", *Applied Stochastic Models in Business and Industry*, Vol. 30, No.2, 2014.

[4] Leslie E. Papke and Jeffrey M. Wooldridge, "Econometric Methods for Fractional Response Variables with an Application to 401(k) Plan Participation Rates", *Journal of Applied Econometrics*, Vol. 11, No.6, 1996.

乘回归。① 此外，他们还报告非线性模型的表现最佳。格特·洛特曼（Gert Loterman）等人通过比较从国际银行提取的6个数据集上的24种不同模型来进行违约损失率的研究。② 他们得出结论，非线性模型（如神经网络、支持向量机和混合模型）的表现优于线性模型。埃伦·通巴克（Ellen Tobback）等人利用11个宏观经济指标变量，并通过非线性支持向量回归模型（SVR）、回归模型、变换线性模型和线性回归与SVR相结合等多种模型相结合来建模和预测违约损失率。③ 然而，金融市场的不稳定性和潜在的意外冲击对基于历史数据训练的机器学习模型构成了挑战。即使一个模型在开发样本上表现良好，它在样本外的表现可能仍然不尽如人意。此外，复杂的数据驱动的机器学习模型可能对市场中断或随时间发生的结构性变化特别敏感。这种敏感性可能导致模型在面对未见过的新数据时性能下降。尽管样本外测试的重要性在学术文献中得到了广泛认可④，但大多数关于公司债务LGD机器学习模型的现有研究都集中在样本内和样本外分析上，而没有严格测试模型在样本外的表现。只有少数研究报告了样本外结果，这些研究通常只调查了一两种机器学习方法，使用的数据包含有限的观察值⑤，或者所用数据不呈现双峰模式。因此，与各种类型的公司债务LGD机器学习模型相关的模型风险评估仍然不够完善，特别是缺乏对典型方法（如交叉验证方案进行超参数调整和自助聚合）在防止样本外模型性能恶化方面效果的评估。这些方法在理论上可能有助于提高模型的泛化能力，但在实际应用中的有效性仍然是一个值得深入研究的问题。

综上所述，尽管机器学习在公司债务LGD建模中展现出巨大的潜力，但其

---

① Min Qi and Xinlei Zhao, "Comparison of Modeling Methods for Loss given Default", *Journal of Banking & Finance*, Vol. 35, No. 11, 2011.

② Gert Loterman, Iain Brown, David Martens, et al., "Benchmarking Regression Algorithms for Loss given Default Modeling", *International Journal of Forecasting*, Vol. 28, No. 1, 2012.

③ Ellen Tobback, David Martens, Tony Van Gestel and Bart Baesens, "Forecasting Loss given Default Models: Impact of Account Characteristics and the Macroeconomic State", *Journal of the Operational Research Society*, Vol. 65, No. 3, 2014.

④ David J. Hand, "Mining the Past to Determine the Future: Problems and Possibilities", *International Journal of Forecasting*, Vol. 25, No. 3, 2009.

⑤ João A. Bastos, "Forecasting Bank Loans Loss-given-Default", *Journal of Banking & Finance*, Vol. 34, No. 10, 2010.

在实际应用中面临的挑战和局限性也不容忽视。未来的研究需要更多地关注模型在样本外的稳健性,以及如何有效地应对金融市场的不确定性和动态变化。

六、不良资产的处置

在处理不良资产的过程中,法律与监管框架的不完善可能导致处理流程复杂化和延期,尤其是破产程序的缓慢;市场不成熟、缺乏专业的资产管理与处置市场,制约了不良资产的快速流转和价值回收;估值困难、资产信息不透明以及债权人与债务人之间的利益冲突,增加了协商的难度;地方保护主义可能阻碍有效处置,资本压力和低回收率则影响银行的财务稳定性;此外,不足的专业技能与经验也会降低处理效率。① 解决坏债问题根本上要着眼于控制增量,也就是要着眼于体制改革,减少坏债的发生。只有坏债的增长得到控制,问题才可能解决,才能走出困境,否则,便是陷入恶性循环,最后发生金融危机。②

(一) 处置方式及效果

1. 单个机构的处置措施

单个机构不良资产的处置方式大致分为内部处置和外部处置两大类。③

内部处置包括贷款重组、呆账核销和资产重组。贷款重组能够在一定程度上减轻借款人的财务压力,提高贷款回收率,但如果借款人的财务状况未能得到根本改善,可能导致问题贷款继续存在。呆账核销能够立即清理金融机构的账面,使其财务状况更加透明,但直接损失可能较大,且需要计提充足的拨备。资产重组通过优化资产组合,可以提高资产的整体质量,但操作复杂,涉及多个利益相关方,实施难度较大。

外部处置包括出售给资产管理公司、资产证券化、拍卖和债转股。出售不良资产给资产管理公司能够迅速地将不良资产从金融机构的账面上剥

---

① 李德:《我国银行业处置不良资产的思路和途径》,《金融研究》2004 年第 3 期。
② 樊纲:《论"国家综合负债"——兼论如何处理银行不良资产》,《经济研究》1999 年第 5 期。
③ 郑万春:《金融不良资产处置关键技术探究》,中国金融出版社 2008 年版。

离,改善其财务状况,但出售价格可能低于资产的账面价值,导致实际损失。资产证券化通过金融工程的手段,将不良资产转换为可在市场上交易的证券,能够通过市场化手段分散风险,提高资金的流动性,但操作复杂,涉及法律、会计和市场等多个方面的专业知识,在市场动荡时可能导致流动性问题。① 拍卖通过公开拍卖的形式,将不良资产出售给最高出价者,过程透明,能够通过竞价实现资产的市场化定价,但如果市场需求不足,可能导致资产价格过低。债转股将债务转换为股权,使债权人变为公司的股东,从而通过股权的方式参与企业治理,有助于企业重整,但将风险转移至金融机构,可能导致金融机构承担更多经营风险。②

关于不良资产处置方式效果的实证研究,学者们通过不同的方法和数据进行了大量研究。贷款重组在短期内可以显著地改善借款人的现金流状况,提高贷款的回收率。然而,长期来看,如果借款人的经营状况未能根本改善,贷款重组可能会导致问题贷款继续存在。呆账核销能够快速地改善金融机构的账面状况,提高其透明度。资产重组通过优化资产组合,可以提高资产的整体质量。资产重组在新兴市场国家的效果尤为显著,有助于提高金融体系的稳定性,但资产重组操作复杂,涉及多个利益相关方,实施难度较大,成功的案例相对较少。③ 出售不良资产给资产管理公司能够迅速剥离金融机构的坏账,改善其财务状况。这种策略在韩国和日本取得了显著的效果,然而,出售价格可能低于资产的账面价值,导致金融机构需要承受较大的实际损失。④ 资产证券化能够通过市场化手段分散风险,提高资金的流动性。袁奥博和孟潭基于网络拍卖数据发现,竞拍门槛和折扣率的提高会降低成交率和溢价率,但可以提升回收率。⑤ 抵质押担保能提升处置成效,尽管会降低成交率,但可以显著地提高溢价率、成交价和回收率;地方资产管理公司在

---

① 高蓓、张明:《不良资产处置与不良资产证券化:国际经验及中国前景》,《国际经济评论》2018年第1期。
② 叶文辉:《市场化债转股:国内外实践、存在问题和对策研究》,《国际金融》2017年第8期。
③ Rafael La Porta, Florencio Lopez-De-Silanes, Andrei Shleifer and Robert W. Vishny, "Legal Determinants of External Finance", *The Journal of Finance*, Vol. 52, No. 3, 1997.
④ Marc G. Quintyn and David S. Hoelscher, *Managing Systemic Banking Crises*, International Monetary Fund, 2004.
⑤ 袁奥博、孟潭:《基于网络拍卖数据的金融不良资产特征与处置成效研究》,《金融监管研究》2021年第3期。

成交率和成交价上表现更佳,而银行组包资产处置的成效较好。债转股能够通过股权的方式让债权人参与企业治理,有助于企业重整。债转股在某些情况下能够显著地改善企业的财务状况,但也意味着金融机构需要承担更多的经营风险,尤其是对经营不善的企业,可能导致更大的财务损失。①

2. 宏观层面的处置措施

2008年国际金融危机期间及之后,各国和国际组织采取了一系列措施来应对不良资产带来的挑战。这些措施包括:中央银行提供的空前流动性支持,以缓解信贷市场的压力;政府担保的选择性使用,以增强储户信心;银行重组和解决策略,包括使用公共资金进行资本重组。危机之后,监管改革得到加强,提高了对资本充足率的要求,强化了风险管理和公司治理,并引入了宏观审慎政策工具。②

相关实证表明,正确实施宏观政策有助于不良资产的快速出清和处置成本的降低。吕克·拉文(Luc Laeven)和法比安·瓦伦西亚(Fabian Valencia)研究了银行危机的处置成本,并指出:高收入国家和中低收入国家之间存在显著的差异;相对于金融系统的资产规模,处置成本在中低收入国家也显著更高;这些差异反映了不同国家在应对银行危机时的政策工具和经济环境的不同,表明中低收入国家在处理银行危机时面临更大的财政压力和挑战;高收入国家更频繁地使用扩张性政策,以缓解不良资产的经济影响,而中低收入国家由于财政空间有限,政策选择相对受限。③ 恩里卡·博洛涅西(Enrica Bolognesi)等人采用基于意大利不良贷款处置过程的情景分析,比较了直接出售和证券化两种不同的去杠杆化策略的成本,指出证券化在降低信息不对称和处置成本方面更为有效,特别是在国家担保的支持下,处置成本大幅降低。④

---

① 李曜、谷文臣:《债转股的财富效应和企业绩效变化》,《财经研究》2020年第7期。
② Marina Moretti, Marc C. Dobler and Alvaro Piris Chavarri, *Managing systemic banking crises: New lessons and lessons relearned*, International Monetary Fund, 2020.
③ Luc Laeven and Fabian Valencia, "Systemic Banking Crises Database II", *IMF Economic Review*, Vol. 68, No. 2, 2020.
④ Enrica Bolognesi, Cristiana Compagno, Stefano Miani and Roberto Tasca, "Non-Performing Loans and the Cost of Deleveraging: The Italian Experience", *Journal of Accounting and Public Policy*, Vol. 39, No. 6, 2020.

(二)处置经验和教训

各国在应对不良资产处置这一问题的过程中积累了丰富的经验和教训,为其他国家,特别是新兴市场和转型经济体提供了重要的借鉴意义。

1. 尽早决策,主动处理

银行不良资产问题一旦暴露,及时、主动地进行处置至关重要。大量研究表明,早期决策和主动处理能够有效地降低重组的难度和成本。① 例如,美国在储蓄贷款机构问题暴露初期,通过成立重组信托公司,及时采取措施,避免了问题的进一步恶化。② 冰岛在2008年金融危机中采取了迅速的银行重组和资产购买措施,尽管银行系统的资产大幅缩水,但通过及时的政府干预,避免了更严重的经济后果。③ 相反,日本在泡沫经济破灭后未能及时地处理不良资产,导致问题进一步恶化,延误了最佳处理时机。④ 早期决策和主动处理不仅限于政府的直接干预,还包括鼓励银行在私有市场上筹集资本,或者从母公司获取资金,从而减少对公共资金的依赖。这种策略在危机初期尤为重要,因为它能够迅速地增强银行的资本基础,减少市场恐慌。因此,尽早决策和主动处理是成功处置不良资产的关键。

2. 设立专门机构,专业运作

设立专门机构进行专业化运作,是许多国家成功地处置不良资产的关键经验。专门机构能够集中资源和专业知识,通过市场化手段实现资产价值的最大化。⑤ 美国的重组信托公司(Resolution Trust Corporation)、瑞典的Securum和Retriva、日本的过渡银行(Bridge Bank)以及波兰的工业发

---

① Luc Laeven and Fabián Valencia, "Systemic Banking Crises Database", *IMF Economic Review*, Vol. 61, No. 2, 2013.

② Christopher James, "The Losses Realized in Bank Failures", *The Journal of Finance*, Vol. 46, No. 4, 1991.

③ Luc Laeven and Fabián Valencia, "Systemic Banking Crises Database", *IMF Economic Review*, Vol. 61, No. 2, 2013.

④ Takeo Hoshi and Anil Kashyap, "The Japanese Banking Crisis: Where Did It Come from and How Will It End?", *Nber Macroeconomics Annual*, Vol. 14, 1999.

⑤ Daniela Klingebiel, "The Use of Asset Management Companies in the Resolution of Banking Crises Cross-Country Experiences", 2000, https://ssrn.com/abstract=282518.

展局(Industrial Development Agency)等,都是专门处理不良资产的成功案例。① 这些机构通过公开拍卖、资产证券化等市场化手段,有效地处置不良资产,恢复了金融体系的稳定。②

3. 依靠政府资源,以其他资源为辅

政府资源在不良资产处置中起主要作用,其他资源作为补充。研究表明,政府的资金支持和政策保障对不良资产的有效处置至关重要。③ 在许多国家,政府通过发行债券、直接注资和由存款保险机构承担坏账损失等方式,为不良资产重组提供了充足的资金支持。④ 例如,美国联邦存款保险公司(Federal Deposit Insurance Corporation,FDIC)和日本政府在处理银行不良资产的过程中,分别注入了巨额资金,显著增强了市场信心,缓解了银行的流动性压力。在2008年的次贷危机中,美国政府启动问题资产救助计划(Troubled Asset Relief Program,TARP),通过购买银行不良资产和注资,帮助银行恢复资本充足率。

4. 立法支持,政策配套,制度创新

有效的法律和政策支持是成功处置不良资产的重要保障。各国在不良资产的重组过程中,通过制定和实施一系列法律和政策,为重组工作提供了坚实的法律基础和政策保障。例如,美国通过《金融机构改革、恢复和强化法案》(Financial Institutions Reform,Recovery,and Enforcement Act,FIRREA),为重组信托公司的运作提供了法律框架和政策支持。⑤ 波兰通过《银行法》《会计法》《企业破产法》,为银行不良资产重组提供了全面的法

---

① Tamim Bayoumi and Paul R. Masson, "Market-Based Policy Instruments for Systemic Bank Restructuring", IMF Working Papers, 1998.
② Stijn Claessens, Simeon Djankov and Daniela Klingebiel, "Financial Restructuring in East Asia: Halfway There?" Financial Sector Discussion Paper No. 3., https://ssrn.com/abstract=282584.
③ Patrick Honohan and Daniela Klingebiel, "The Fiscal Cost Implications of an Accommodating Approach to Banking Crises", Journal of Banking & Finance, Vol. 27, No. 8, 2003.
④ Luc Laeven and Fabian Valencia, Resolution of Banking Crises: The Good, the Bad, and the Ugly, International Monetary Fund, 2010.
⑤ Gary Shorter, "The Resolution Trust Corporation: Historical Analysis", Congressional Research Service (CRS), 2008.

律保障。① 此外,各国在会计准则、税收政策等方面进行了一系列改革,促进了不良资产的有效处置②。

七、结语

综上所述,不良资产的管理和处置是一项复杂且多层面的任务,涉及经济环境、法律制度、银行经营管理等多个方面。各国积累了丰富的经验和教训,为其他国家提供了重要的借鉴。未来的研究需要更多关注如何有效地应对金融市场的不确定性和动态变化,以进一步优化不良资产的管理和处置策略。

广泛的经验数据证实,宏观经济指标和银行特有的因素均有可能对贷款整体质量产生影响。此外,研究普遍揭示了问题贷款与宏观经济波动呈现负相关关系。宏观经济环境变化是决定不良贷款水平的关键因素,在经济衰退期间,借款人的偿还能力下降。银行效率低下、政府指令性政策、道德风险以及资产回报率和资本充足率等因素也对不良资产的形成有重要影响,监管机构和政策制定者需要审慎地考虑这些研究成果。银行的表现和效率低下的指标应被看作预测未来不良贷款问题的关键因素。因此,监管机构在评估哪些银行未来可能会遭遇更多不良贷款的挑战时,必须密切监控银行的管理质量和操作流程。监管者需要特别关注银行的管理效率和程序,以预防未来可能出现的金融不稳定性。

不良资产的评估方法从最初的线性判别模型和期权评估方法,发展到现金流法、市场比较法和机器学习模型等多种方法。国内研究对不良资产评估方法的探索,主要集中在假设清算法、现金流法、专家打分法和市场比

---

① Leszek Balcerowicz, Cheryl W. Gray and Iraj Hoshi, *Enterprise Exit Processes in Transition Economies: Downsizing, Workouts, and Liquidation*, Central European University Press, 1998.
② Charles W. Calomiris, Daniela Klingebiel and Luc Laeven, "Financial Crisis Policies and Resolution Mechanisms", *Documents* 3387, 2005, https://elischolar.library.yale.edu/ypfs-documents2/3387.

较法等方法上。国际上普遍采用违约损失率作为主要的评估指标,研究者们采用多因素模型、Tobit 模型、混合连续-离散模型等方法进行评估。近年来,非参数机器学习方法在处理复杂分布时表现出更好的适应性和准确性。随着金融市场的不断发展和技术的进步,不良资产估值的未来充满了机遇和挑战。首先,机器学习和大数据技术的应用将进一步提升不良资产估值的准确性和效率。通过对大量历史数据的分析,机器学习算法能够识别出影响不良资产回收率的复杂因素,提供更为精确的估值模型。此外,区块链技术的引入也将为不良资产的估值带来革命性变化。区块链的透明性和不可篡改性能够提高资产交易过程中的信任度,减少信息不对称,确保估值过程的公正性和透明性。同时,人工智能技术的进步将使自动化估值成为可能,通过自然语言处理和智能合约,能够实时分析和处理大量不良资产的数据,提供动态和实时的估值结果。未来,随着这些技术的不断成熟和广泛应用,不良资产估值将更加科学、精准和高效,能够更好地服务于金融机构和投资者的决策需求,促进金融市场的健康发展和稳定。

不同的不良资产处置方式各有其优缺点,金融机构需要根据具体情况选择最合适的处置方式。贷款重组、呆账核销和资产重组等内部处置方式相对简单,但效果有限;出售给资产管理公司、资产证券化、拍卖和债转股等外部处置方式虽然操作复杂,但在某些情况下能够取得更好的效果。未来的研究可以进一步探讨处置方式的组合应用,研究不同处置方式的组合应用效果,以期找到最优的处置方案;可以探讨不同经济环境下不良资产处置方式的效果,以便为政策制定提供参考;可以借鉴新兴市场国家在不良资产处置方面的经验,探索其在其他国家的适用性。

图书在版编目(CIP)数据

金融风险与逆周期调节/孙建华主编.--上海：复旦大学出版社,2025.7.--(资管论丛).--ISBN 978-7-309-17995-8

Ⅰ.F830.9

中国国家版本馆CIP数据核字第2025TT3773号

金融风险与逆周期调节
JINRONG FENGXIAN YU NIZHOUQI TIAOJIE
孙建华　主编
责任编辑/张　鑫

复旦大学出版社有限公司出版发行
上海市国权路579号　邮编：200433
网址：fupnet@fudanpress.com　http://www.fudanpress.com
门市零售：86-21-65102580　团体订购：86-21-65104505
出版部电话：86-21-65642845
上海盛通时代印刷有限公司

开本787毫米×1092毫米　1/16　印张18　字数267千字
2025年7月第1版
2025年7月第1版第1次印刷

ISBN 978-7-309-17995-8/F·3109
定价：73.00元

如有印装质量问题，请向复旦大学出版社有限公司出版部调换。
版权所有　　侵权必究